KB201108

어느 티베트 승려의 삶

The Life of a Tibetan Monk

티베트 명상 스승 게셰 랍텐 자서전
어느 티베트 승려의 삶
2019년 5월 25일 초판 1쇄 인쇄
2019년 5월 30일 초판 1쇄 발행

펴낸곳 이로츠
지은이 게셰 랍텐
옮긴이 송태효
디자인 이로츠
출판등록 2016년 3월 15일(제 2016-000023호)
주소 서울시 서대문구 모래내로20길 24-11, 302호
문의 070-4179-1474, yrots100@gmail.com
ISBN 979-11-957768-4-9 03220

1980년 티베트어 원전을 『게셰 랍텐의 삶과 가르침The Life and Teachings of Geshe Rabten』이라는 제목으로 앨런 월리스가 영어로 번역함.

티베트 명상 스승 게셰 랍텐 자서전

The Life
Of
A Tibetan Monk

어느 티베트 승려의 삶

게셰 랍텐 지음 | 송태효 옮김

이로츠

차례

일러두기

Editor's foreword

곤사르 린뽀체의 에필로그를 추가하고 처음 세간에 그 모습을 드러내는 많은 사진과 삽화를 곁들여 게셰 랍텐 린뽀체의 경탄스러운 삶에 관한 이야기를 재출간할 수 있게 되어 그 기쁨 이루 말할 수 없다.

우리는 이 책 출간에 도움을 주신 모든 분께 감사드린다. 특히 1972년 여름 다람살라 위쪽 산중에 주석하던 게셰 랍텐을 만나 그의 전기에 관해 특히 게셰가 되기까지의 과정을 설해달라고 청한 앨런 월리스에게 진정한 사의를 표한다. 얼마간의 주저와 망설임 끝에 결국 게셰 랍텐이 동의하여 이 고명한 스승의 자서전이 탄생하였다.

기원하노니 일체 중생의 삶이 두루 풍요롭기를!

- 2000년 8월, 편집자들(스승 게셰 랍텐의 제자들)

달라이 라마 서문

Preface

테첸 쵤링
다람살라 칸트
캉그라 디스트릭트
히마칼 프라데쉬

게셰 랍텐의 삶은 영감을 불러일으키기 마련이지만, 많은 서구 독자들은 그의 삶을 통해 다르마 교학과 그 수행이 엄청난 인내와 확고한 결단을 필요로 하는 절차탁마의 과정이라는 사실도 알게 될 것입니다.

게셰 랍텐의 전기는 단편적이나마 독자들에게 티베트 승려들이 어떻게 수행하고 정진해 왔는지 보여줄 것입니다. 아마도 서구에서 처음 발간되는 '게셰'의 삶에 관한 저술인 만큼 그에 관한 정보는 물론 흥미로움까지 제공해 주리라 확신합니다.

- 땐진 갸초(14대 달라이 라마 성하)

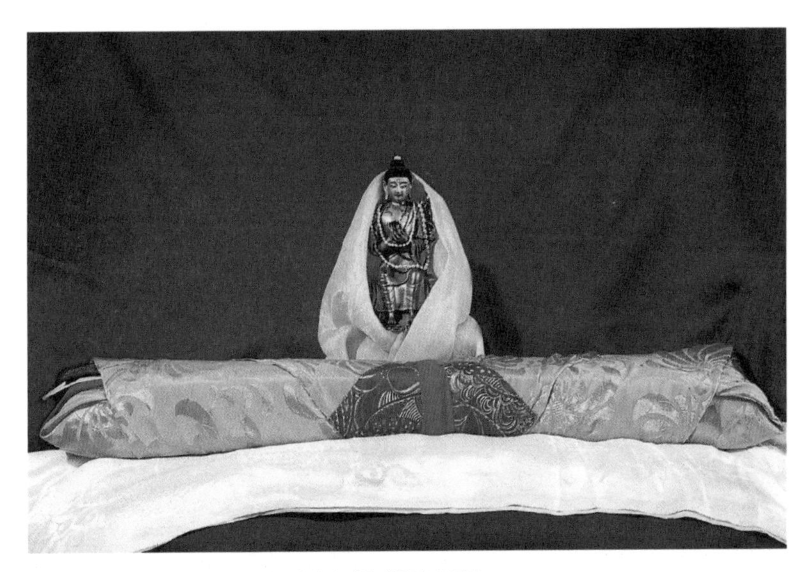

람림Lamrim 두루마리와 미륵불상, 게세가 평생 애용하던 유물

왼쪽부터 만달라 공양, 다완, 염주, 보시 발우. 배경은 게세가 입던 법복 두 벌

쫑카빠. 쫑카빠의 제자였던 한 상인이 호수를 살피다 기적적으로 그의 스승을 새긴 조각상을 발견하였다. 이에 따라 거푸집을 제작한 상인에게 쫑카빠가 친히 거푸집을 축복하며 덕담을 전했다. "오 상인이여! 그대는 선업을 지었구려." 그러자 이 사진에 보이는 것과 같은 쫑 뽀엔 겔렉(덕 높으신 스승) 조각상들이 이 거푸집으로부터 뿜어져 나오는 것이었다. 매우 진귀한 조각상이어서 현재 티베트에서 극진히 숭상되고 있다. 이 조각상은 될모 게셰 린뽀체가 게셰 랍텐에게 기증한 것이다.

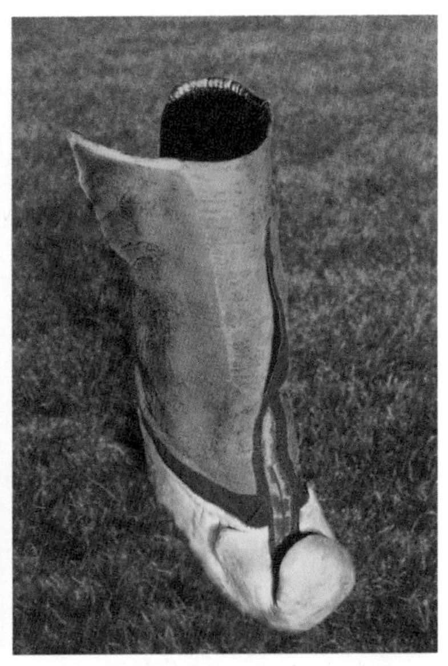

왼쪽은 대학승의 모자(티베트어: 뻰샤Pen Scha), 오른쪽은 티베트 승려의 전통 부츠(딱람Tag Lham)

의식용 황모(쪽샤Tshog Scha)

승려의 외투(다감Da Gam)를 입고 있는 게셰 뻰바Penbha, 게셰 랍텐 린뽀체의 노장 제자 가운데 한 분이다.

가사 상의(똥가Tönga)

승려의 망토

다완(쪽포르Tshog Phor)과 짬빠 자루(쪽끌룩Tshog Khug)

인도에서의 게셰

깝제 트리장 도르제 창 성하, 달라이 라마 성하의 유년기 스승, 게셰 린뽀체의 사부이셨다.

깝제 트리장 도르제 창 성하가 게셰 린뽀체에게 딴뜨라 관정을 전수하고 있다.

자신의 암자 밖에 나와 앉아 있는 게셰 린뽀체

다람살라 위 산 속 암자 안의 게셰 린뽀체

영어 동시통역 중인 곤사르 린뽀체 스님과 유럽 학생들을 가르치고 있는 게셰.
왼쪽 상단, 성하의 누이 젯쉰 뻬마Jetsün Pema.

앞 오른쪽 게셰의 스승 잠빠 케드룹의 환생 로텐 린뽀체Loten Rinpoche와 함께한 게셰.
왼쪽은 곤사르 린뽀체

다람살라에서 유럽 제자들과 포즈를 취한 게셰(1970년)

게셰의 암자 뜰에서 수업을 기다리는 게셰의 유럽 제자들 일부 모습

암자를 배경으로 명상에 잠긴 게셰

제자들과 함께한 게셰 린뽀체. 왼쪽부터 오른쪽으로 잠빠 왕두 스님Ven. Jampa Wangdu, 젠 니엔뜨라스님Ven. Jen Nyentra, 게셰 뻰바Ven. Geshe Penba 그리고 곤사르 린뽀체

게셰를 방문한, 존경하는 전 티베트 수상 수르깡Surkhang 성하

유럽에서의 게셰

스위스 롤Rolle의 프레드베르Près-de-Vert 빌라. 게셰가 처음으로 서구인들에게 가르침을 전한 곳이다.
발코니 위의 게셰 랍텐, 곤사르 린뽀체, 조르쥬 드레퓌스

제자 곤사르 린뽀체와 스승의 가르침을 영어와 프랑스어로 동시통역 중인 조르쥬 드레퓌스George Drefuß
롤 코스에 참여하여 강당에서 가르침을 듣고 있는 참가자들

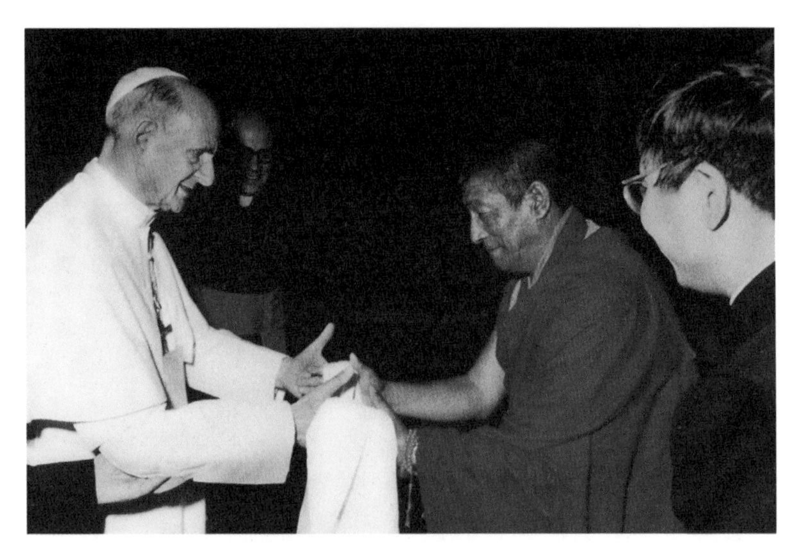

바티칸에서 교황 바오로 6세를 알현하는 게셰 린뽀체(1974년)

리콘Ricon 승원 원장으로서 일상 기도 시간을 주관하는 게셰

리콘 승원에서 승려들과 티베트인들을 가르치는 게셰

달라이 라마 성하의 생신 날 법문하는 게셰. 왼쪽은 전 주 스위스 달라이 라마 성하 대표 쩨링 도르제Tsering Dorje

게셰를 초청한 파리의 칼묵 몽골인회(1977년)

게셰와 리콘의 유럽 제자들

게셰의 스위스 방문 시 게셰에게 구루 예물을 공양하는 제자 라마 툽뗀 예셰Lama Thubten Yeshe와 라마 툽텐 소빠Thubten Sopa(1975년). 오른쪽이 곤사르 린뽀체와 라마 예셰, 왼쪽이 라마 소빠

가르침을 받기 위해 게셰를 초청한 그리스 불자들

게셰는 매주 월요일 아침 심리학자 도라 칼프프Dora Kalff 부인 집에서 가르침을 베풀었다.
쮜리히 근처 졸리콘Zollikon

게셰를 졸리칸 불자 법사로 임명한 잠빠 로되Jampa Lodrö와 함께한 게셰, 도라 칼프 부인

라마 예셰 제자들의 요청으로 영국 런던 교외 팡보른Pangbourne에서 법문하는 게셰,
곤사르 린뽀체가 통역하고 있다.

함부르크 부근 쉬틸레 하우스Haus der Stille에 초대된 게셰(1977년)

'메종 콜리브리Maison Colibri'에서 타르파 촐링로 전환된 고등 티베트 연구 센터Higher Tibetain Studies(1977년)

타르파 촐링의 일상 기도 시간을 주관하는 게셰

1978년 여름 게셰 뢴드룹Geshe Lündrub 스님의 초대로 게셰 랍텐이 위스콘신 대학교에서 불교 철학을 강의하였다. 꺕제 송 린뽀체Kyabje Song Rinpoche와 덴마 로최Denma Lochö 린뽀체, 가운데 앉아 있는 사람이 꺕제 송 린뽀체

위스콘신 대학 강의에 참석했던 다르마 학생들의 초대를 받아 캘리포니아를 방문한 게셰

1979년 게셰 랍텐의 초청으로 타르파 췰링 센터 신축 행사에 참여하여 유럽에서의 법문을 시작한 달라이 라마 성하

수업시간에 게셰 게둔 상포Geshe Gedün Sangpo와 게셰가 도반이기도 한 전 티베트 '왕실 의전관'과 팔라Phala와 함께 앉아 있다.

타르파 촐링 승원을 축성하는 달라이 라마

달라이 라마와 게셰 린뽀체가 타르파 촐링에서 논쟁을 벌이고 있는 제자 앨런 월리스와 게셰 룽그릭 남걀Geshe Lungrik Namgyal을 바라보고 있다.

스위스 알프스 방문에 달라이 라마와 동행한 게셰

게셰의 카메라를 점검하는 달라이 라마. 배경은 마테호른

스위스 알프스에서 산책을 즐기고 있다.

리콘 지역 학교 강당에서 달라이 라마 성하의 장수 기원 공양 예불을 올리는 게셰

제네바 보 리카쥬Beau Rivage에서 달라이 라마 기자회견에 참석한 게셰

달라이 라마는 자주 스위스 거주 티베트 가족들을 영접하였다.

타르파 촐링 승원에서 극동 불자들을 맞이하는 게셰

타르파 췰링 세미나에서 학생들이 게셰의 강의를 영어와 프랑스어로 동시통역하고 있다.

타르파 췰링 학생들과의 수업

방에서 작업 중인 게셰

타르파 촐링에서 신임 승려들에게 계를 내리는 게셰

1980년 무렵 타르파 촐링 승가는 상당한 성장을 이루었다. 게셰 오른쪽 세 번째가 성년 제자 게셰 까리양Geshe Karyang

1980년 인도에서 근원 구루 꺕제 트리장 도르제 창과 함께한 게셰 랍텐

1980년 게셰는 꺕제 링 도르제 창을 방문하기 위해 타르파 촐링을 찾았다.
게셰의 방에 앉은 꺕제 링 도르제 창

첫 번째 8월 명상 주간(1981년 레자방)

게셰의 지도를 받는 명상 코스 참여자들

1985년 레자방에서 열린 마지막 코스 참여자들

1983년 게셰는 성하를 오스트리아 펠드키르흐 소재 신설 타시 랍텐 센터 개원 개원식에 초청하였다.
성하를 영접하는 프라스탄츠Frastanz 시장 루데셔Ludescher(사진의 성하 바로 왼쪽)

레츠호프의 타시 랍텐 승원 성화 의식을 거행하는 성하

오펜부르크Offenburg에서 성하와 작별을 고하는 게셰

쎄라 제 승가대학과 메이 승가대학 출신 게셰 린뽀체 제자들

캠브리지 부근 사프론 월덴Saffron Walden에서 카규 키메 린뽀체 Kagyü Chime Rinpoche와 함께한 게셰 린뽀체

라닥의 최고 라마인 바꿀라 린뽀체Bakula Rinpoche 스님을 접견하는 게셰 랍텐

아이들과 동물들에 대한 게셰의 사랑은 남달랐다. 타시 랍텐에서 동물들, 아이들과 함께 휴식을 취하는 게셰

제자들과 그 자녀들에게 게셰는 스승뿐 아니라 사랑하는 아버지, 할아버지이기도 했다.

애견 노르부와 함께한 게셰

타르파 최링의 새로운 승가 식구들과 함께한 게셰

독일 오터로흐Otterloh에서 제자들과 함께한 게셰

타르파 췰링의 집무실에서 인도에서 온 위빠사나 고승 스리 무넨드라Sri Munendra를 영접하는 게셰

타르파 췰링을 방문한 고승(사진 가운데 부패를 든) 마하시 사야도와 버마 대표를 맞이 한 게셰

1985년 게셰의 초청으로 스위스를 방문한 게셰의 초기 스승 게셰 카르체Geshe Karche

여섯 린뽀체와 함께한 게셰. 게셰의 오른 쪽으로 로텐 툴쿠, 로드뢰 툴쿠, 왼쪽으로 람닥 툴쿠Lamdak Tulku, 닥세 툴쿠Daksey Tulku

일체 중생을 자비의 미소로 바라보는 게셰 린뽀체

1981년 다람살라에서 깝제 트리장 도르제 창과 재회한 게셰가 구루의 거처에서 포행하고 있다.

타시 랍텐에 세워진 게셰 린뽀체의 유물을 복장한 대리석 탑을 밝히는 조명

1988년 성화 의례 기간의 탑 풍경

게셰 랍텐의 환생 땐진 랍계Tenzin Rabgye의 삭발. 달라이 라마가 법명을 내리고 삭발 의례를 주관하고 있다.(1991년 다람살라)

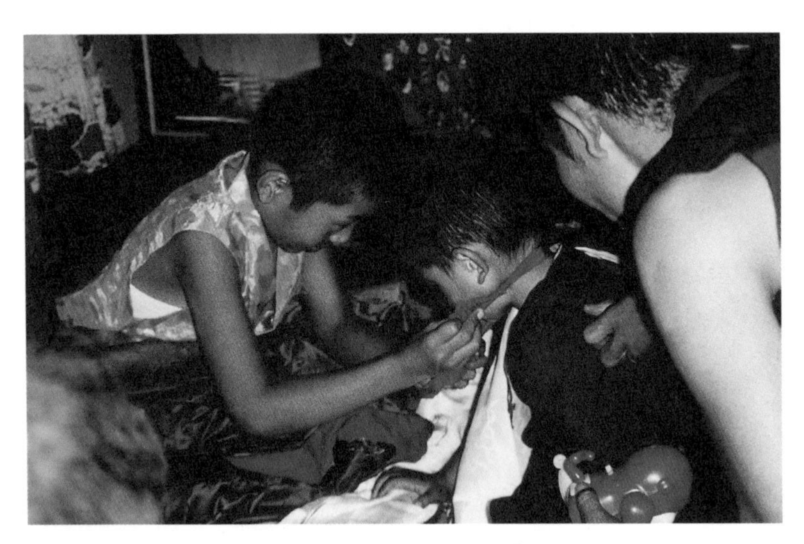

땐진 랍계 스님이 깝제 트리장 도르제 창 성하의 환생인 깝제 트리장 촉트룰Kyabje Trijang Chogtrul Rinpoche로부터 문자와 문수보살 만뜨라를 전수 받고 있다.

땐진 랍계 린뽀체와 함께한 곤사르 린뽀체 스님

땐진 랍계 린뽀체. 만수무강 하소서!

1

캄 출신 시골소년

A farmboy in Kham

제자 먼저 스님의 어린 시절부터 말씀해 주실 수 있는지요?

게셰 나는 다르게 총림Dhargye Monastery 남서쪽으로부터 50마일 떨어진 마을의 유복한 가정에서 태어났습니다. 이 마을은 캄Kham[1]이라 불리는데, 티베트 동부 테호르 지방에 속하지요. 내 고향은 아름다운 목초지와 밭으로 뒤덮여 있었어요. 계절이 오고 가면서 희고, 붉고, 노란 꽃이 피어나듯 풍경의 빛깔도 바뀌어 갔습니다. 근처에 넓은 숲은 없고, 들꽃 가득한 초원이 펼쳐지고, 흰 눈 덮인 바위산이 솟아 있었지요. 하지만 키 작은 나무들과 덤불이 어우러져 있었고 그 땅 위로 맑고, 깨끗한 개울이 흐르고 있었습니다.

1. 티베트 동부지역. 1950년 중국공산군 침입 시 티베트인들이 가장 강렬하게 저항한 곳이다.

어머니는 내가 어렸을 때 돌아가셨지요. 어머니 임종을 맞을 때 나도 그 자리에 있었어요. 어머니 침대 곁에 누워 있었는데 어머니의 두 눈이 살며시 감겼죠. 그런데 정말 어려서 그런지 어머니께서 돌아가신 줄도 몰랐어요. 지붕 위로 올라가니 비탄에 잠긴 채 눈물 흘리는 이웃들이 많았습니다. 그제야 나는 이웃들이 어머니의 죽음을 애도하고 있음을 알았지요. 이러한 자비를 베푸는 훈훈한 이웃 관계는 티베트인들 사이에 흔히 볼 수 있는 일이죠. 이웃들이 자비를 근본으로 하는 붓다의 가르침에 귀의하고 있었기 때문인데, 특히 우리 마을처럼 작은 마을에서 이러한 일은 다반사지요. 마을사람 모두가 서로 친척으로 여기며 행복하게 살아가고 있었거든요.

티베트 관습상 사람이 죽으면 나흘 동안 시신을 모셔두죠. 이 기간에 많은 라마lama[2]가 초대되어 종교의식을 주관하게 되어 있습니다. 그러고 나서 보시의 미덕을 실천한다는 생각에서 시신을 토막 내어 독수리들에게 나누어주죠. 적당한 시간이 흘러 이웃 몇몇이 어머니의 시신을 사십 킬로미터 정도 떨어진 곳으로 옮겼죠. 사람들이 찻물을 끓일 때 피어오르는 연기가 집에서도 보였어요.

당시 75세였던 친할머니는 특히 저를 좋아하셔서 저를 업고 주위를 돌아다니셨지요. 나도 할머니를 엄마처럼 좋아했어요. 그리고 남은 생애 동안 어떻게 해서든지 온 정성을 쏟아 할머니를 모시려고 노력했습니다. 이러한 아이들과 부모, 조부모와의 친밀한 관계는 티베트에서는 매우 흔하지요. 얼마

---

2. 산스크리트어 구루guru의 티베트어 번역, 최고의 스승을 의미한다. 전생에 라마였던 사람이 그 환생을 인정받으면 뚤꾸Tulku라 한다. 린뽀체Rinpoche는 소중한 분이라는 뜻으로 사람, 사물, 장소를 일컬으며 환생한 티베트 불교 수행자, 사원의 주지 혹은 수행승 등의 공경의 대상을 지칭한다.

게셰의 고향 다르게(티베트 동부 지역 까르체Kartze의 서부에 위치함), 롱빠챠 전경

안 있어 할머니 병세가 심각해져 주위 도움 없이 혼자서는 움직일 수 없게 되어 할머니께서 저를 필요로 할 때면 늘 도와드렸지요.

할머니는 누구보다도 제게 도움을 청하길 좋아했지요. 어느 날 침대에 누워계시던 할머니는 당신이 곧 돌아가시리라는 것을 알았어요. 할머니께서는 자비의 화신인 관세음보살 탱화를 침대에 세우게 하시더니 그 옆에 볶은 보릿가루 짬빠 상자를 펼쳐 놓으라 하셨습니다. 당신이 돌아가시면 찾아올 문상객들 모두에게 짬빠를 드리라고 말씀하셨지요. 할머니의 분부를 따랐고 대화를 계속 나누는 동안 할머니께서 임종하셨습니다.

아버지는 자식 모두를 친절하게 잘 돌봐주셨죠. 우리 형제는 넷이었는데, 맏형은 저보다 세 살 위였고 내 뒤로 남동생과 누이가 태어났죠. 누이는 비

산에서 집안의 가축을 돌보며 자신이 가장 아끼던 피리를 불고 있는 청년 시절의 게셰

다르게의 넥까르 마을, 게셰 랍텐의 생가

구니가 되었고, 막내는 훗날 쎄라 승원[3]에 들어가서 열심히 공부하여 학식을 쌓았습니다. 우리는 농사를 지었지요. 땅 농사를 지으면서도 총, 말 그리고 칼 이외에도 모든 것에 약간씩 관심을 지니고 있었어요. 형은 무척 친절하고 온화한 품성을 지니고 있었죠. 아버지와 형은 친절한 마음씨야말로 승려가 되어 자신의 마음을 개발하는 데 최선이라 여겼죠. 그래서 형은 삼촌들 가운데 한 분이 살고 있던 산속의 수행처로 갔어요. 그 삼촌은 진정 덕높은 노스님이셨지요. 형은 삼 년 동안 함께 머물며, 경전 읽고 쓰는 법을 배웠습니다. 형은 유난히 영민하지도 않았지만 많이 배울 수도 없었어요. 당시 아버지가 매우 연로한 탓에 형이 집안을 돌보고 농사를 지어야 했거든요.

---

3. Sera Gompa, 色拉寺. 라싸Lhasa 주변 삼대 사찰 중의 하나로 라싸에서 가장 가깝다. 건축 당시 싸락눈이 내려 쎄라(싸락눈) 승원이라 명명함. 쎄라 메Me, 쎄라 응악빠Ngagpa, 쎄라 제Je와 더불어 대표적인 티베트 불교 교육기관이다.

깜빠에서 뛰어난 승마 기술과 곡예를 단련하는 게셰

어려서는 집에 머무르며 농사짓는 데 많은 시간을 보냈습니다. 봄이 되면 파종을 위해 쟁기로 밭을 일구곤 했죠. 여름에는 매일 아침 말들을 포함해서 염소와 야크들에게 풀을 먹이러 몰고 나갔죠. 포식동물들의 침범을 막기 위해 온종일 가축들을 살피다 저녁이면 이들을 몰고 돌아왔습니다. 가을에는 추수를 돕고 겨울에는 소똥과 야크 똥을 주우러 다녔어요. 우리 마을 근처에 작은 숲이 있어 거기서 똥을 주워 집으로 가져와 말린 후 연료로 사용했지요. 나는 이 일을 고생이라 여기지 않고 즐겼습니다.

이렇게 집안일을 거들기 위해 나는 산과 밭으로 나갔죠. 두 칸으로 나누어진 자루를 메고 다녔는데 한 칸에는 볶은 보릿가루, 나머지 한 칸에는 볶은 밀가루를 넣고 다녔습니다. 나는 늘 양질의 밀가루를 먹었고, 질이 떨어지는 밀가루는 네 마리 개들 몫이었습니다. 하지만 이 사실을 알게 된 아버지는

1981년 티베트, 앞에 앉아 있는 이가 게셰의 동생 넥까르 부가 스님.
왼쪽 두 번째가 게셰의 누이 쬘뜨림 될마, 나머지 분들은 1939년 입적한 게셰 형의 자손들

아버지의 쟁기 일을 돕는 모습

제가 더는 질이 떨어지는 밀가루는 갖고 다니지 못하게 하셨죠. 우리가 키우는 개들은 무지막지한 티베트 경비견도 아니고 자그마한 애완견도 아니었는데, 나는 이런 개들을 좋아하지 않았습니다. 민첩하게 달리고 윤기가 흐르는 좀 덩치가 있는 개들이었죠. 내가 가는 곳 어디나 이 개들이 함께 했었죠. 또한, 특히 우수한 품종의 말을 키웠고, 나의 안전을 지키기 위해 장총과 검을 지니고 있었습니다. 나는 이것들에 대단한 희열을 느꼈으며 얼마 후 승마와 사격 모두에 숙달하게 되었죠. 예를 들어 나는 전력 질주하는 말 위에서 몸을 낮추어 두 손으로 땅을 훑을 수 있었어요. 소똥에 작고 어여쁜 꽃들을 꽂고 가까스로 이 꽃들이 보일만한 먼 거리에서 꽃을 명중시킬 수 있었지요. 표적을 맞히지 못하는 경우는 거의 없었습니다. 하지만 이렇게 능수능란하게 무기를 사용할 수 있었음에도 이 무기로 누군가에게 해를 주는 행위는 절대 하지 않았습니다. 마찬가지로 여인과의 성관계를 원한 적도 결코 없었지요.

이 기간 내내 나는 스승도 없었고 정식 교육을 받아본 적도 없습니다, 내가 공부하도록 용기를 북돋는 이도 없었습니다. 하지만 나는 수업을 받고 있는 몇몇 친구들의 집을 방문하여 이들이 공부하는 모습을 지켜보곤 했습니다. 이렇게 해서 점차 문자와 어휘를 깨우쳐서 이윽고 몇 자 정도는 쓸 줄도 알게 되었죠. 아버지께서 제가 하고 있는 것을 보시더니 빨리 읽을 수 있도록 경전 암송하는 법을 가르쳐 주셨습니다. 새벽 무렵이면 건초더미 쌓인 다락으로 올라가서 크게 소리 내 경전을 읽었습니다.

가끔 친구들과 나가 놀 때면 경전을 암송하고자 하는 강렬한 열망에 휩싸이기도 했죠. 그러면 나는 집안으로 달려 들어가 『반야경』을 꺼내 들고 몇

쪽의 분량을 크게 소리 내어 읽고는 다시 밖으로 나가 놀곤 했죠. 붓다의 가르침을 공부하면 의식의 흐름 위에 어떤 인상들이 각인된다는 사실을 경전이 전하고 있었습니다. 시간이 흘러 이 인상들이 강해져서 적절한 환경을 만나면 우리 내부에서 표출되는 것이지요. 세월이 흘러 나는 개인적 경험을 통해 사실이 이러함을 알게 되었어요. 전생에 다르마와 나 사이에 그만한 인연이 있어 자발적 학습 동기를 유발할 수 있었다고 생각해 봅니다.

간단하게 이렇게 나의 어린 시절의 경험을 정리해봅니다.

제자 처음으로 스님이 되겠다고 생각한 것은 언제인지요?

게셰 아주 어렸을 때부터 나는 라싸 부근의 대승원으로부터 귀향한, 고동색 가사를 걸친 스님들을 만났었습니다. 나는 그들을 대단히 찬탄했죠. 때때로 우리 지역의 큰 승원을 방문하였고 스님들의 변경[4]을 바라보면서 다시 한번 경탄에 빠져들곤 했죠. 내 나이 열다섯 무렵 나는 스님들의 삶이 얼마나 소박하고, 순수하고, 효율적인지 주목하기 시작했습니다. 또한, 나는 재가 생활이 승원의 삶과 비교하여 상당히 복잡하고 결코 끝낼 수 없는 일들을 요구하고 있음도 알게 되었습니다. 부근에 위치한 다르게 승원의 승려로 인정받으려면 라싸 승원 근처의 세 군데 승가대학에서 4년 혹은 3년간 불법 속에서 자신의 마음을 공부하고 연마해야 합니다. 저는 다르게 승원에서 그러한 승려가 되겠다는 생각으로 이 세 대학 가운데 한 곳에 입학하기로 하였습니다. 하지만 불법에 정통한 위대한 선지식(善知識)이 되려고 마음

---

4. 변경(辯經), 최라chora. 티베트 승원의 창의적 토론 수업.

먹은 적은 없었어요.

마을에는 또래의 친구들이 있었습니다. 그리고 가끔 우리는 승려가 되어 승원에서 공부하는 것에 관해 대화를 나누곤 했지요. 가족들이 산에서 풀을 먹이는 동안, 집을 나오기로 한 우리 도반 몇몇은 가족들의 가축 무리를 돌보아야 하는 공동의 소임을 갖고 있었지요. 각각은 매일 일정량의 보릿가루를 모으기 시작하였고, 그것을 천 쪼가리에 담아 몇 개의 바위 밑에 놓았습니다. 라싸 근처 승가대학으로의 멀고 긴 여정에 대비한 것이었죠. 그런데 우리는 아직 어리고 강한 결단이 부족했던 탓에 이따금 다투기도 한 결과 비축해 놓은 것을 나누어 각자의 몫을 챙기는 것으로 종지부를 찍고 말았습니다.

제자 아버지는 이 승가대학들 가운데 한 곳에 입학하려는 스님 결정에 어떻게 반응하셨는지요?

게셰 처음 아버지의 허락을 구했을 때는 거절하셨죠. 이유는 많았습니다. 그 가운데 한 가지 이유는 아버지가 날 매우 사랑하셔서 내가 그렇게 멀리 떠나는 것을 감내할 수 없었던 것이죠. 더욱이 우리 마을로부터 라싸까지는 석 달에서 넉 달이나 걸렸고 매우 고된 여정이었습니다. 고도와 고도로 이어진 눈 덮인 산맥과 평원을 건너야 했으니까요. 아버지는 우리 지역에서 유학을 떠난 몇몇 청년들이 열사병으로 죽어 불귀의 객인 된 사실을 상기시켰습니다. 기후가 매우 신선한 우리 지역보다 라싸는 기후가 훨씬 더웠습니다. 하지만 처음 말씀드렸을 때는 내가 너무 어리다는 대답만 하시고 다른 이유는 언급하지 않으셨죠. 열여덟 살이 되자 나는 다시 아버지께 허락을 청하였죠. 아버지는 여전히 내가 멀리 떠나는 것을 탐탁잖게 여기셨지요. 다만 여행 출발을 축하하는 파티가 없다고만 말씀하셔서 티베트 중부 지역을 방문할 수 있는 여지를 남겨 두셨습니다. 아버지는 다음 해 여행 카라반이 준비되면 떠나도 좋다고 하셨던 것입니다. 그래서 또 기다렸죠. 내가 떠날 수 있게 되는 시간을 학수고대하면서 말입니다.

제자 해가 바뀌고 아버지 허락이 떨어졌나요?

게셰 일군의 스님들과 상인들이 떠날 채비를 다하자 확실히 나도 떠날 수 있으리라 기대하고 있었죠. 하지만 이 무렵 아버지는 먼저 우리 가족 가운데 한 분이신 라마에게 상담을 받아야 한다고 말씀하시는 것이었습니다. 그가 승낙하면 내가 떠날 수 있다고 하셨지요. 하지만 이 그룹과 함께 떠나지 말고 나중에 떠나라고 하셨습니다. 이 또한 아버지가 나의 출발을 막으려는 또 다른 시도에 불과했습니다. 어떤 경우에도 아버지가 나를 떠나보내지 않으려 한다는 것을 확신했거든요. 당시 나는 결단코 떠나고 말리라 작정하고 있었죠. 그런데 나로서는 아버지와 갈등을 피하고자 이 라마와 상담하는 쪽을 택했죠. 이 여행 파티에 참석한 분들 가운데 친척이 계셨습니다. 나는 이미 그분께 내 결정을 털어놓았었고 내가 여비를 댈 수 없게 되면 그분의 도움을 얻기로 부탁해 이미 동의를 얻어놓은 터였죠.

당시 마을의 관습상 마을 사람들은 라싸로의 여행 첫날만큼은 카라반 대열과 여행자들과 동행하게 되어 있었죠. 사람들은 장총으로 무장한 채 말을 타고 갔습니다. 카라반이 마을에서 출발할 때 나는 배웅하는 승마 대열에 끼였다가 그들과 함께 집으로 돌아왔습니다. 그때 우리는 이미 다음 날 아침

라싸 부근의 쎄라 승원에서 수학하기 위해 고향을 빠져 나오는 게셰

떠나리라 결정하고 있었지만. 평소대로 말을 타고 돌아오면서 경주를 벌였습니다. 나도 기꺼이 즐겼지요. 아버지는 내가 돌아와서 기뻐하셨고, 내가 출가를 포기했다고 완전히 확신하시게 되었죠.

내가 돌아온 날 다음 날 저녁 다섯 시인가 여섯 시쯤 마을 사람들이 모이자 동네가 소란스러워졌죠. 아버지와 다른 여러 가족이 그 주역이었습니다. 그러는 동안 나는 재빨리 집안으로 들어가 이튿날 떠날 채비를 했습니다. 별로 할 일도 없었지요. 돈도 식량도 없었으니까요. 말안장과 굴레, 모포와 판초, 성물들을 챙겨 집안에 숨겼습니다.

우리 마을 사람들은 보통 아침에 풀을 먹이려 말을 데리고 나가지요. 우리 집안에서는 종종 그 일을 제가 맡았었지요. 그날 저녁 식사를 할 때 나는 아버지께 다음 날 아침 말을 몰고 나가겠다고 말씀드렸지요. 다음 날 새벽 세 시, 나는 내 말만 빼고 나머지 우리 가족 말 모두를 집에서 1.5킬로미터 정도 떨어진 곳으로 몰고 나갔어요. 말 모두 긴 밧줄로 연결하여 말뚝에 매어 놓았지요. 그래서 말들은 돌아다니는 일 없이 풀을 뜯을 수 있었지요. 그 후 집으로 돌아와 내 말을 꺼내 안장을 얹었죠. 양모 판초를 두르고 챙 넓은 모자를 쓴 채 개 한 마리를 벗 삼아 출발했습니다. 긴 칼만 찬 채 말이지요. 심지어 식량을 구하러 집안으로 들어갈 엄두도 내지 않았습니다. 집안사람들을 깨울지도 모르는 일이었지요. 카라반은 이틀 전에 떠났지만, 말을 급히 몰아 달리면 그날 오후 네 시 무렵 따라잡을 수 있으리라는 속셈이었죠. 얼마 지나지 않아 초원을 흐르는 개울가에서 차를 마시며 쉬고 있는 일행들을 발견했습니다. 친척에게 다가가 양식도 없이 몰래 집을 빠져나왔으니 라싸에 도착할 때까지 도와달라고 부탁드렸습니다. 그가 동의한 까닭에 우리는 다시

상인들 카라반에 합류하여 고된 여정 동안 이들을 도움.

출발하여 해질 무렵까지 얼마 안 되는 거리를 여행했지요. 밤이 되자 여행을 멈추고 말들을 풀어 주었습니다.

텐트를 치고 식사를 한 후에 잠자리에 들었죠. 하지만 잠자기 전에 친척에게 내가 어떻게 집에서 빠져나왔는지 말씀드렸어요. 얼마 지나지 않아 숲으로부터 바스락거리는 소리와 함께 사람 목소리가 들려왔습니다. 아버지, 삼촌 그리고 이웃집 아들의 목소리임을 알았죠. 모포를 움켜 들고 슬그머니 숲으로 숨어들었습니다. 아버지 일행은 내 텐트를 발견하고 안으로 들어와 나에 관해 내 친척분과 상세한 이야기를 나누었습니다. 나는 살금살금 다가가 아버지 말씀을 엿들었죠.

"오늘 아침 말들을 데리고 나간 뒤 아들이 돌아오기를 기다렸는데 오지 않더군. 그래서 지붕 위에 올라가 말뚝에 묶어 놓은 우리 말들을 보니 아들놈 말만 없는 것 아닌가. 승원에 있을지 모른다는 생각에 그리로 올라갔지만, 거기에도 없었어. 그래서 아들이 여기 와 있음을 알게 됐다네. 아들놈을 막을 수 없다는 것을 알아. 자식에게 이 음식 좀 전해주게. 잘 보살펴주시고 확실히 티베트 중부 지역까지 안전하게 데려다 주기 바라네. 이제 완전히 승낙한 것이니까."

아버지는 나를 위해 보릿가루 한 포대, 버터, 육포, 집에서 찾아낸 승려들이 입는 낡은 하의와 40고르모gormos(약 4달러)를 가지고 온 것입니다. 아버지는 내가 우리 집안의 가축 가운데 으뜸인 말을 팔 수도 있고 라싸에서 무일푼으로 살아가게 될지도 모른다고 생각하신 거죠. 나는 숲에서 나와 매우 반갑게 아버지를 만났습니다. 불을 지펴 모두에게 차를 대접했지요. 다음 날 우리의 여정이 계속되었고 아버지는 집으로 돌아가셨습니다.

우리 고향에서 티베트 중부로 가는 길은 세 가지가 있습니다. 하나는 매우 먼 길로서 북쪽을 우회하는 길입니다. 또 하나는 남쪽 직행로입니다. 그리고 또 다른 길이 우리가 택한 길로 도시가 드문 두 노선 사이를 가는 길이지요. 나는 가축 풀을 먹이기도 하며 잔심부름도 하며 친척 하인 행세를 했습니다. 여름 날씨임에도 대단히 추운 여행이었습니다. 실제로 우리가 지나는 길목의 유목민들은 자신의 말들을 무릎까지 양모로 덮어주고 있었습니다. 여행 동안 내 말은 독초를 먹어 매우 쇠약해지고 삐쩍 말라버렸습니다. 말에게 미안한 마음이 들어 상자에서 성물을 꺼내어 보릿가루와 섞여 먹였습니다. 성물로부터의 축복이 말에게 생기를 회복시켜주길 바라면서 말이죠.

뻰보Phen Bo 시에 도착하는 데 석 달이 걸렸습니다. 뻰보에서 라싸는 하룻길이지요. 나는 약 십 파운드 치 곡식과 완두콩을 받고 칼을 상인에게 팔았습니다. 나머지는 나중에 지급하겠다고 하더군요. 나는 승원으로 올라갔고 다시는 이 물건을 받으러 돌아가지 못하고 말았죠. 개는 아버지 편에 돌려보냈었고, 여행 끝물 무렵이 되어 별 보살핌도 받지 못한 말은 매우 쇠약해져 탈진 상태였습니다.

마침내 우리는 고갯길을 넘어 쎄라 승원이 보이는 곳에 도달하였습니다. 거대한 도시일 거라고 상상하면서 내가 공부하게 될 곳을 바라보니 정말 호기심이 솟아나더군요. 하지만 첫눈에도 이 승원은 고향에 있는 승원보다 크지 않다고 여겨졌지요. 쎄라의 승려 구역 내에서는 집을 촘촘하게 밀집형으로 지어놓았기 때문임을 나중에야 알았습니다.

2

처음 겪은 승원 생활

First glimpses of monastic life

제자 라싸에 도착해서는 어떤 일이 있었는지요?

게셰 맨 처음 보러 간 것은 그 신성함이 극치를 이루는 석가모니 불상이었죠. 그리고 이틀 동안 머물다 쎄라로 이동하여 그곳에서의 공부에 관해 조망해 보았죠. 고향에서 온 승려들이 머무는 별채로 갔는데, 주위에는 비슷비슷한 건물들이 크게 무리지어 있었습니다. 나는 우리 가족의 이웃이었던 스님을 찾고 있었습니다. 그분께 도움을 청하고자 했었고 그가 내 스승이 되어주길 기대했죠. 하지만 내가 도착했을 때는 두 비구를 제외하고는 모두 변경에 참여하러 가고 아무도 없었죠. 기숙사는 3층이었는데 나는 2층 난간에 기대앉아 기다렸죠. 기다리던 스님은 내가 태어나기 전에 이미 마을을 떠난 탓에 알아보지 못할 수도 있다는 사실을 알고 있었기 때문입니다.

이윽고 누군가가 왼쪽 계단을 내려와 다정하게 나의 팔을 잡고 일으켜 세우는 것이었습니다. 나는 이분이 내가 찾던 분이라고 생각했지만, 삼촌의 도반임을 알게 되었죠. 노장께서는 나를 당신의 방으로 안내했고 버터를 섞은 맛있는 보릿가루를 주셨어요. 그리고 그날 밤은 라싸로 돌아가라고 하시며 더 세세한 것은 다음날 결정하자고 말씀하시는 것이었어요. 그는 매우 심성이 온화한 노장 게셰였는데 자신의 어린 학승들 모두에게 보릿가루를 제공하고 계셨죠. 나 같은 어린 사람들이 처음 그를 만나 아주 사소한 금액이나마 당신께 맡기면, 공부하고 싶어 하는 동안 먹을거리 걱정만큼은 필요 없다고 안심시켜 주시던 분이시죠. 훗날 변경장으로부터 뒤늦게 방으로 돌아오면 차도 대접해주셨죠. 하지만 내가 도착하고 3년이 지나자 어르신은 귀향하셨어요. 당신이 떠나기 전 우리가 먹은 것을 계산해보고 알게 된 사실인

쎄라 승가대학 전경

데, 당신께서 베푸신 보릿가루 값만 쳐도 우리는 이미 어마어마한 빚을 지고 있었지요.

하지만 노장 스님은 괜찮다고 말씀하시며 입고 있던 외투를 벗어 제게 주시는 것이었어요. 전혀 풍요롭지 않았던 스님이지만 특별히 지인과 상의하여 우리에게 보릿가루를 주셨던 것이죠. 사람들은 그를 게셰 릴루Gesche Rilu라 불렀지요.

제자 그런 승원과 유럽 대학은 어떻게 다른가요?

게셰 그 차이는 학습 분야, 수련 목표, 학습을 수행과 연계시키는 방법에 있습니다. 그리고 승원에서는 당연히 불법만 공부하죠. 이 가르침에 들어가 마음공부를 하면 할수록 마음이 일으키는 문제들로부터 더욱 많이 벗어나게 됩니다. 그리고 그 수련 분야가 곧 불법이기에 신체적 장애와는 무관하게 마음 수련을 열심히 하면 할수록 행복도 커지죠. 서구 대학에서의 공부의 주체와 목표는 모두 현세에만 관련되어 있어요. 따라서 공부를 하면서도 개인의 정신적 문제가 줄어드는 법은 없지요. 그러므로 비록 건강한 상태라도 그러한 교육은 행복과 만족을 높여주지 못합니다. 실제로 우리 자신의 경험을 통해서 알고 있듯이 그런 식의 교육 과정을 밟는 동안 종종 우리의 정신적 행복은 감소해가지요.

제자 그 가르침의 본질 혹은 기본 구조는 어디에 있나요?

게셰 다르마의 본질과 승원 학습의 근원은 깨달은 존재들의 네 가지 진리인 사성제입니다. 첫째는 고(苦)의 진리로서 세 단계를 지니며, 둘째는 고

쎄라 제 대학 강당

의 근원의 진리로서 정신적 왜곡이죠. 그리고 셋째는 고의 소멸의 진리로서 고와 그 근원의 소멸을 말하며, 넷째는 도(道)의 진리로서 깨달은 존재들의 지혜입니다. 이 진리는 견도(見道)[5]를 성취하면서 시작되는데, 공에 관한 직관적 이해를 이룬 단계이죠. 하지만 이 길에 도달하기 이전에 준비의 길을, 그 길 이전에는 축적의 길에 도달해야 합니다. 이러한 길에 따른 진전이 승원에서 으뜸가는 관심 덕목이자 실천 사항이죠. 진전을 이루려면 처음 두 길과의 단절을 위해 노력하고, 이후 뒤의 두 길에 도달할 필요가 있죠.

5. 불교의 진리를 확실히 깨닫는 자리. 견도에 도달하기 이전은 범부이고, 그 이후는 성자이다. 대승불교의 보살의 환희지.

제자 학습과는 별도로 사성제와 승원 생활을 어떻게 결부시킬 수 있는지요?

게셰 승원의 규율에 입문하기 이전에 모자로부터 부츠에 이르기까지 완벽한 정장 일습 그리고 그 이외 다른 많은 불교 용품을 갖추어야지요. 이들은 그리 매혹적이진 않아도 각기 풍부한 의미를 담고 있는데 특히 윤회의 고통을 벗어던지는 것 그리고 해방의 기쁨을 얻는 것과 관련이 있어요.

예를 들어 승려의 부츠를 볼까요. 부츠는 정신의 삼독과 그 근절을 상징하거든요. 이 삼독이란 탐, 진, 치로서 부츠의 형태는 수탉, 뱀 그리고 돼지와 비슷한 모습을 담고 있죠. 부츠 앞쪽을 돼지 코 형상의 굽이 차지하고 있고, 양쪽 돌출부는 닭 날개 상단을 닮았지요. 그리고 위부터 바닥까지 이어지는 곡선은 뱀의 형체를 연상시키고 있어요. 붓다는 이 세 동물을 탐, 진, 치 삼독으로 상정했어요. 돼지는 혼미, 수탉은 집착, 뱀은 증오를 의미합니다. 붓다는 세상 모든 괴로움이 이 세 가지 왜곡으로부터 유래한다고 천명하셨습니다. 승려는 이 신발을 신고 자신이 삼독을 제압하고 있음을 보여주면서 그렇게 늘 삼독을 멀리해야 함을 상기시켜 왔지요.

부츠는 그 상징적 의의와는 달리 편하지도 않고 멋있는 것도 아닙니다. 실제로 처음 부츠를 마주하는 사람들은 무슨 이교도 신발쯤으로 생각할 수도 있지요. 이렇게 매력적이지 못한 이유는 부츠에 대한 집착을 막기 위한 것이죠. 대부분의 해로운 행위들은 집착에서 비롯합니다. 그러니 집착이 일어나지 못하도록 막는 것이 급선무죠.

붓다께서는 수계 제자들에게 아래까지 내려오는 치마 같은 승복을 입으라 하셨죠. 이 승복을 입을 때 승려는 수계에 기인하는 자신의 서원(誓願)과

의무를 상기하게 됩니다. 이 승복은 위아래에 각각 테두리가 달려 있고 그 사이를 단정하게 기워 붙인 헝겊 조각들이 메우고 있죠. 조각들은 승려가 승원에서 살아야 하며, 학습과 명성으로 윤회의 고리를 끊고 자유의 행복을 얻어야 함을 상징합니다. 나아가 승려는 세간사와 불법 수행을 병행해서는 안 됩니다. 세간사에 주력하면 정신적 왜곡이 심해져 승려가 되려는 목표를 이루어나갈 수 없죠. 헝겊을 기워 입는 이유는 불교 승려와 헝겊을 걸치지 않고 평복을 입는 여타 종교인과의 차이를 보여주는 데 있죠.

이 승복을 입는 법 역시 사성제를 의미하고 있습니다. 오른쪽 두 겹의 주름은 소멸의 대상인 외부를 향하고, 왼쪽 두 주름은 내부를 향합니다. 사성제 가운데 앞의 두 요소를 버리고 뒤의 두 요소를 성취하기 위해서는 방법과 지혜를 조화롭게 실천하고 일치시켜야 할 필요가 있죠. 그리고 승복 앞부분에서 두 주름이 서로 만나는 모습이 이러한 사실을 보여주죠. 따라서 승복은 승려들에게 수계만을 상기시키는 것이 아니라, 앞의 두 진실에서 벗어나 뒤의 두 진실을 따르고, 다르마의 방편과 지혜를 함께 수행해야 할 필요성을 상기시킵니다.

상의 가운데 하나는 장삼이죠. 그렇게 매력적인 옷은 아니지만, 상징적으로는 중요합니다. 다르마 수행을 성공적으로 이루어내려면 열정적 노력이 기본이죠. 그리고 이러한 노력은 비영속성에 관한 이해력을 신장시켜야 얻을 수 있습니다. 어떤 경전을 보면 이러한 노력은 말에 비유되고, 이해력은 말을 모는 사람에 비유됩니다. 각진 옷단이 양쪽 겨드랑이를 덮고 있는데 이것은 '죽음의 신'의 송곳니를, 옷 몸통은 그 입을 의미합니다. 그렇게 우리는 '죽음의 신' 턱 사이에 끼여 살고 있어 언제라도 스러져갈 수밖에 없는 존재들이죠.

열정적 노력 자체로 충분한 것은 아니죠. 우리는 가르침을 듣고 관조하고 명상해야 하지요. 모자는 이 세 가지 수행의 실천과 결과를 상징합니다. 들어야 할 것은 붓다의 가르침이요, 그 가르침 전체는 열두 범주로 분류되어 있습니다. 이를 상징하는 것이 열두 코로 꿰맨 모자 손잡이입니다. 열두 그룹은 불법 삼장만큼이나 간단히 알 수 있는 것이죠. 모자 손잡이 아래 달린 세 개의 푸른 술이 삼장을 의미합니다. 그래서 승려가 모자를 집을 때면 배워야 할 것을 떠올리기 마련이지요. 모자를 쓰면 손잡이가 안으로 접히고 모자를 들면 바깥쪽으로 손잡이가 드러나죠. 바깥쪽은 노란색이고 안쪽은 흰색이며 손잡이 안감 부분은 푸른색입니다. 노란색, 하얀색, 푸른색은 각각 지혜, 자비, 힘을 뜻하죠. 이 세 가지를 바라보노라면 이들에 대해 명상하게 됩니다.

이들은 또한 붓다의 지혜, 자비, 힘을 상징하는 문수보살, 관세음보살, 금강역사를 의미하기도 하죠. 우리는 이 세 신성한 존재들에 의지하여 이들의 세 덕목을 개발할 수 있는 특별한 힘을 부여받게 됩니다. 모자 위로부터 아래로 흘러내리며 박혀 있는 수많은 실들은 지혜와 자비와 힘의 완전한 개발과 깨달음의 경지에 이름을 의미하며, 이 상서로운 영겁 속에 아직 현신하지 않은 천불을 상기시키는 역할도 하고 있지요. 이 천불이 우리 자신을 의탁할 수 있는 궁극의 의지처를 상징하는 것으로 신체의 가장 상부인 머리 위에 심어져 있죠. 승려들의 동기가 순수하고 자신의 승복이 지니는 의미를 이해하고 있다면 승복은 끊임없이 이러한 사실을 상기시키며 스승처럼 작용하게 되는 것이죠.

승원 의례에서는 항상 모자와 특수 망토를 착용합니다. 두 부분을 바느질로 이어 망토를 만들어야 하죠. 망토의 깃 아랫부분은 연꽃무늬를 하고 있고 그 아래로 많은 주름이 뻗어 있죠. 붓다가 되는 과정이 쉽지도 않고 빠르지도 않기에 석가모니불 시대 동안 우리는 불법 수행을 끈기 있게 지속해 나아가고 있습니다. 석가모니불 시대가 끝날 때에도 우리의 깨달음을 완수하지 못하였다면 미륵불 시대 동안 계속 수행해야 하죠. 붓다의 가르침을 의미하는 망토 상부와 미륵불을 의미하는 망토 하부는 긴밀한 공조를 이루고 있지요. 여기에는 붓다 시대로부터 미륵불 시대에 걸쳐 수행을 지속하는 자들에게는, 한 시대의 종말과 다음 시대의 시작 사이에 시간상 커다란 단절이 있어서는 안 된다는 중요한 의미가 담겨 있어요. 모든 주름이 옷 맨 위 연잎들로 향하고 있다는 사실이 모든 중생을 깨달음의 지복으로 이끌려는 우리의 의도를 상징하고 있습니다. 연잎 문양은 부처들이 이룬 정토를 의미해요. 내세에 이러한 정토에 다시 태어나는 계기를 이루는 특별한 다르마 수행들도 있지요.

승려들이 늘 이 망토와 모자를 기본적으로 착용하는 것은 아닙니다. 하지만 승원 의례를 치를 때는 그렇게 해야죠. 어떤 사람들은 승려의 정신적 수행이 주로 적절한 승복 착용과 관련 있다고 생각하기도 하죠. 하지만 그렇지는 않습니다. 가장 중요한 것은 승려의 자세, 마음챙김 그리고 삶의 길을 이러한 상징들과 일치시키는 것이죠. 이 의복들을 알게 되면 승려로서의 자신의 신분과 붓다의 가르침을 상기하게 됩니다. 예를 들어 망토를 이루는, 겹치는 상의 두 조각들은 석가모니불의 가르침이 미륵불의 가르침으로 바로 이어지리라는 희망을 상징하며, 이러한 의미를 알고 있는 승려는 이것이 이루어지도록 기도할 수 있게 되는 법이죠. 이 책에는 이해를 돕기 위해 많은 사진이 실려 있지만, 그것이 의미하는 바를 모르면 아무 소용없는 일이죠. 승복들의 경우에도 마찬가지입니다.

망토 안쪽을 덮고 있는 노란 안감은 계율의 가르침을 널리 전하고 오래 보존할 것을 의미하고 있습니다. 한 편으로 계율은 경전에 수록된 붓다의 말씀과도 관련이 있지요. 깨달음에 이르는 완전한 길은 계, 정, 혜라는 세 가지 수행으로 분류됩니다. 노란 안감 역시 도덕성인 계율 수행을 의미하지요. 이를 토대로 다르마 수행을 통해 덕목들을 쌓게 되지요.

망토 안감의 경우가 그러하듯이, 황모의 의미를 모르는 사람이라면 아마도 이 모자가 겔룩파 전통과 연관 있으리라 생각할 겁니다. 하지만 이는 잘못된 생각입니다. 서구인들뿐 아니라 황색을 볼 때마다 이 전통을 떠올리는 일부 티베트인들 역시 이러한 오해에 빠져 있습니다. 이 대단한 착오는 무지에서 비롯하는 것인데도 아직 많은 사람이 이런 고정 관념에 집착하고 있으며 다른 사람들에게 이렇게 가르치기도 하죠. 실례로 지구, 세상의 모든 생물과 무생물을 예로 들어 그 진정한 의미를 설명해 봅시다. 사대(대기, 불, 땅, 물) 가운데 흙은 황색으로 상징됩니다. 도덕성의 상징 또한 땅처럼 황색으로 상징됩니다. 땅이 모든 생물 무생물의 토대이듯 도덕성 역시 입문으로부터 궁극적 깨달음의 얻음에 이르기까지 모든 삶의 기본인 것이죠. 그러므로 황모 착용은 율사들의 오랜 전통으로 이들은 모든 덕목의 뿌리로서 도덕성을 인정해온 것입니다.

이 의상은 율사 가운데 가장 위대한 분이신 라마 라첸 공파 랍살 시대부터 있어왔던 것입니다. 티베트 왕 랑다르마Langdharma가 모든 티베트 중심부에서 불법 표시들을 폐기해버리자 이 라마는 자신이 명상하고 있던 굴을 나와 티베트 동쪽 끝으로 피신합니다. 많은 승려들이 있던 이곳에서 구족계를 받게 되죠. 이후 광범위하고 깊이 깊게 경전을 공부하여 위대한 율사가 됩니다. 이 무렵 티베트 중심부로부터 열 명의 승려가 그를 찾아오자 이들에게 구족계를 주고 율장에 관한 가르침을 베풉니다. 이들이 티베트 중심부로 돌아가려 하자 그 가르침과 수행을 널리 펴달라고 당부하는 표시로 그의 수좌 루메에게 자신의 황모를 하사합니다. 물론 이 일은 겔룩파라는 용어가 알려지기 훨씬 이전의 일이었습니다. 위대한 인도 율사 샤카프라바Shakyaprabha(釋迦光)[6]는 이렇게 말하고 있죠.

> 이승에서 나무가 성장하고 버티려면
> 반드시 뿌리가 필요하듯이
> 모든 숭고한 다르마의 토대이자
> 뿌리는 바로 **계율**이라네

이제 황모의 의미가 겔룩파의 전통이 아니라는 사실을 분명히 해야 합니다. 마찬가지로 검은 모자를 쓰는 사람들 모두가 카규파인 것도 아니죠. 예를 들어 쎄라 승원을 건립한 잠첸 최제 역시 중국 황제가 그에게 선물한 검은 모자를 썼습니다. 황제는 쫑카빠[7]에게 중국으로 와서 그의 정신적 스승

---

6. 나란다 사원을 이끈 인도 17 대논사 가운데 11번째 논사로 특히 지계(持戒)로 이름 높다.
7. Dje Tsongkhapa(1357~1419). 달라이 라마가 이끄는 겔룩파(황모파)의 창시자. 칭하이성 쫑카에서 태어난 사람을 뜻하며 '제Dje 린뽀체'라고도 불린다. 14세기 말 형성된 겔룩파는 철학적 성향이 강하다.

이 되어주기를 청하였었죠. 하지만 갈 수 없었던 그가 자신의 제자 잠첸 최제를 보냈던 것입니다.

자, 이제 우리의 의복 이야기로 돌아갑시다. 아직 의미 있는 몇 가지 이야기가 남아 있기 때문입니다. 승려들이 차를 공양하는 승원 의식에 참석하러 갈 때는 각자 보릿가루를 가득 채운 커다란 컵 크기만 한 작은 가방을 가져갑니다. 가방의 색깔은 위부터 아래로 온통 푸른색, 붉은색, 노란색 그리고 하얀색입니다. 안쪽은 흰색이고 졸라매는 끈이 있죠. 승려가 보릿가루를 모임에 가져갈 때는 반드시 이 자루에 가져가는 것을 규칙으로 삼고 있습니다. 색상은 단순히 치장을 위한 것이 아니라 대단한 상징적 의미를 지니고 있습니다. 승려가 그의 하루 양식을 자신의 가방에 담을 때 먼저 가죽 끈을 만지고, 이것이 예전에 살아 있던 생물의 가죽이었음을 떠올리고, 다음은 우리가 죽을 차례라는 것을 연상하게 되지요. 의식은 대기, 불, 땅, 물 사대에 의존하며 이 사대가 신체를 이룹니다. 사대와 정신의 연결 관계가 어긋나면 죽음이 찾아오죠.

이 가방의 네 가지 색 즉 대기, 불, 땅, 물을 의미하는 청색, 적색, 황색, 백색을 바라보면 마음이 네 가지 요소에 달려 있음을 상기할 수 있게 되고, 이 네 가지 물리적 요소 사이의 균형이 조금만 깨져도 서로의 연대 관계가 깨진다는 것을 생각함으로써 죽음을 관조할 수 있죠. 이것은 다음과 같이 간단한 이야기입니다. 죽음의 인식은 다르마 학습과 다르마에 대한 헌신에 지대한 자극을 주지요. 네 가지 색의 의미는 여기에 국한되지 않습니다. 다르마의 길을 따라가며 불법 실현의 높은 경지에 이른 사람은 이 요소들과 관련된 다양한 명상을 실천할 수 있지요. 이 명상들 역시 가방 색으로 상징되

라 승원 건립자 잠첸 최제

지요. 그러므로 마음을 개발하는 데 도움이 되는 명상에 영향을 미치는 다양한 길이 존재하는 법입니다.

승려가 처음 승원에 발을 들였을 때는 이러한 상징들이 의미하는 것이 무엇인지 잘 알 수 없지요. 따라서 변경 수업 기간 중 초기 몇 주간은 매주 대학 율사 스님들의 설명으로 모두가 그 의미를 이해하게 됩니다. 승려들의 소지품 대부분은 승려가 스스로 결점을 떨쳐버리고 자신의 고결한 품성을 닦는 데 도움이 되도록 설계되어 있죠. 예를 들어 병사들은 기이하게 위장된 전투복을 입고 다양한 무기들을 사용하도록 훈련받습니다. 전투복과 장비는 멋있게 보이기 위한 것이 아니라 적을 싸워 물리치기 위한 것이죠. 이렇게 승려들은 승원에서 자신의 정신적 왜곡과 싸워 물리치기 위한 가르침을 받습니다. 주된 목적은 온갖 망상을 제거하고, 고결한 덕목과 적절한 이해력을 습득하는 데 있어요. 여기에 가장 커다란 장애물이 두 가지 있는데, 그것은 교만과 불경이죠. 그러므로 초기에 승려들은 겸손을 배우고, 자신보다 나이 든 스님들에게 각별한 공경심을 보이도록 교육받습니다. 노장 스님들은 이런 공경심에 자부심을 느끼기보다 유용한 충고를 해주면서 어린 스님들에게 자비심을 베풉니다. 노장 스님들은 필요할 때면 분별심을 떠나 나이 어린 스님들의 행동을 바로잡아야 합니다. 하지만 분노에 빠져 이들에게 매를 가하는 것은 승원 규율에 어긋나는 일이죠.

제자 사미를 책임지고 승원 규율에 따라 교육을 담당하는 분이 계신가요?

게셰 네. 사미들에게는 누구나 두 명의 스승이 배속됩니다. 한 분은 후견인인 스승이고, 나머지 한 분은 다르마를 가르치는 스승이죠. 교육 기간 동안 제자는 후견인 스승에게 자신이 지닌 돈을 모두 드리고, 스승은 제자에게 음식과 옷을 제공합니다. 후견인 스승은 어린 스님이 그 책임을 물려받기 이전 그에 관한 모든 책임을 지고 게셰가 되는 교육을 완수해야 합니다. 다르마 스승은 주로 다르마 교육을 하지요.[8]

8. 티베트 불교의 사제 관계는 크게 두 가지가 있다. 하나는 경전이나 밀교를 전수하는 종교적 사제 관계, 다른 하나는 생계를 관리하는, 출신지 연고에 따른 생활 사제 관계이다.

3

스승과 만나다

Meeting the guru

제자 스승님의 인생 이야기로 돌아가 보겠습니다. 승원에서 승려의 삶을 허락받고 어떠셨는지요?

게셰 게셰 릴루를 만난 다음 날 나는 그의 지시대로 승원에서 돌아왔습니다. 그리고 그가 나의 후견인 스승이 되었죠. 스승님은 제게 개인 승복 일체를 마련해주셨으며 원장 스님이 주석하시는 곳으로 데려갔습니다. 저는 공양물로 순백의 의례 스카프 카타(kata)와 다완을 가져갔습니다. 그 방으로 들어갔을 때 처음 들은 말은 오체투지를 세 번 하라는 것이었죠. 원장 스님께서 내게 치명적인 결함은 없는지 알아보려는 것이었습니다. 그런 결함을 지니고 있다면 승려가 되는 데 핵심 요소인 폭넓은 마음공부나 다르마 공부에 지장을 초래하니까요.

이어서 원장 스님의 질문을 받았습니다. 단순한 것들은 제게 직접 말씀하셨고 나머지 경우는 게셰 릴루에게 말씀하셨습니다. 자신에게 주어진 질문에 답을 못하는 사람은 정신적 결함이 있음을 드러내는 것이지요. 동료에게 주어진 질문에 자신이 답을 한다면 신뢰할 수 없는 산란함을 드러내는 것이었죠. 저는 신체적 결함도 없었고 제대로 답한 덕분에 원장 스님으로부터 전적인 승인을 받았습니다.

그러자 게셰 릴루는 전에 우리가 만났던 기숙사의 방 하나를 제게 배정해 주셨습니다. 저는 7년간 쎄라 사원에 거처해온 스님과 방을 함께 쓰게 되었습니다. 보통 사형 스님은 3층에 거주하고, 수년간 사원에 머문 스님들은 2층에 머물고, 사미는 1층에 머물죠. 하지만 저는 2층에 이 스님과 함께 머물게 되어 숙련된 선배 스님의 영향을 많이 받았습니다.

언젠가 스님 모두가 밖에서 변경을 벌일 때 방에 홀로 앉아 있었습니다. 그때 빛바랜 승복을 입고 백발의 위엄 어린 스님이 들어오셨습니다. 그분에 관해 아무것도 아는 것이 없어도 저는 자연스럽게 그에게 커다란 신뢰감을 느끼게 되었죠.

이튿날 게셰 릴루와 같은 방 도반이 맨 위층에 거하시는 다르마 스승에게 저를 데려갔습니다. 그는 어제 제 방을 방문한 스님임이 확실했습니다. 그의 법명은 게셰 잠빠 케듑Gesche Jhampa Khedub이었습니다. 이후 저는 많은 스승을 만났지만 이분만큼 친절한 분을 뵌 적이 없습니다. 지금의 선한 품성의 진정한 근원은 바로 이분에서 비롯하지요. 나아가 서구 학생들에게 베풀 수 있던 모든 것 역시 그의 친절함에서 비롯했습니다. 그는 이전의 저의 모든 설익은 행동들에 종지부를 찍어주셨죠. 그의 가르침을 받을 때뿐만 아니라

게셰 랍텐과 게셰 잠빠 케둡 스님과의 첫 만남

심지어 그가 침묵하고 있을 때도 제 태도에는 커다란 변화가 일어났습니다. 그리고 그분 앞에 저는 그저 가만히 앉아 있을 뿐이었습니다. 저는 매우 가난하고 무력했습니다. 스님은 저를 어머니처럼 보살펴주셨죠. 종교적 가르침만 베푼 것이 아니라 경우에 따라서는 양식과 옷을 구해주시기도 했죠. 또한, 나의 행동거지를 고치려고 율법 교육도 마다치 않고 전수해주셨습니다.

게셰 잠빠 케둡은 특별한 성품을 많이 지닌 스님입니다. 당신의 제자들에게 경전에 관한 자신의 지식에 근거해서만 아니라, 자신이 터득한 고도의 직관적 통찰력을 통한 가르침을 베풀기도 하였습니다. 가끔씩 지인이 앓을 때면 어떤 음식을 취할 것인지 강하게 충고하곤 했습니다. 일반적으로 환자에게 악영향을 미칠 수도 있는 음식이건만 그것을 먹고 나면 바로 완치되는 것이었습니다. 실례로 내가 비장 통증으로 끙끙대고 있을 때 게셰 잠빠 케둡은 제게 설탕을 탄 요거트 한 주전자를 먹으라고 권하셨습니다. 전에 그것을 먹고 이후 더욱 아파졌다고 곧 바로 대답하며 처음엔 거절했지요. 하지만 나중에는 스님의 계속된 권유로 말미암아 결국 먹게 되었는데 이후 귀신같이 나았죠.

스님은 영적 교육이 이루어지는 모든 분야에 능통하여 대단한 존경을 받았을 뿐 아니라 만인에게 특히 가난하고 병든 자들에게 큰 자비를 베풀기도 하셨습니다. 예를 들어 경우에 따라서는 몇몇 스님들의 병세가 악화하여 스스로 목욕하기가 어려워지자 그들을 씻겨주고 손수 기름 마사지를 해주었죠. 그에게는 제자들이 많았는데 그중에는 환생 라마와 게셰도 많았습니다. 몇몇 라마들은 그의 고향 캄을 방문하여 다르마를 전해줄 것을 계속 청해 왔지요. 결국, 스승은 동부로 귀향하셨는데, 어디를 방문하더라도 스님은 많은 사람에게 훌륭한 가르침뿐 아니라 비범한 능력을 자주 베푸셨습니다. 스님이 고향으로 돌아가신 뒤 저는 쎄라에 남아 내 공부를 계속했습니다. 하지만 스승님은 안팎의 장애물을 제거하고 다르마의 길을 가도록 나 자신을 이끄는 데 굉장한 도움이 되었죠. 스님은 다양한 의미와 예언적 암시로 가득한 내 꿈에도 자주 등장하셨습니다.

몇 년이 지나고 대승 철학을 공부할 무렵 스승님께서 부탁하신 책을 보내며 다음과 같은 편지를 동봉했습니다.

> 아, 붓다 가족 모두의 주인이자 중생의 수호자이시여,
> 당신의 감화력은 무한하옵니다.
>
> 하지만 이 자연에 귀속된 각별한 존재자로서 당신께 기도드리니, 당신의 축복을 제게도 베푸시어 내 존재 전체가 다르마에 안기게 하옵소서. 특히 마치 친아들을 향해 베푸는 것과 같은 자비를 보잘것없는 제게 베푸시니, 오, 아버지, 당신의 호의를 생각하노라면 가련한 걸인으로서 제 신념과 신앙은 깊어만 갑니다.
>
> 스승님이시여, 당신의 모습을 생각하면 제 몸에는 전율이 흐르고, 두 눈은 눈물로 가득 차오릅니다. 스승님, 당신의 목소리를 생각하면 흐느낌에 숨이 가빠집니다. 구루의 지혜와 자비를 생각하면 변함없는 당신의 보살핌이 떠오릅니다.

게셰 잠빠 케둡 스님

아버지, 당신은 그 무엇과도 견줄 수 없는 자비로운 스승이십니다. 저의 의지처는 오직 당신뿐이죠. 아, 지혜와 자비의 보물이여. 행복하거나 슬프거나 저는 스승님을 생각합니다. 제 생사 유무를 떠나 스승님은 일체지를 열어 보이시죠.

아, 승리한 부처들 모두의 지혜와 자비를 갖춘 영예로운 분, 정신적 도반의 형상으로 다가오신 당신, 아, 갚을 수 없는 친절을 베푸신 사부님, 현재 머무시는 '다르마의 정각처'[9]로부터 나오소서.

천상의 번쩍거리는 구름과 무지개 한복판에서, 승리한 부처들 무리에 둘러싸여 보석으로 빛나는 권좌에 앉아 계신 정신적 아버지 그리고 사부님, 로상 잠빠여!

위대한 환희심이 미치지 않는 곳 없고, 당신의 음성은 광대하고 심오한 다르마 감로를 뿌리는, 비가 들려주는 멜로디입니다. 정각자의 크고 작은 표식으로 꾸며진 당신의 육신은 질리는 법 없이 언제나 우러러 보입니다. 존경하는 사부님의 몸과 말씀과 정신에 경배합니다.

사부님의 기쁨을 위해서라면, 수많은 왕국의 관대한 풍요로움 그리고 그 청정한 공과 희열의 본성 속에 편재하는 모든 세간 중생과 성인의 덕성마

9. 게셰 잠빠 케둡이 은거하던 토굴.

저도 존경하는 사부님께 바치옵나이다.

내 최상의 유일한 의지처인 수호자시여, 네 가지 강력한 치유법의 도움으로, 시작도 없는 시간부터 저질러온 모든 악행 특히 세 가지 가르침을 어긴 행위를 당신 앞에 고백하나이다.

당신의 아들인 저는 승리한 부처 모두의 덕행, 세간 중생과 깨달은 존재들의 덕행을 기뻐합니다. 아울러 존경하는 사부님 안팎으로 존재하는 은밀하고, 내적이면서도 외적인 깨달음의 실천을 즐깁니다.

무한한 집단의 생물체들을 고통의 바다로부터 제도하기 위해 자비심과 환희의 길을 밝혀주시는 당신께 청원하오니 세 가지 신비의 법륜을 굴려주시옵소서.

세 가지 소중한 귀의처의 축복으로, 불변하는 영역의 실재성의 힘으로, 진심 어린 나의 기도의 힘으로 당신이 영원한 공덕의 공간으로 남아 있기를 기원합니다.

견고한 신앙의 터전 위에, 세 가지 표현 양식으로 이승의 아름다움이, 내 의지처인 사부님의 몸, 말, 마음에 내 몸, 내 생각 그리고 내 행동들이 축복받게 하소서.

나의 수호자이자 의지처인 사부님과 헤어지지 않도록, 깨달은 분의 설법의 감로를 마셔야만 만족할 수 있도록 이렇게 쌓아온 나의 덕목을 바치옵니다.

모든 선행으로 인도하는 초행 다르마 수행으로서 방 청소부터 헌신 기도에 이르기까지 지존이신 사부님의 가르침에 일치하는 모든 것을 실천에 옮길 수 있도록 제게 가피를 내리소서.

영예로운 탁투 응구Tagtu Ngu[10]로부터 밀라레빠Milarepa[11]에 이르는 많은 스승처럼 당신의 아들로서 제가 순수한 생각과 행동으로 올바르게 나 자신을 이끌어, 환희와 선행의 뿌리인 정신적 도반에게 헌신하고 붓다 같은 스승을 만날 수 있도록 해주소서.

온전한 천부적 삶의 형태를 획득하는, 그토록 의미 있고 접하기 어려운 이 특별한 순간을 맞이하여 정신적으로 해로운 해이에 빠져들지 않고 그 기회의 본질을 터득할 수 있도록 가피를 내리소서.

저열한 사후 존재들의 상태로 이끄는, 정신에 새겨진 부정적 각인들로 인한 부담은 산보다 크옵니다. 이 부담이 내게 직접 미칠 영향이 어떠할지 헤

---

10. 『반야경』에 등장하는 보살로서 스승에 대한 헌신이 돋보이는 제자의 전형. 늘 울고 있는 보살을 뜻한다.
11. 티베트 불교에서 가장 유명한 수행자(1052~1135). 티베트 서부 궁탕 출신으로 주로 산속 동굴에서 수행 정진하여 비상한 깨달음을 성취하고『밀라레빠의 십만송』을 저술하였다.

아리니 제게 귀의처로 가는 가피를 내리소서.

즉각 위해한 행동을 마다할 수 있는 능력을 베푸소서. 행동의 결과들을 베푸시고, 지존의 스승님과 사부님의 지시에 따라 고귀한 삼귀의 교훈에 의거하여 덕행을 쌓을 수 있는 능력을 베푸소서.

오염된 행동과 정신적 왜곡으로 말미암은 윤회의 순환 속에서 겪는, 심지어 존재의 높은 단계에서조차 겪기도 하는 다양한 유형의 고통 양식을 관조하였으니, 매우 강력한 이욕심(離欲心)이 내 안에서 자라날 수 있게 축복해주소서.

모든 선행, 도덕, 삼매, 지혜의 기반을 포함하는, 성인들의 보석 같은 다양한 정신적 방법과 이해력을 단련하는 과정에서 내 마음을 정진해 왔으니, 자유의 고결한 상태에 이르게 하소서.

문득 평범한 평화와 환희의 경지를 이룬다 할지라도, 사랑과 자비로는 마음이 평정해지지 않고 승리한 붓다의 무상정각의 경지를 이루지 못할지니, 보리심을 증득토록 축복을 내려주소서.

사랑, 자비 그리고 보리심을 증득하고 난 뒤, 과정에서의 보편 행동의 여섯 가지 완벽함, 모임의 이상적 수단 등을 수행으로 비밀스러운 대승의 문으로 들어갈 수 있게 축복을 내려주소서.

사부님의 영예로운 말씀 곁에 머물렀사오니 네 가지 권한을 증득하여 실천토록 해주소서.

이러한 기도에 힘입어 최고의 사부님이 제 머리에 쓸 왕관이 되어 주옵소서. 또다시 반복된 기도의 도움으로 사부님은 내 마음에 핀 연꽃 여덟 잎의 한복판으로 가는 통로를 따라 내려오십니다. 다섯 가지 영예로운 빛으로 반짝이는 무지개에 가린 그곳 궁전에서 제 마음과 사부님은 하나가 됩니다.

이 덕행으로 얻어지는 선이 그 무엇일지라도, 저는 이것을 모든 유정에 회향하오니 결코 우리가 존경하는 보호자 잠빠 케듭과 헤어지지 않고 늘 신성한 가르침에 목말라 그 신성한 감로를 마시게 하옵소서.

이 편지를 읽으신 사부님은 다음과 같은 답신을 보내주셨습니다.

제법이구나!
자신의 고향에 대한 애착을 끊고, 남들이 사는 지역에 대한 부질없는 환영을 떨쳐버리고, 불경이나 딴뜨라를 분별심 없이 이해하여 그 다양한 정신적 가르침에 귀 기울이는 장엄한 깃발을 높이 드는 자들은 칭송받을지어다.

나는 이렇게 안목 높은 지성과 즐거운 노력(열정적 노력)으로 지은 굳건한 갑옷을 착용한 따드린 랍텐에게 자랑스럽게 말했지. 내가 원하던 『완벽반증개요The Complete Compendium of Refutations』(完璧反證概要) 제본을 받고 기뻐했을 뿐 아니라, 수뜨라와 딴뜨라의 길에 관한 모든 단계를 이해했음을 드러내는 네가 지은 아름다운 시구들 또한 나에게는 큰 기쁨이었지.

이 늙은 다르마 수행자는 잘 지내고 있다. 이승의 삶에 대한 근심으로 마음이 산란해지지 않도록 사계절 하루도 빠지지 않고 명상에 몰입하여 아무 방해 없이 요가 수행을 하며 도량에 머물고 있다. 나의 근황을 짧게 적어 보낸다.

아들아, 진심으로 다르마를 열심히 실천하길 바란다면, 네 머리에 쓸 왕관 위에 박힌 사부님의 보물이 필요하단다. 반드시 네 마음 한복판에 자비의 문양을 새기거라. 성인들의 상징적 보물과 육바라밀을 증득해야지. 수뜨라와 딴뜨라를 공평하게 대하고 다르마에 관한 그릇된 사견을 끊어버려라. 영광스런 잠팔 닝뽀Jampal Nyingpo[12]의 경탄스러운 정신적 가르침이 보여주듯 너 자신을 보편적이면서 특수한 온전한 지(地)에 익숙해져, 너 자신과 남들의 요구를 만족하게 하는 보물을 잡아라.

구루의 보호와 의지를 멀리하지 않는다면 지배자나 관료의 지지가 없어도 행복하다. 덕성을 지닌 도반들을 멀리하지 않는다면 가족과 사랑하는 사람들과 헤어져 있어도 행복하다. 내면에 만족하는 풍요를 멀리하지 않는다면 물질적 부, 말 등의 외적 풍요를 누리지 못하더라도 행복하다. 위대한 다르마의 환경과 멀리하지 않는다면, 너의 고향과 고향집에 애착이 남

12. 미륵불의 현재 거처인 도솔천에 머무는 쫑카빠를 지칭한다.

아 있어도 행복한 것이다.

정부 관료들로부터 등을 돌리고 사부님에게 전념하라. 너의 정신적 아버지 사부님은 다르마의 왕(法王)이시다. 덕성을 지닌 도반들이야말로 다르마 도반(法友)들이다. 물질적 부로부터 등을 돌리고 만족에 전념하라. 만족은 다르마를 추구하는 자들이 쓰는 왕관의 보석이다.

너의 몸과 모든 재산과 사랑하는 사람들 모두가 영원할 수 없으며 사라지게 되어 있다는 사실을 명심하고 모든 환상을 버려라. 그리고 그렇게 함으로써 몸과 말과 마음이 조심스럽게 통제하는 선처에 청정하게 머무르며, 너의 정신이 무모하게 흔들리지 않도록 하여라. 이것이 다르마의 수행으로 얻는 고결한 삶이니라.

시작도 없는 시절부터 우리를 장악한 적들은 자아를 인정하고 또 자아를 소중하게 여긴단다. 그러므로 깨인 마음인 다른 사람에 대한 사랑에 관해 명상하라. 그 뿌리는 사랑과 자비이다. 자아를 부정하는 이상적인 견해를 지녀라. 내가 이해하는 바로는 이러한 견해는 독립된 것으로 여겨지는 것, 즉 다른 그 어떤 것과도 무관하다고 여겨지는 것을 부정하는 것과 같은 것이다. 그러한 대상의 부재가 공이다. 이것을 깨달은 마음은 이상적인 견해이다. 비록 모든 현상이 마음에 드러나도 그들의 본성은 공하다. 현상들의 성격은 이렇게 공하여 사물들 사이의 의존적 관계는 절대 확실한 것이다. 외양과 공을 모순적으로 보지 않는 올바른 이해력을 지닌 자는 현자이다.

너는 정신적 깨달음과 통찰력의 단계에 들어선 듯하다. 위의 관점들을 명심하고 순수하게 섬기려는 의지를 갖추고 네 제자들의 간절한 마음을 다르마의 가르침과 조화시키도록 노력하거라. 그들 자신이 지은 건전한 행위의 위력에 이끌린 제자들 말이다. 그리고 네 제자들이 승가 공동체에서 살아가도록 세심한 노력을 기울여라.

이제 무슨 말을 더하랴? 두 번째 승리의 붓다, 사부 쫑카빠의 말을 본받아라. 스승 금강역사(석가모니불)로부터 너의 자비로운 뿌리인 구루에 이르기까지 수뜨라, 딴뜨라와 경론의 가르침과 관련하여 문수 구루 쫑카빠의 구전과 일치하는 가르침에 귀 기울이고 명상하면서 그릇된 사견을 끊어라. 그저 단순히 듣지만 말고 계속하여 관조하고 또 관조하라. 온전하게 듣고 집중하며 네가 이해한 모든 것을 네 마음에 적용하는 것이 기본이다.

지금 내가 머무는 '다르마의 정각처'에서 소띠 해 오늘, 중국 동전 여섯 개를 동봉하여 보낸다.

스승님의 다른 편지는 일부만 기억하고 있는데 다음과 같은 내용을 담고 있었습니다.

요약해서 말하자면 윤회 세계에서 벗어나지 못한 삼라만상은 설사 초월 상태에 이른다 할지라도 생물이건 무생물이건 모두 이름과 기호이자 표상에 불과하다. 더구나 이 이름표들의 근본을 살펴보면 원자 덩어리에서도

> 그 어떤 미미한 실체 하나 찾을 수 없다. '발견 불가능성'을 발견하는 것, 이것이 바로 중도이다. 수많은 반야부 논서와 대승경전에서 반복적으로 선언되고 있는 것도 바로 이것이다.

나는 구루를 많이 모셔왔고 그분들 모두 신뢰하고 있지만, 이들을 나의 첫 번째 구루이신 게셰 잠빠 케둡의 환생으로 생각하노라면 그들에 대한 신뢰는 더욱 깊어만 가지요.

4

쎄라에서의 초기 수행

Initial training in Sera

제자 승가 입문이 허락되자 곧 정식 수업을 받으며 승원 교육에 참여할 수 있었나요?

게셰 사부님의 허락을 받아 강의에 들어갈 수 있었죠. 하지만 변경 수업에 참여할 수 있는 승낙을 받기 전에 중요한 경전들을 암기해야 했습니다. 매일 아침 네 시에 일어나 본당 앞의 돌 마당에서 해가 뜰 때까지 계속 절을 했죠. 망상을 제거하기 위해 스승님은 내가 기도하는 동안 분량이 짧은 참회경, 금강살타 정화진언, 삼귀의 기도문을 암송하게 했지요. 마음공부와 수련의 성과를 위해 장애물을 제거하는 것이 필요하다고 말씀하셨죠. 나는 겨울에도 이러한 예비 수행에 매진하였습니다. 살을 에는 겨울 아침 내 손등과 발등이 갈라 터지고 피가 날 정도였지요. 하지만 신체적 고통에도 용기를 잃지 않았습니다. 사실 이러한 사실이 정신적 무명과 이전에 지은 해로운 행위들의 흔적을 정화하는 수단이라고 생각하니 행복을 느낄 수 있었습니다. 이런 수행을 나만 하는 것도 아니었죠. 뜰 안 곳곳 똑같이 절하는 승려들로 가득했으니까요. 매우 고무적인 현상이었죠.

그리고 해가 뜨고 긴 소라고둥 소리가 울리면 승려 모두 법당에 모여 새벽기도를 올리고 차를 마십니다. 이어서 나를 포함하여 모든 사미들은 숙소로 올라와 쓸고 닦습니다. 그동안 선임자들은 변경을 벌입니다. 우리가 이 일을 어쩔 수 없이 하는 것은 아닙니다. 오히려 이 일이 이승에서의 다르마 수련에 도움이 될 뿐 아니라 내생의 선한 결과를 낳기 때문이기도 하죠. 이어서 승가대학 입학에 필수 요구사항인 경전들을 암송합니다. 쎄라에는 세 개의 대학 즉 쎄라 제, 쎄라 메, 쎄라 응악빠가 있었습니다. 나는 쎄라 제 대학에 다녔는데, 당시 이 대학 재학생은 육천 명이 넘었죠.

처음에는 그러한 수업을 받아본 적이 없는지라 암기에 시간도 매우 오래 걸리고, 스승 앞에서 경전을 암송하는 것도 힘들었어요. 위대한 경전 공부를 시작할 수 있는 허락을 받기 위해 그 모든 노력을 기울였죠. 그래서 힘든 줄도 몰랐습니다.

정오가 되기 직전 대학 강당에 모여 차와 보릿가루를 먹었습니다. 그러고는 내 방으로 돌아와 공부했죠. 스승님은 시간이 날 때마다 제게 철학적 분석에 관한 기초 학습을 진행하여 주셨습니다. 저녁 6시 무렵 모든 승려가 변경을 마치고 돌아옵니다. 우리 기숙사에서 생활하던 승려들은 바로 모여 경전을 암송하기 시작했는데 이것이야말로 내가 학수고대하던 것이죠. 기도가 끝나면 승려들은 모두 철학적 분석 수업을 위해 존경하는 선생님들을 찾

이른 아침 쎄라 본원 뜰에서 절을 올리는 스님들

아갔습니다. 우리 숙소에는 노장 율사가 계셨습니다. 이 노승은 우리 중에 쉬면서 게으름을 피우는 사람은 없나 확인코자 방마다 점검하러 다니셨죠. 매일 밤 나는 동료 사미들과의 학습을 게을리 하지 않았습니다. 불빛이 매우 어두워 읽기 힘들어지자 선생님은 암송으로 가르쳐야만 했죠. 그리고 수련생들은 선생님을 따라 외우려 노력했습니다.

게셰 잠빠 케둡의 수업 방식은 매우 특이했습니다. 약 사흘 동안은 논리적 수업을 진행하시고 나면 다음날은 종일 붓다의 전생을 묘사한 자타카에서 뽑은 구절들에 관해 말씀해 주시거나, 위대한 정신적 깨달음을 이룬 현인과 명상가들에 관한 이야기를 들려주셨습니다. 매우 평화롭고 유익한 수업인지라 결코 그 앞에서는 지겨움이나 피로를 느낄 수 없었습니다. 도리어 그와 함께한 시간은 언제나 너무 짧았지요. 수업은 통상 두 시간 동안 진행됐습니다. 그리고 모든 학승이 자기 방으로 돌아가고 나면 나는 스승님과 열한 시까지 머물렀죠. 고집스럽게 스승님의 잠자리를 챙기고 나서 인사를 드리고 조심스럽게 문을 닫고 나왔습니다. 방으로 돌아오는 길에 강당에 앉아 경전을 독송하는 스님들이 계시면 신발을 신고 방으로 돌아오거나 피곤하지 않으면 나도 기도에 참여했습니다. 하지만 그들이 명상에 잠겨 있을 때는 신발을 벗은 채 매우 조심스럽게 걸어 나와 방해가 되지 않도록 노력했죠.

제자 승원에 들어가서 곧 계를 받으셨는지요?

게셰 그렇지 않습니다. 나는 두 달 동안 스승님께서 무슨 충고를 주시더라도 따르리라 생각하고 있었습니다. 스승님은 제게 티베트에서 미륵불의 환생으로 인정받고 있는 뿌르쪽 잠빠 린뽀체Phurchog Jampa Rinpoche에게 행자 서약을 의뢰하는 것이 좋겠다고 하셨습니다.

제자 행자가 되는 데 필요한 것은 무엇인지요?

게셰 세 가지 변화가 필요하지요. 첫 번째, 태도에 변화가 있어야 합니다. 포기의 위력으로 재가자의 태도를 변화시키고 나아가 진지한 다르마 수행자의 태도로 고양해야 합니다. 두 번째로는 승복을 입고 정식으로 삭발하여 외모를 바꾸어야 합니다. 세 번째 변화는 법명을 받는 것입니다. 그 외에도 구루 주재로 행자 서약식을 행해야 하지요. 저의 법명은 잠빠 셰랍Jampa Sherab이었지만 따드린 랍텐Tadrin Rabten으로 불렸죠. 현재까지도 많은 사람들이 나를 잠빠 셰랍으로 부릅니다. 이것이 행자가 되는 과정입니다. 하지만 더욱 중요한 것은 서른여섯 조항의 기본 계와 그 나머지 이백사십 조항의 계까지 실천하는 것이죠.

제자 쎄라에 들어간 뒤 변경에 참여하도록 허가받는 데 얼마나 걸렸지요?

게셰 대략 두 달 걸렸죠. 그동안은 구두시험에 합격에 필요한 경전과 기도문 암송에 주력했습니다. 그러고 나서 동료 스님들과 함께 원장 스님과 율사 앞에서 시험을 보았습니다. 다른 스님들과 마찬가지로 시험에 합격하여 중앙 변경장에 들어가도록 승낙 받았습니다.

제자 시험에 통과한 후 스님들이 밟는 과정은 모두 동일한가요?

게셰 그렇습니다. 쎄라에서의 수업은 모두 게셰 학위과정으로까지 이어지지요. 그러기 위해서는 적어도 열넷 혹은 열다섯 강의를 순서대로 들어야 합니다. 강의들은 다음과 같습니다.

1. 집합 주제 초급
2. 집합 주제 중급
3. 집합 주제 상급
4. 논서 초급
5. 논서 상급
6. 독립 주제 초급
7. 독립 주제 상급
8. 바라밀
9. 중도(중관파) 초급
11. 율장(비나야) 초급
13. 구사론(아비다르마)
14. 까람Karam 계율과 구사론에 관한 상세 검토
15. 라람Lharam 오경에 관한 최종 검토

(각 대학에서 두 명만 이 과정을 졸업할 수 있음)

이 가운데 어느 한 과정이라도 누락되면 졸업이 불가능하죠. 이러한 과정은 매우 훌륭하게 개발된 체계로서 기본 논리학으로부터 위대한 인도 경전에 이르기까지 경서와 논서 교육을 아우르고 있습니다. 수준 높은 주제들에 관한 학습이 가능하도록 초등학교에서 알파벳과 문법을 배우듯, 나중에 위대한 경전들을 이해할 수 있도록 세밀한 추론을 통해 마음을 수련할 수 있도록 논리학을 학습합니다.

이렇게 자신의 지성과 분별력을 개발하고 나면, 승려는 각자 교육의 중요한 주제에 스물 혹은 서른 가지 다양한 논리로 접근해나갈 수 있죠. 빽빽한 숲 속 나뭇가지를 자유롭게 오가는 원숭이들처럼 우리 마음도 경전에 담긴 심오한 개념을 능숙하게 파고들어갈 수 있어야 합니다. 우리 마음이 앉거나 일어설 때 거북함을 주는 사슴의 뿔처럼 경직되어 있다면 우리의 공부는 결코 심오한 경지에 이를 수 없을 것입니다.

제자 처음 배운 주제는 무엇이었나요?

게셰 처음 배운 주제는 가장 쉬운 것으로 중요한 네 가지 색(色)과 부차적인 여덟 가지 색의 관계였지요. 이 관계들이 상술되었고 우리는 간단한 논리를 사용하여 이 관계들을 추론하는 방법을 학습했습니다. 변경 수업은 온종일 계속되었는데 정오에는 승려들 모두 공양하러 자기 방으로 갔지요. 남들이 공양하는 동안 나는 스승님께 가서 내가 배운 것을 말씀드리고 변경에서 내가 마주친 문제들을 여쭈어 보았습니다. 그러면 스승님은 개인적인 가르침을 주시고 음식도 주셨죠.

색이라는 논제와 이들 서로의 관계는 아주 단순합니다. 진정 마음 수련은 변경에서의 질문을 만들어가는 방법을 통해 단련되는 법이죠. 이때부터 흥미로운 도전이 시작됩니다. 이 훈련을 무사히 마친다면 우리의 지성이 어느 정도 진전을 보인 것이니까요. 이후 우리는 인간의 오온, (마음을 포함한) 육식과 그 대상들 그리고 열여덟 가지 현상들 즉 육근, 육경, 육식을 배우죠. 그러고 나서 우리는 실제로 제반 비영속적인 현상들과 영속적 현상들을 세밀히 분류할 수 있는 능력을 배양하게 되죠. 우리는 설일체유부와 경량부 철학 유파에 의거하여 두 가지 실재와 지식이 대상으로 하는 세 가지 유형을 학습하였습니다. 이들은 지각으로 인식한 대상들, 추론으로 인식한 대상들(예를 들어 공, 무상 그리고 윤회 작용) 그리고 극히 은폐된 대상들로 구성되어 있는데 이 가운데 어떤 것들은 경전 상의 추론으로 인식될 수 있지만 다른 것들은 오직 붓다의 마음으로만 알 수 있는 것들이죠.

우리는 인과(因果) 그리고 연을 맺게 하는 조건, 원인의 여섯 가지 분류, 결과의 네 유형들을 다루고, 관계의 두 유형과 상호배타성을 주제로 폭넓게 공부했습니다. 나아가 긍정적 존재물과 부정적 존재물의 분류도 공부했습니다. 부정적 존재물은 부정하면서 인식됩니다. 그 한 예가 공간이죠. 공간은 방해되는 접촉이 일어나지 않는 것으로 정의되죠. 긍정적 존재는 간단히 말해서 부정을 통해서는 인식될 수 없는 존재들입니다. 우리는 두 가지 유형의 부정적 존재들을 탐구했습니다. 복잡한 존재, 단순한 존재가 그것인데, 복잡한 존재들에는 네 가지 유형이 있는데, 이것은 매우 중요한 주제이지요.

이후 우리는 다양한 종류의 결과론적 추론을 학습했습니다. 이 과목은 그릇된 견해를 몰아내는 대화적 수단들이죠. 이러한 수단들은 변경에서 그릇된 견해를 고집하는 사람의 계속되는 주장에서 모순을 밝혀내기 위해 사용됩니다. 결과론적 추론에 따라 주제들을 정확히 이해하게 되지요. 결과론적 추론을 충분히 소화하는 여덟 가지 혹은 열여섯 가지 방법이 있는데 이 모두를 공부했죠.

집합 주제 학습 기간 동안 우리는 이 외에도 많은 주제를 섭렵했습니다. 이 가운데는 주체 학습과 객체 학습이 있습니다. 이 학습 기간 동안 지혜를 단련한 뒤 마음의 본성을 학습합니다. 이는 무척 중요합니다. 마음에 여러 범주가 있듯이 여러 유형의 인식이 가능합니다. 마음은 의식과 정신적 요소라는 두 가지 범주로 나뉩니다. 정신적 요소들은 쉰 한 가지로 구분됩니다. 그리고 이 쉰 한 가지 요소들은 더 세분되지요. 의식 또한 다양한 유형을 나타내는데 정신적 지각, 감각적 지각, 개념적 지각, 비개념적 지각이 그것이죠. 마음을 더 상세히 분류하면 관념적 인식과 비관념적 인식으로 분류되죠. 관념적 인식은 있는 그대로의 지각과 추론으로 세분되며 두 의식 모두 다시 네 가지로 구분됩니다. 비관념적 인식에도 다섯 유형이 있습니다.

마음공부를 훌륭하게 마치고 나면 세 가지 유형의 추론을 통해 자신을 단련하며, 세밀하고도 드러나지 않는 존재들을 탐구하지요. 이들 각각의 유형 역시 다시 세분되는데 이 세부 항목 역시 빠짐없이 공부하지요. 훈련을 거듭하면 위대한 경전과 논서의 이해하기 어려운 주제들도 쉽게 이해할 수 있습니다. 추론의 논리적 타당성을 인정하려면 그 세 가지 양상을 공부해야만 하지요.

마음의 유형을 공부하다 보면 이 주제에 관한 소승·대승 논의를 검증하게 됩니다. 이러한 훈련이 경량부 체계의 토대 위에서 시행되는 것이긴 하지만, 경량부를 포함하여 모든 유파가 논의의 대상이 됩니다. 이 모든 주제는 그 정교한 특성들의 분석을 통해 점검됩니다.

이따금 나는 아무것도 모르고 배운 것도 없다는 자괴감에 의기소침하기도 하였지요. 이러한 일이 생기면 스승님은 큰 지혜를 베풀어 매우 어려운 개념을 가르쳐주시고는, 그렇게 큰 배움을 얻지 못한 나와 좀 더 차원 높은 주제를 공부하던 다른 승려들과 변경을 붙이곤 하셨습니다. 그들에게 대답할 수 없는 질문을 던지자 내 근심이 사라지곤 하였죠.

제자 변경이 어떻게 진행되는지 설명해주시겠습니까?

게셰 아마도 가장 뚜렷한 특징은 손짓에 있다고 할 수 있지요. 변경이 시작되면 먼저 문수보살의 종자 음절인 '디이(Dhih)'를 발음하며 오른손으로 왼손에 손뼉을 칩니다. 그러고는 오른손을 다시 끌어오면서 동시에 왼손을 앞으로 내밉니다. 이 왼손 동작은 윤회의 세 가지 낮은 단계로 들어가는 문을 닫아버리는 것을 의미하죠. 오른손을 끌어오는 것은 모든 중생을 해방으로 인도하려는 발원을 의미하지요. 하지만 이 발원을 실현하기는 쉽지 않죠. 엄청난 지혜와 지식을 갖추어야 하니까요. 이를 위해서는 문수보살이 당신께 지혜를 한 아름 쏟아 부어줄 것을 간청해야 하지요. 일상의 대화에서 남들에게 실제로 영향을 주는 유일한 말이란 듣기에 기분이 좋은 말이거나 나쁜 말일 것입니다. 마찬가지로 종자 음절인 '디'는 문수보살에게 특별한 영향을 미쳐 그 대자비심을 발하여 우리에게 지혜와 이해력을 베풀어 주실 정도죠. 변경은 두 사람을 맺어 줍니다. 질문자가 서 있는 동안 응답자는 앉아 있죠. 마치 질문자가 의혹을 품고 정답을 구하려 상대에게 존경스럽게 다가가듯이 말이죠.

제자 집합 주제 공부가 지성의 수준에 어떤 영향을 미쳤는지요?

게셰 이 과목 공부가 끝나갈 무렵 나는 비록 완벽한 수준은 아니었으나 내 추론 능력이 진전되었음을 느낄 수 있었습니다. 우리 대학에는 17~18개의 구내 건물이 있었습니다. 내가 머물던 곳은 테호르 하우스Theor House라는 건물이었는데, 여기에만도 나와 같은 해에 공부를 시작한 스님들이 백열 다섯 명이나 있었습니다. 대략 열에서 열다섯 분의 스승님이 학승을 교육했는데 영광스럽게도 내가 반장이 되었죠.

반장에게는 많은 소임이 따랐는데 아침저녁으로 변경 수업을 시작하고, 변경 시간을 정하고, 반 전원이 참석했는지도 확인하죠. 이런 소임을 맡게 된 첫날밤 나는 나의 구루와 함께 그의 방에 앉아 있었죠. 아홉 시쯤 되어 변경 수업을 시작하러 가고자 자리에서 일어났을 때, 정신을 잃고 바닥에 엎어졌습니다.

그날 밤 의식을 되찾았을 때 이미 스승님은 다른 사람을 대신 보낸 뒤였습니다. 스승님은 그날 밤 그의 만뜨라와 더불어 쫑카빠 대사께 올리는 기도문 『희족천중송The Hundred Deities of Tushita』(喜足天衆頌)을 가르쳐 주셨습니다. 스승님은 제게 병 해독제로서 만뜨라 십만 번 독송을 권하셨죠. 이러한 증세가 일어날 때마다 그 증상은 내 몸 아래로부터 올라왔고 증상이 심장에 이르면 기절하곤 했어요. 그런데 증세가 느껴질 때마다 나는 이 만뜨라를 암송하기 시작했습니다. 스물다섯 번쯤 외우고 나면 증세가 사라지는 것이었습니다. 나중에는 여덟 번의 암송으로도 증세를 다스릴 수 있게 되었죠. 십만 번 암송을 마치자 스승님은 만뜨라를 십만 번 더 암송하게 하였죠. 이후 이 질병은 완전히 사라졌습니다. 이렇게 하여 나는 믿음을 지니면 이러한 수행이 얼마나 강한 힘을 발휘할 수 있는지 경험을 통해 깨달았습니다.

이따금 우리 승방의 방장이신 게셰 치샤르Tsishar께서 오셔서 우리가 배우던 글을 암송하시곤 하셨죠. 이런 일이 벌어지면 나는 그분 앞에서 배운 것을 외워야 했는데 아무런 실수도 없이 암송해냈습니다. 반장으로서 또 다른 책무는 우리의 예지를 닦고자 상급반의 수준 높은 지식을 지닌 승려들을 변경에 초대하는 것이었습니다. 나는 이들에게 제일 먼저 대답하고 제일 먼저 질문을 던지곤 했지요. 나아가 다른 반 학승들과의 변경을 위해 우리 승려들을 보내기도 했습니다.

제자 집합 주제 전 과목을 마치는 데 얼마나 걸렸는지요?

게셰 합쳐서 2년이 걸렸어요. 하지만 다른 승방의 승려들이 전 과목을 마치려면 대게 3년은 걸렸죠. 졸업 인가를 받기 전에 총원 오백 명이 넘는 우리 방 승려들 앞에서 구술시험을 치러야 했습니다. 반장으로서 제게 이들 앞에서 우리 승방의 방장이셨던 사까르Sakar 툴쿠의 전기를 천천히 선율을 넣어 암송해야 하는 특별한 임무가 수여되었습니다. 한 시간이 이상 걸렸지요. 정말 안절부절못했었지요. 충분히 생각할 시간을 가지면 풀 수 있는 그런 교육 제도에서 보는 시험과는 전혀 다른 것이었거든요. 변경에서는 문제를 받자마자 답을 제시해야 합니다. 모든 승려 앞에 서 있어야 하는데, 이 가운데 일부는 학식이 높은데 이들의 시선이 모두 당신에게 집중되어 있지요.

집합주제 제3단계 마지막 과정에서 우리 반은 같이 진급하게 될 승방의 다른 동료들과 2주 동안 변경을 지속했습니다. 격일로 게셰 치샤르께서 우리 반에서 공부 잘하는 사람을 골라 상급반 승려들의 질문에 답하게 했습니다. 나머지 날에는 우리 질문에 상급반 승려들이 대답했지요. 배울 것이 많았던 우리에게 무척 어려운 일이었지요.

5

승원 생활과 교육

Monastic life and education

제자 게셰 잠빠 케둡께서 끝내 당신 고향으로 돌아가셨다고 말씀하셨죠. 언제 귀향하셨는지요?

게셰 집합 주제 수업 기간 내내 게셰 잠빠 케둡의 가르침을 받았지요. 이후 내가 과정을 마치고 나자 테호르에 있는 데르게 승원의 승려들이 스승님께 원장 소임을 청했죠. 마침내 스님께서 수락하셨죠. 당시 스승께서는 내 눈을 뜨게 해주셨으나 무엇을 추구해야 할지는 보여주지 않았다는 인상을 받았습니다. 스승님은 떠나시면서 저를 매우 현명한 스승 최쬐 나왕 도르제 Chötse Ngawang Dorje에게 보냈습니다. 그는 스승의 가장 연로한 수좌였으며 뛰어난 학식을 지닌 데다 스승처럼 자비로운 분이셨습니다.

스승님이 캄으로 떠날 준비가 되었을 즈음 내 몸은 펄펄 끓을 정도로 열이나 침대에서 일어나지도 못했지요. 스승님이 방으로 오셨을 때 일어나려고 했지만, 너무 힘이 빠져 어지러워하자 스승님은 제게 계속 누워 있으라고 말씀하셨어요. 팔을 내미는 것이 내가 할 수 있는 모든 것이었죠. 나는 미리 준비한 카타를 드렸어요. 나의 회복과 건강을 위해 열심히 기도하시고 스승님은 떠나가셨습니다. 나는 이불을 둘러쓰고 울고 말았지요.

구루께서 우리 고향 마을로 가신 것은 캄 지역을 위한 크나큰 축복이었음이 증명되었습니다. 가는 길에 스승님은 다르마와 범상치 않은 힘을 발휘하여 여러 지역 주민의 고초를 덜어주었으니까요. 테호르에 도착하고 나서는 이 지역 곳곳에 법륜을 굴리시고 남녀노소 모든 주민을 환희의 길로 이끄셨습니다. 특히 다르게 승원에는 많은 명상용 토굴을 새로 지었죠. 스승님은 많은 승려들에게 명상 안거를 행하도록 권하셨고 이 기간에 승려들은 결코 외출하는 일이 없었습니다. 승려들이 오직 일심으로 수뜨라와 딴뜨라의 길에 정진하고 있노라면 스승님은 승원 생활에 필요한 물품들을 해결해 주셨습니다.

승려들 한 무리가 안거를 마치자마자 스승님은 또 다른 그룹을 보내셨습니다. 이런 식으로 스님은 많은 승려들에게 명상에서 커다란 진전을 이루게 하였습니다. 그뿐만 아니라 철학을 단련하기 위해 승원에 새 학급을 신설하여 경전과 주요 논서를 암송하게 하고, 다른 승원에서도 많은 학승들이 이런 식으로 지원하여 철학 훈련을 강화하였습니다. 스승님은 이 학승들과 다른 승려 모두를 특별한 뜰에 불러 놓고 경전의 의미에 관해 변경을 개최하셨습니다. 그리고 승원이 학승들과 그의 스승들을 지원하게 하셨죠.

그러한 방식으로 스승님은 다르마와 일체 중생을 섬겼습니다. 그의 영향

최찌 나왕 도르제

에 힘입어 어느 정도 학승들이 수천 쪽에 해당하는 경전을 암송할 수 있었고 다른 많은 학승도 철학 훈련에 진전을 보았죠. 요약하자면 다르마를 진전시키는 길에 들어서지 않은 남녀노소는 아무도 없었습니다. 이 일로 내 마음은 크게 움직여 학식이나 명상 능력에서 가장 궁극의 경지에 이르신 나의 자비하신 구루를 떠올리곤 하였습니다. 그의 실제 모습과 목소리를 보고 들을 때의 감동이야 이루 말할 수도 없었지요. 그리하여 오늘날에도 나의 가슴은 그를 다시 보고 싶은 마음에 저며 옵니다.

제자 공부하는 동안 아버지께서 계속 음식과 학비를 보내 주셨는지요?

게셰 그렇지 않아요. 가족이 멀리 떨어져 살고 있을 때 이런 도움을 받기는 매우 어렵지요. 비록 친척들이 보내주는 것은 아무것도 없었으나 갚을 길이 없다는 것을 익히 잘 알고 있는 터라 남들에게 빌릴 수도 없었지요. 그 결과 상급반이 될 때까지 무척 가난하게 지냈습니다. 하지만 공부는 계속했지요. 내 마음을 닦으리라는 출가 의도를 되뇌면 용기가 되살아나는 것이었어요. 그 가난의 시절 내내 좋은 일은 결코 일어나지 않았습니다. 신발에는 언제나 구멍이 나 있었고, 종종 찬 돌 바닥 위를 맨발로 걸어 다녔습니다. 수년간 무척 앓아 변경에서 돌아오는 길에 우리 기숙사로 향하는 계단조차 올라갈 수 없었지만, 엉금엉금 기어 올라갔죠. 지금 내가 먹는 약간의 음식은 이 시절에서 유래하는 것이지요. 내가 걸치던 것은 모두 남들이 챙겨준 누더기뿐이었죠. 행색에는 거의 신경을 쓰지 않고 옷감 조각들을 꿰매어 붙이는 대신 철사로 엮어 입었습니다. 도저히 못 봐줄 정도로 옷이 심히 헤지면 우리 승원 바로 밑에 있는 노점에 가서 구입하곤 했지요. 열반에 든 스님들의 옷을 상인들이 저렴하게 팔고 있었거든요.

먹을거리의 경우 제겐 돈이 별로 없었기에 제대로 된 차를 마신 적은 없고 물의 색을 바꿀 정도에 지나지 않는 잡풀을 구입해서 끓여 먹었다고 하는 편이 낫죠. 내 주방 기구라고는 옹기 항아리 하나뿐인지라 내 식단은 당연히 매우 빈약했죠. 티베트의 가장 흔한 먹을거리인 보릿가루 값도 치를 수 없었지요. 대신에 훨씬 더 싼 완두콩을 먹었죠. 가끔 대엿새 동안씩 음식조차 얻을 수 없어 오로지 구걸로 연명하였습니다. 동전 몇 닢을 동냥해서 얻으면 한 줌의 비곗덩어리를 사서 끓는 물에 녹여 섞어 먹었습니다. 너무 마음이 쓰려 음식에 대한 모든 욕망이 사라져버릴 정도였다니까요! 가끔 정말 허기에 지치면 다른 동료들이 음식을 나누어 줄지도 모른다는 기대에 몇몇 방을 기웃거렸지만 모두 외출하고 없더군요. 할 수 없이 공복 상태에서 의기소침하여 돌아올 수밖에 없었습니다. 다른 경우에도 이런저런 속셈에 거북한 마음으로 그들을 찾아간 경우라도 바로 그들에게 인사만 하고 떠나왔습니다. 여전히 공복 상태로 말이죠…….

이 가난의 시절 제게 자비를 베풀어주신 이들을 결코 잊지 못할 것입니다. 현재 무수리의 티베트 가족 재단에 계시는 환생 라마 고모 린뽀체Gomo Rinpoche께서 종종 보릿가루 뭉치를 주셨는데 정말 기뻤죠. 그 외에도 어떤 다른 스님 한 분이 쐐기풀 죽을 쑤어 마시게 하고는 항아리를 하나 씻으라고 주셨어요. 잊을 수 없는 추억이죠. 그 바닥에 눌어붙은 죽 건더기를 긁어모으는 데 성공한 나는 그것들을 마치 누군가 내게 베푼 음식처럼 맛있게 먹었답니다.

그 시절 나는 매우 여위고, 약골이었으며 피부는 푸른색으로 변해 있었습니다. 농담조로 도반들은 저를 보고 "밀라레빠!"라는 별명을 붙였죠. 지혜를 이루거나 명상에 잠긴 모습에 근거하기보다는 내 외형적 모습에 근거하여 그렇게 불렀던 것입니다!

매년 학기 사이에는 승원의 집회도, 학습을 위한 모임도 없는 기간이 있습니다. 나로서는 이 기간을 버티기가 정말 힘들었죠. 이 쉬는 기간에 어느 승려가 제 방으로 오시더니 북쪽 지방에서 가져온 밀랍을 씌운 손바닥만 한 짐을 내려놓으셨습니다. 그가 떠나기도 전에 서둘러 짐을 풀었죠. 삶은 고기 두 덩어리와 치즈 케이크 두 조각이 있었습니다. 이것이 며칠간 버틸 내 식량이었죠. 상점 직원이 된 고향 캄의 이웃사촌의 아들 가운데 한 도반이 베풀어준 배려였습니다.

이러한 이야기를 하는 것은 내가 얼마나 강했는지를 보여주고자 함이 아니라 그 시대의 삶이 어떠했는지를 설명하기 위한 것입니다. 오직 두 가지 선택만이 내게 남아 있었죠. 모든 공부와 종교 수행을 포기하거나(환속하는 것) 아니면 더 버티는 것이었지요. 내가 일자리를 찾아 나선다면, 평화롭고 편안한 농장을 떠나게 한 동기에 등을 돌리는 꼴이었을 테죠. 그래서 생활 여건과 관련한 생각은 이제 모두 끊어버리기로 했습니다. 현실에서 어떤 만족을 찾아냈으니까요. 어떻게 그런 일이 가능했느냐고요? 새로운 어떤 것을 배우면서 그것으로부터 커다란 환희심을 느낀 것이죠. 종종 이해하기 어려운 것들과 맞닥트렸지만, 그때마다 내 스승님들을 찾았고 스승님들은 늘 그 험난한 길을 통과하도록 도와주셨습니다. 가난으로 약간 의기소침해지면 쫑카빠와 밀라레빠의 전기를 읽었죠. 그러면 금방 위안이 되었습니다…….

제자 방학 기간에 돈을 얻을 수는 없었나요?

게셰 네. 정확하게 말해서 이 기간은 방학이라 아무것도 할 수 없었죠. 거의 한 달간 진행되는 변경 수업은 1년간 모두 일곱 번 열리지요. 다음 수업 교재들을 예습하고 분석하기 전에 미리 암기하는 기간이 이어졌거든요. 당시 변경 수업은 오전 여덟 시부터 열한 시까지, 저녁 네 시 반부터 열한 시 반까지 열렸습니다. 이 규칙은 다른 지역에도 그대로 적용되었지만 우리는 특히 엄격하게 실행에 옮기고 있었죠. 가끔 박식한 승려들이 아침부터 저녁까지 우리 논거에 답하기 위해 방문하곤 했죠. 다른 수업에는 이러한 수사학 논쟁이 포함되어 있지 않았습니다. 당시 나는 종일 책을 외우느라 시간을 보냈고 다시 황혼부터 새벽까지 암송하느라 밤을 꼬박 새웠습니다.

제자 이 초급반 세 학급 이후에 다룬 주제들은 무엇인지요?

게셰 우리는 기본적으로 광대하고 심오한 주제를 다룬 『현관장엄론the Ornament of Clear Realization』(現觀莊嚴論)[13]을 근본으로 하여 바라밀을 우선 공부하였습니다. 여기에 제시된 매우 중요한 70가지 논점 그리고 성문(聲聞)[14]과 독각(獨覺)[15]의 해탈에 이르는 다섯 가지 점진적 행로, 이와 더불어 다섯 가지 보살도와 열 가지 정신 단계에 관해서도 공부합니다. 붓다의 이 모든

---

13. Abhisamayalamkara, 5세기 경 인도에서 미륵(彌勒, Maitreya)에 의해 저술된 25,000송 반야경 주석서. 이후 반야부 경전 주석은 대부분 이 책의 주석 방법을 따른다. 총 272송(頌) 8품으로 이루어져 있다. 티베트 승원(僧院)에서 티베트 승려들은 필수 교학 과정으로 아비달마학, 반야학, 중관학,불교 논리학 등을 수학하며『현관장엄론』을 반야학 과정의 입문서로서 6년 동안 학습한다.
14. 음성으로 인해 깨달음을 얻는 사람, 부처님의 가르침을 듣고 수행하는 사람.
15. 벽지불(辟支佛)이라고도 하며 혼자서 깨달은 사람 혹은 연기의 가르침을 깨달았다고 해서 연각(緣覺)이라고도 한다.

가르침은 다르마의 세 바퀴에 포함되어 있습니다. 이 가운데 두 번째 바퀴가 가장 광대하고 심오하죠. 그리고 그 가르침 모두가 『현관장엄론』에 담겨 있습니다. 성문, 독각, 붓다의 깨달음의 단계에 도달하는 방법 모두가 여기에 포함되어 있죠. 구루에 헌신하는 수행으로부터 시작하여 붓다의 몸, 말, 마음의 묘사까지 다루고 있습니다.

이것이 붓다가 설한 위대한 경전들에 관해 받은 나의 첫 공식 수업이었습니다. 난제들을 대하고 이를 파고드는 통찰력을 얻는 방법은 인도 논사들이 붙인 주석에 의존하였죠. 그래도 뜻이 모호하면 쫑카빠와 그 제자들의 작업을 참조했습니다. 문수보살의 현현으로서의 쫑카빠의 글에는 결코 불확실성이나 모호함이 없었기 때문이죠. 그는 결코 교조적이지 않았고, 하나의 주제에 관한 통찰력을 얻으면 자신의 경험에 의거하여 기록으로 남겼기 때문입니다. 이 때문에 그의 저작은 그토록 설득력을 지니고 있었죠. 쫑카빠는 학식이 높아 티베트 승원들 사이에 속담이 하나 생겼습니다. "결정을 못 내리겠거든 쫑카빠에게 여쭈어라." 이러한 사실은 예나 지금이나 다르지 않습니다. 또 다른 격언도 있지요. "근원을 찾지 못하겠거든 부Bu의 책을 보아라." 여기 '부'는 부뙨 탐체 켄빠Butön Thamche Khyenpa를 지칭하는 것으로 경전에 관한 광범위한 지식을 지녀 예비 쫑카빠로 알려진 스승이셨습니다.

하지만 모든 경전의 근원이 석가모니불이라는 사실을 잊어서는 안 됩니다. 그의 가르침에는 한 치의 오류도 있을 수 없죠. 오류란 정신의 왜곡과 혼돈에서 비롯하기 때문인데 불성은 모든 왜곡과 혼돈으로부터 정화되어 삼라만상에 배어 있기 때문입니다. 그러므로 이보다 위대한 깨달음으로의 길 안내자는 있을 수 없습니다. 붓다의 가르침은 명성이나 보시라는 의식과 무관하게 오직 남을 섬기고자 하는 모든 생물에 대한 자비심으로부터 나온 것이기에 붓다는 '無上士'로 알려져 있지요. 붓다의 가르침은 여기저기서 주워 모은 것이 아니라 자신의 혼돈 상태를 극복하며 얻어진 경험으로부터 우러난 것이지요. 고통 치료법은 병의 종류만큼이나 다양하죠. 또한 중생의 기질, 목표, 능력들이 무한하기에 붓다의 교수법 역시 무한하답니다.

붓다가 제시한 가르침의 종류 모두는 수뜨라와 딴뜨라로 분류 가능합니다. 경에 설해진 모든 것은 세 가지 전법륜을 통해 전달된 가르침에 들어 있습니다. 경의 가르침을 이해하지 못하였다면 그 논서들, 특히 세 가지 전법륜의 모든 가르침을 담고 있는 『오론Five treaties』(五論)을 참조하면 되지요. 비록 이 저술은 매우 간략하지만 그 의미는 광대합니다. 이 제목들은 다음과 같습니다.

1. 『입중론Entering the Middle Way(入中論)
2. 『관념적 지각에 관한 완벽한 주석』Pramana(論理學 叢論)
3. 『현관장엄론』
4. 『아비달마구사론A Treasury of Phenomenology』(阿毗達磨俱捨論)
5. 『비내야경A Compendium of Ethics』(毗奈耶經)

티베트어로 번역된 경론 총서는 약 200여 권에 달하며 붓다의 설법 전체에 집약된 전체 내용을 이해하는 열쇠이기도 하지요. 『오론』은 기본 전거이며 나머지 논서들은 이에 관한 완성도를 높이는 것들입니다. 또 다른 논서인 『십삼대론The Thirteen Great Treaties』(十三大論) 그리고 『갈당육론The Six Treaties of the Kadam Tradition』(噶當六論)은 이를 보완하는 논서들이죠.

제자 제4학급에 머무는 동안의 일과는 어떠했는지요?

게셰 학교에서 나나 다른 사람들이 무엇을 하였는지 말하자면, 쎄라의 두 대학에서 보낸 일상은 서로 차이가 있었지요. 매일 아침 네 시에 기상하여 다섯 시 반까지 계속 절을 하였습니다. 그리고 다른 모든 승려들과 더불어 강당으로 가서 일곱 시 무렵까지 기도했죠. 이후에는 각자의 장소로 가서 열 시까지 변경을 진행합니다. 쎄라 승원은 산 밑자락에 자리 잡고 있습니다. 비가 내리면 협곡으로 물이 흐르고 승원 벽을 따라 비스듬히 펼쳐진, 말라 있던 강을 따라 흘러가게 되죠. 이 대학 승려들 가운데 상급반은 강바닥에서, 하급반은 저 멀리 떨어진 낮은 곳에 가서 수업을 진행합니다. 우리 기숙사에는 승려 115명이 살았는데 제4학급에 다니고 있었지만 나머지 많은 승려들은 쎄라 제 지역의 또 다른 곳 출신들이었죠. 이 반에는 티베트 전역과 라닥, 몽골 그리고 심지어는 일본 출신도 있었습니다. 변경 수업에 참여할 때면 책도 참고 자료도 일절 반입 금지였습니다. 따라서 변경에 인용하는 모든 경전 구절은 암기한 것들이었죠.

열 시가 되면 쎄라 제 승려들 모두는 강당으로 돌아가 차를 마시고 기도문을 암송하며 인도 논서들로부터 유래한 구절들을 읽었습니다. 열한 시 무렵에는 한 시간 반가량 남은 수업을 마치기 위해 강바닥으로 돌아갔지요. 쎄라 제의 승려들은 모두 각자의 강당에 모여 정규 변경을 진행하였습니다. 거기서 우리는 반야심경을 암송하고 『반야팔천송The perfection of wisdom sutra in 8,000 stanzas』(般若八千頌) 혹은 쫑카빠와 그의 두 상좌의 저술을 읽었죠. 이것

역시 단순히 암기가 아니라 학습법의 수단이었습니다.

정오가 되면 모두가 짝을 이루어 진행합니다. 하지만 이 시간에는 서로 수준이 다른 반 학승끼리 논쟁을 벌입니다. 사미승이 선배 학승과 짝을 이루는 식이죠. 한 시간가량 격론을 벌인 후 강바닥으로 돌아와 적당한 자리를 잡고 고동색 망토를 벗어 놓은 다음 점심 공양을 하러 각자의 기숙사로 돌아갑니다. 이때 나는 허브티로 끼니를 때웠죠.

한 시 반 무렵 우리는 다시 강바닥에 모여 다섯 시까지 변경을 계속합니다. 정규 변경장으로 돌아가 기도를 합니다. 이 시간에 우리는 늘 「이십일도모예찬문Prayer to Twenty One Taras」(二十一度母禮讚文)[16]과 반야심경을 암송했지요. 따라를 암송하는 이유는 따라가 붓다의 모든 덕행의 화신이며, 인도 불교 성직자 모두가 존경하는 명상의 신이기 때문입니다. 실제로 따라는 정신 수련에 빠른 진전을 보이고 완성을 이루는 데 큰 도움을 줍니다. 경을 암송하는 것은 오로지 경이 공(空)을 다루기 때문이기도 하고, 독경 자체가 각자의 이해력에 가장 큰 이익이 되기 때문입니다. 매우 짧기도 하여 단 3분만에 전체를 읽을 수 있습니다. 하지만 명상에 이르는 길로써 이 경을 읽을 때면 라싸를 왕복하는 것보다 많은 시간을 소요하거나 두 시간 정도 걸리곤 했죠. 보통 나이 든 율사가 와서 우리가 계율을 지키는 상황을 점검하곤 했죠. 하지만 독경이 시작되면 늘 구석에 자리를 잡고 앉아 조용히 우리의 명상을 방해하지 않으려 앉아 있었죠. 이 순간만큼은 진정 은혜로운 시간이었지요. 이 시간에 나는 낮에 벌인 변경에서 터득한 것을 정리할 수 있었습니

16. 따라(Tara) 보살을 예찬하는 기도서

다. 매우 천천히 이루어지는 까닭에 공에 관한 비관념적 명상 수련을 할 수 있었죠. 다른 많은 승려들도 똑같은 수련을 했습니다.

이것이 끝나면 함께 모여 짧은 변경 수업을 진행했습니다. 이러한 수업에서는 나는 수백 명의 승려 모두가 내면의 무명을 몰아내고 커다란 깨우침을 얻기를 기도했습니다. 어두워지면 원하는 순간 바로 공부를 마칠 수 있도록 허락을 받았습니다. 하지만 한 조를 이룬 아주 총명한 두 승려가 변경을 지속하는 경우도 있었는데, 아무도 상대를 설득할 수 없었기 때문이죠. 이러한 일이 발생하면 다른 많은 승려가 모여들어 환희롭게 둘의 논쟁에 귀 기울이곤 했죠. 그러고 나서 기숙사로 돌아와 잠시 기도 시간을 갖고 방에 망토를 벗어 놓고 각자 스승에게 갔습니다.

한 시간가량 지속된 저녁 수업이 끝나면 정규 변경장으로 가서 학급별로 나뉘어 다시 논쟁을 벌입니다. 이 수업의 특별한 목적은 주어진 수업을 마무리하여 마음에 깊이 새기는 데 있죠. 대부분의 승려가 수업이 끝날 무렵에는 자신들이 원하는 것을 이룰 수 있었으나, 제4학급 승려들은 밤을 번갈아 가면서 교정에서 밤을 새워가며 쉬지 않고 논쟁을 벌였지요. 변경 수업이 없는 밤이면 중론반 입문생들은 이와 비슷한 수업을 진행했습니다. 밤을 새우는 변경 수업은 매우 어렵게 여겨졌는데 특히 겨울밤 눈보라가 휘날릴 때면 살을 에는 듯한 추위로 고행했죠. 손뼉을 치다 보면 양쪽 손이 얼어붙고 갈라 터져 피가 나곤 했습니다. 그 변경장은 지붕도 없었고 몇 개의 버터 등불만이 어둠을 밝히다 한밤중에 꺼지곤 했습니다.

제자 변경에 할애할 시간이 그리 많지 않은 기간에는 어떻게 암기한 구절들을 암송해내셨는지요?

게셰 중론반 입문생들이 변경을 벌이는 밤 동안 우리는 암송을 하곤 했는데 새로운 구절을 외울만한 시간은 많지 않았죠.

제자 그 반 학승들 모두 밤새 논쟁을 벌였나요?

게셰 그렇지 않아요. 그저 여러 학급 학승이 함께 참여하는 수업에서만 짝을 이루어 진행했지요. 나머지 시간 동안은 두 사람이 답하고 한 사람은 질문을 던졌는데 나머지 사람이 경청하곤 이따금 논평을 덧붙였습니다. 다른 사람들과는 달리 제 승복은 해어진 정도가 너무 심해 내 허리까지 모래로 덮곤 했죠. 한낮의 열기가 아직도 모래에 남아 있었으니까요. 하지만 극심한 가난에도 수업에 참여하는 것을 꺼린 적은 결코 없었습니다. 지겨워하거나 용기를 잃는 일도 없었지요.

제자 그 전처럼 논서 입문반 수업 동안에도 휴식 기간이 있었나요?

게셰 반드시 그런 것은 아닙니다. 한 해에 일곱 번 변경 수업이 있었는데 매번 대략 3주부터 6주에 걸쳐 진행됩니다. 그러나 바라밀 반으로 진급하여 제4학급부터 제8학급에 입문하면 휴식 기간 내 많은 자유 시간이 허락되죠. 이전에는 밤 동안 우리의 행동반경이 자신의 기숙사로 한정되었으나, 제4학급을 졸업한 뒤의 휴식 기간에는 혼자 자주 칩거에 들어갔죠. 기숙사가 사람들로 무척 붐볐기 때문입니다. 이따금 내 기숙사보다 조용한 다른 기숙사에서 머물기도 하고 쎄라 위에 있는 산 동굴에 들어가 머물기도 했지요. 이 시간이 암기하는 데 제격인지라 휴식 기간에는 늘 기숙사 밖에서 머물곤 했습니다.

제자 휴식 기간 중 하루 일과는 어떠했는지요?

게셰 가끔은 몇 주간 엄격한 명상 수행을 위해 칩거에 들어가곤 했습니다. 이 기간에는 아침 일찍 일어나 매일 4회에 걸쳐 명상을 했지요. 야만따카Yamantaka(閻曼德迦)[17] 혹은 금강여신Vajradakini 같은 범천 명상을 포함하는, 진전된 단계의 딴뜨라 수행 기간에는 명상 기간 틈틈이 관련 서적을 많이 읽었죠. 결과적으로 이러한 서적은 나의 명상을 풍부하게 하는 데 많은 도움이 됐습니다. 다른 칩거 기간에는 백색 따라와 아미타불의 생명 연장 명상 그리고 금강살타Vajarsattva(金剛薩埵), 구루 요가, 기타 다양한 과정들을 포함하는 다른 명상들을 수행했습니다.

다른 휴식 기간에는 주로 경전 암송에 매진했지요. 매일 아침을 경전 암송에 바쳤지요. 점심 공양 후에는 가르침을 받으러 나의 구루에게 갔습니다. 변경 기간이라도 그러한 가르침이 일상적으로 행해지는 것은 아니죠. 그 중요한 목적은 스승의 설명을 듣고 암송한 교재의 내용을 점검하는 데 있었으니까요. 상급반으로 진학하면서 나는 휴식 시간 동안 많은 학생들에게 가르침을 주었고, 정작 저의 배움의 기회는 더욱 줄어들었습니다. 더욱 많은 시간이 방과 후 수업 내용을 외우는 데 할애됐습니다. 우선은 해가 지고 나서 그날 배운 한 쪽 분량의 내용을 외우기 시작했죠. 그 후로는 점차 두 쪽 나아

---

17. 大威徳明王, 산스끄리뜨 Yamāntaka, 티베트어 Shinjeshe, 사나운 형상을 한 문수보살, 불법의 수호자. 밀교에서 5대 명왕의 하나. 아미타불에 대응하는 분노존(忿怒尊)으로 서쪽에 위치하며 6면, 6비, 6족의 형상을 갖는다.

가 네 쪽까지 분량을 늘려갔습니다. 처음에는 어려웠지만 다른 승려들처럼 익숙해져 갔죠. 서구 대학의 전통은 노트 필기가 중요한 역할을 하고, 개인 지식의 많은 부분이 그 노트 필기의 내용으로 규정되는 경향이 있지요. 우리의 경우 축적된 지식은 암기 과정을 거쳐 우리 마음에 저장됩니다. 하지만 다른 한편으론 밤의 일부 시간만 암기에 주력하고 나머지 시간은 날이 밝을 때까지 만다라 공양과 절 공양으로 보내죠. 공장에서 일하는 많은 사람들은 다른 데 신경을 쓸 여유 없이 틀에 박힌 일에만 집중하죠. 이와 유사하게 승원에서도 밤낮 다르마 수행밖에는 다른 생각을 할 수 없었죠.

휴식 기간 내내 음식을 많이 섭취하기 어려웠던 나는 독성이 있는 것으로 알려진 어떤 풀을 긁어모아 죽을 쑤어 먹은 적도 있었습니다. 내 입의 감각이 둔해지기는 했어도 배는 채울 수 있었지요. 이렇게 되면 위에서 바로 열이 발생하는데, 음식물을 먹지 못해 위 속이 늘 비어 있었거든요. 나의 빈곤 정도를 알고 있던 다른 승려들이 가끔 먹을 것과 차를 좀 주기도 했지요. 쉬는 날이 오면 내 기숙사에서 변경 수업이 진행되기도 하였지요. 이 수업들을 결코 잊을 수 없습니다. 그만큼 수업으로 도움을 받았으니까요.

제자 다르마 수행에 열정과 끈기는 어디에서 유래하는 것이었습니까?

게셰 열심히 암기하고 변경할 수 있게 이끈 다르마의 이해력을 신장시키고자 하는 발원이 그 원동력이었죠. 그리고 이러한 이해력의 성장은 정신적으로 해로운 장애물과 족적을 정화하는 노력을 요구하기 마련이기에 이를 위해 만다라 공양과 절을 많이 했습니다. 그러한 발원이 매우 강하게 일어날 때는 신체적 고난은 별로 신경이 안 쓰이죠. 서구에서도 유사한 경우가 발견

됩니다. 비즈니스를 하는 사람의 경우 자신이 벌 수 있는 돈을 생각하며 황홀 삼매경에 빠지곤 하죠. 그러한 사람들이 이윤을 실현하기 위해 겪는 고난은 경이롭습니다.

제자 언제 구족계를 얻었나요?

게셰 논서 입문반 시절인데, 사미계를 주신 뿌르쭉 잠빠 린뽀체 스님으로부터 구족계를 받았어요.

제자 논서 입문반 졸업을 위해 특별 시험을 보았는지요?

게셰 아닙니다. 논서 상급반으로 진급하고 나서 다음 시험을 보게 되어 있어요. 당시 우리는 경전 구절의 이해도와 암송 상태를 점검받았습니다. 이해력을 검증받기 우해 승원 원장과 율사 스님이 우리의 변경을 듣지요. 그리고 얼마나 암기했는지 보여주기 위해 우리가 외운 구절을 암송하였습니다. 오직 상위권 학생들에게만 성적이 부여됩니다. 승원 원장이 공식석상에서 암송과 변경의 영예를 부여하지요. 학급 수석과 차석 학생에게는 전통적으로 불성이 주제로 주어지죠. 수석 학생은 이 주제에 관하여 논문을 작성하거나 관련 구절을 골라 특수한 리듬에 실어 암송해야 합니다. 그의 상대는 차석 학생이지요. 제 성적은 3등이었고 제게 주어진 주제는 가행도[18]였고 변경 상대는 4등이었죠.

나는 초급 독립 주제 학급을 시작으로 상급반 아홉 곳을 모두 방문해야 했습니다. 하루에 한 곳씩 방문하여 이 주제와 관련하여 선배들로부터 점검을 받았죠. 학식이 워낙 높은 상급반 선배들이 우리의 능력을 시험했기 때문에 이 9일간은 정말 힘들었어요. 휴식 시간에 중요한 기숙사 여덟 곳을 방문하여 다시 이 주제와 관련하여 점검을 받았죠. 기숙사마다 노장 게셰로부터 젊은 승려들에 이르기까지 제게 질문을 던졌습니다. 이 기간도 무척 힘들긴 마찬가지였는데 시험에 시달렸을 뿐만 아니라 여름이라 자리에 벼룩이 있었기 때문이었죠. 다른 승려들도 시달리긴 마찬가지였죠. 몇몇 질문자들은 한밤에 질문을 마쳤지만 나머지 승려들은 새벽까지 질문을 계속했습니다. 이 과정이 끝나고 대학 강당에서 나의 논문을 암송하기 위해 대학의 승려 6천 명 앞에 서서 정식 시험을 치렀습니다. 이 과정에서 나는 가행도가 붓다의 법문, 인도 논사의 논서, 쫑카빠와 그의 두 상좌의 저술에서 어떻게 논의되는지 설명해야 했습니다. 여기에 토대를 두고 나는 이 도에 포함된 명상 유형과 성격, 분류에 관해 설명했지요. 이후 변경 상대가 제게 던진 물음에 답해야 했습니다. 이 암송과 변경에 세 시간이 걸렸어요.

제자 반야학급의 나머지 일과는 제4학급과 같았나요?

게셰 1년 동안은 쫑카빠의 위대한 논서 『선설장The Essence of Good Instruction』(善說藏)의 유식부Chittamatra(唯識部), 경서들의 해석을 주제로 공부하였습니다. 이어서 1년 동안은 십이연기, 토대 의식the foundation consciousness, 사마타의 흐름the development of mental quiescence[19]을 공부했지요. 처음에는 깨달음에 이르는 길에 관한 다양한 단계를 이해하고 성취하는 칠십 가지 길에

---

18. 加行道. 깨달음을 얻기 위해서 수행하는 네 과정의 첫 단계. 방편도(方便道).
19. samatha. 止. 붓다의 근본적 수행 방법.

관해, 그리고 붓다의 품성에 관해 광범위하게 공부했습니다. 어느 정도 공과 관련된 공부였지만 주로 다르마의 방편과도 관련이 있죠. 70가지 길은 다음과 같습니다.

1. 붓다의 지혜에 이르는 십지(十地)
2. 깨달음에 이르는 대승 견도에서 이루는 지혜를 이해하고 이루는 십일지
3. 무자성 무상의 지혜를 이루는 구지
4. (붓다가 되기 이전의) 환희지The path of accumulation[20]로부터 중생으로서의 존재의 상속continuum of existence의 소멸까지를 포함하는 보살지를 이해하는 십일지
5. 존재 연속의 소멸을 포함하는 대승 가행도의 지혜를 얻는 팔지
6. 존재 연속의 소멸을 포함하는 대승 가행도의 지혜를 얻는 십삼지
7. 보살의 최종 단계의 지혜를 이루는 사지
8. 붓다의 전지적 마음을 이해하는 지혜를 이루는 사지(四地)

이어서 이 칠십지에 관한 기본 서적을 상세하게 공부했는데, 이들은 제이 법륜의 가르침을 다루고 있습니다. 자립논증파Svatantrika[21] 교의에 따라 지혜보다는 방편을 더 많이 다루지요. 달리 말하면 가르침의 광대한 모습보다

---

20. 52위(位) 보살도 수행 가운데 41位로부터 제50위에 해당하는 십지(十地)의 첫 단계, 중도의 지혜를 깨달아 일체의 미혹을 끊고 환희가 넘쳐나는 경지.
21. 공성(空性)의 논증이 자립적으로 성립한다는 청변(淸弁)의 논증을 따르는 학파(自立論證派 Svatantrika). 대론자의 주장을 오류에 빠뜨림으로써 논증하는 월칭(Chandrakirti, 月稱)의 귀류논증중관파(歸謬論證中觀派, Prasangika)와 더불어 중관학파를 이룬다.

는 심오한 모습을 다루고 있다고 할 수 있어요. 약 1년간 유식 교의에 따라 두 가지 실재와 의식의 토대 등을 공부했습니다.

이 다섯 반야부 학급 수업을 통해 깨달음에 이르는 단계에 따른 완벽하고 광대하고 심오한 이해에 다가갈 수 있었어요. 이 경험을 통해 무엇을 명상해야 할 것인지에 관해, 무한하고 구체적인 소재를 얻었지요. 마치 대형 백화점 같은 지식의 보고라 할까요. 이로부터 원하는 것은 무엇이든 한껏 살 수 있었으니까요. 이 다섯 학급을 수료하면서 불교의 모든 철학 유파의 사유 체계에 친밀해졌죠.

제자 초년 시절 몇 년간 배운 것을 잊어버리게 되지는 않나요?

게셰 아닙니다. 오래된 주제들은 잊히지 않는 법이죠. 시간이 날 때마다 계속 반복해서 논쟁을 벌이니까요. 이를 통해 지난 시절 배운 것을 더욱 깊이 이해하게 되지요.

6

캄으로 돌아오다

Return of Kham

제자 첫 번째 구루 게셰 잠빠 케드룹이 캄으로 귀향한 후 다시 만난 적은 없나요?

게셰 구루께서 떠난 후 나는 "언제나 다시 구루를 만날 수 있을까?" 하고 끊임없이 궁금해 했습니다. 티베트에 매우 높은 깨달음을 얻은 라마들이 많았지만, 나의 스승과 함께 하지 않는 이상 만족할 수 없었습니다. 전에 말씀드렸듯이 그 당시 나는 스승 최쬐의 지도를 받고 있었고 그 역시 캄으로 돌아가기로 결정을 내린 뒤였습니다. 이제는 쎄라에 남아 있을 수 없다는 생각이 들었죠. 그저 구루와 다시 만나야 했었습니다. 비록 짧은 시간에 불과하더라도 말이지요.

비록 내 머리는 항상 이러한 기대로 가득했지만 이러한 사정을 다른 사람들에게는 말하지 않았습니다. 얼마 후 캄으로 돌아가겠다는 단호한 결정을 내리고서도 발설하지 않았죠. 보통 다른 곳으로 가고자 할 때는 반드시 세리 승원 당국, 자신의 소속 대학 그리고 자신의 기숙사로부터 허락을 받아야 했지요. 그러한 허락 없이 떠나는 것은 승원의 규율에 어긋나는 것입니다. 게다가 나는 가장 진지하게 열심히 수행하는 승려에 속하던 터라 이를 잘 알고 있던 승원 당국이 나를 캄으로 보내지 않았을 겁니다. 그래서 나의 결정을 알리려 하지 않았지요. 떠나지 못하게 막을까 봐 그랬던 것이죠. 하지만 이미 결정을 내린 상태였고 계속 머물 방도도 없었지요.

쎄라로부터 캄에 있는 고향 지역까지 슬슬 말을 타고 가면 한 석 달 정도 걸립니다. 거리가 멀기도 하였지만, 도중에 맹수나 산적을 만나기 쉽고 길도 험했죠. 티베트에는 자동차도로도 철도도 없었으므로 걸어서 하는 여행은 참으로 고된 길이었습니다. 사정이 그러하여 동료와 함께 떠나는 것이 나을 것이라는 생각이 들었죠. 테호르로 돌아가기 바로 전에 스승님께서는 제자들 가운데 한 명이 돌아가길 원하여 곧 떠나도 좋다는 허락을 받은 상태였습니다. 허락을 받은 동료가 있으면 함께 떠날 수 있었죠. 그는 스승 렉덴 Lekden이었는데 현재 쎄라 제 대학의 원장 스님이죠. 그분에게 이 사정을 말씀드리러 가니 당분간은 떠나지 않을 것이라고 답하시더군요. 그래도 나는 떠나려는 결심을 굳혔고 그래서 홀로 떠나왔습니다. 나는 스승님의 또 다른 제자인 나의 친한 도반에게 이 사실을 털어놓았죠. 그러자 내게 누구와 함께 갈 것인지 물었습니다. 나는 혼자 모험을 감행하겠다고 답했습니다. 그러자 그는 "가는 길이 너무 위험해. 혼자 가면 안 돼. 같이 가자."고 하더군요. 그는 학식이 깊었고 계속 공부하길 간절히 원했었는데 함께 떠나기로 결정을 내린 것이지요. 우리는 한 쌍의 거지였으니 준비할 것도 별로 없었지요. 내 잠자리를 위해 몇몇 헝겊 조각들을 두루 모아 바느질을 하여 침구를 준비했습니다. 도반도 그렇게 했죠. 한 쌍의 도둑처럼 은밀하게 진행했죠. 우리 계획을 아무에게도 털어놓지 않았으니까요.

어느 날 우리는 이 계획과 관련하여 점을 쳐보기로 했습니다. 라싸에는 깨달음이 높은 칸규르 린뽀체Kangyur Rinpoche라는 분이 계셨는데 통찰력이 매우 높은 분으로 알려져 있었어요. 도중에 무슨 문제는 없을지 점을 봐달라고 부탁드렸죠. 그가 점을 보더니 "심각한 문제는 없을 테니 따라에게 귀의하면 무사히 고향에 도착하리라."고 말씀하시더군요. 그래서 우리는 쎄라로 돌아가게 되었습니다.

앞에서 말씀드렸듯이 우리는 별로 짐이 없었습니다. 각자 지팡이 하나, 간단한 침구를 넣은 배낭 하나, 차와 약간의 음식을 담은 그릇이 전부였죠. 그 외에 우리는 제 쫑카빠의 『보리도차제광론Great Lamrim』(菩提道次第廣論)[22] 사본을 챙겼는데 나는 이것과 떨어져 살아본 적이 없습니다. 사본들을 챙겨 배낭에 넣었습니다. 아직 아무에게도 말하지 않았었죠. 그래도 떠나기 전에 허락을 받아야 했습니다. 허락을 받지 않으면 승원의 규칙과 붓다의 계율을 위반하게 되는 것이었으니까요. 계율을 범하는 것은 붓다의 가르침에 반하는

---

22. The Great Exposition of the Stages of the Path(Lam rim chen mo, 菩提道次第廣論). 道次第는 도의 단계들 깨달음에 이르는 확실한 길이다. 1402년 쫑카빠는 티베트 라싸 북쪽 레팅 승원에서 대본을 쓰고 1409년 간덴 승원에서 이를 약술하여 소본을 썼다. 아띠샤Atisha의 영향을 받아 저술된 대본을 菩提道次第廣論 혹은 '람림Lamrim'이라 한다. 재가불자로서의 범부의 길(하사도), 윤회를 벗어나려는 소승의 길(중사도), 중생을 위해 윤회 속에 살아가는 보살의 길(상사도)이라는 세 단계를 통해 깨달음에 이르는 차례와 방법을 설하고 있다.

것이 되고 그 결과는 결코 유익할 수 없었습니다. 그래서 출발 전날 오후 우리는 쎄라 승원 당국에 가서 간덴 승원의 제 쫑카빠 탑으로 참배갈 수 있도록 허가해달라고 요청하였습니다. 이 탑은 우리의 중요한 귀의처로서 많은 순례자들의 순례 대상이었죠. 쎄라 당국은 많은 우리 대학생들에게 그러하듯 우리의 요구를 수락하였지만, 아직 우리 기숙사로부터 허가를 받는 일이 남아 있었습니다. 우리 생각에 밤에 허락을 받으려면 많은 변경과 질문이 따를 것이고 승낙이 떨어질 것 같지 않아 그때는 아무 말도 하지 않았습니다.

다음 날 우리는 기숙사 대문이 열리는 세 시에 기상했습니다. 이 시간에는 많은 승려가 절을 하기 위해 강당 계단 앞을 지나고 있을 무렵입니다. 일어나자마자 우리는 기숙사 관리자에게 가서 그가 잠들어 있는 것을 보고 문을 두드렸습니다. 그가 "누구냐?"고 묻자 "랍텐인데요."라고 답하고 그의 침대 옆에 무릎을 꿇고 청했습니다. "간덴의 황금 불화the Golden Image of Ganden를 가서 보고 싶어요, 허락해 주실 거죠?" 그가 갑자기 기침을 해대기 시작했어요. 폐 질환을 앓고 있어서 기침을 해대기 시작하면 몇 분간 지속됐죠. 기침을 하기 시작하자마자 나는 일어나서 자리를 떴습니다. 기침이 멎을 때까지 기다리면 많은 질문이 쏟아져 나왔을 것이고 허락을 얻을 수도 없었을 것입니다. 그곳을 나오자마자 쎄라 밖으로 난 길에 우리 배낭을 부탁받아 들고 서 있는 다른 도반과 내 도반에게로 달려갔습니다.

우리가 떠나올 때는 여전히 어두웠습니다. 우리는 아침 내내 걸었죠. 정오 무렵 우리는 꽤 높은 길에 이르렀어요. 저 높은 쪽에 바위산, 초원, 숲, 명상을 위한 암자들이 아름답게 펼쳐져 있었습니다. 티베트에서 가장 성스러운 곳으로 여겨지는 곳인데 다게르빠Dhargyepa라는 곳이죠. 그곳이 바로 옛

날 인도 고승 아띠샤가 명상 수행을 하던 곳임을 알고 있었답니다. 경의를 표해야 한다는 생각에 길을 건너 명상에 적당한 빈 오두막을 발견하고 거기서 밤을 새웠습니다. 다음 날 우리는 근처의 나머지 모든 수행처들을 방문하고 기도했습니다. 승려들이 헌신적으로 절 공양과 만다라 공양을 올리는 등 정말 열심히 은공을 쌓고 있었습니다. 얼마나 그들이 행복한지 우리도 그들처럼 되고자 기도했죠. 그러고는 차를 좀 마시며 앉았다가 바로 일어났습니다. 쎄라에서 그리 멀지 않은 곳이라 우리를 쎄라로 데려가려고 사람을 보냈을지도 모르는 일이었으니까요.

벌써 온종일 걷고 난 뒤였습니다. 이제 간덴 승원 방향인 동쪽으로 계속 길을 가기 위해 바위투성이 험한 길을 지나야 했습니다. 이미 승원에서 살아온 지 오래인지라 우리 발은 이미 매우 심하게 단련되어 있었습니다. 잘 단련되어 심한 행보도 가능했지만 여유롭게 방향을 옌초 창뽀Yencho Tsangpo 강쪽으로 잡았습니다. 강둑에 매여 있는, 야크 가죽으로 만든 배를 발견했습니다. 우리는 그 배를 타고 강을 건넜지요. 그러고는 산 정상에 위치한 간덴을 향해 걸어갔지요. 산에는 마을도 있었어요. 보통 하루밖에 걸리지 않는 길인데 도중에 사람을 만나 차를 대접받고 잠자리도 제공 받았습니다.

다음 날 아침 우리는 또 다른 고도를 넘어야 했습니다. 발에 끔찍한 통증이 왔지만 우리는 결국 간덴 승원에 도착하였지요. 거기에는 샤르체 대학과 장체 대학이 있었는데 부속 기숙사들이 많았습니다. 우리는 장체 대학의 테호르 하우스로 가는 길을 찾아냈습니다. 그곳의 승려들 가운데 우리 고향 지역 출신들이 많았기 때문입니다. 우리가 도착하자 정규 수행 과정 사이에 있는 휴식 기간이었습니다. 많은 승려들이 출타 중이었습니다. 우리가 말을 건넨 스님은 대단히 신심이 깊은 분이라는 것을 알 수 있었습니다. 그는 수행 단계에 관한 지속적 명상과 극히 소량의 음식과 간소한 옷차림으로 그의 기숙사에 머무는 다른 승려들에게 깊은 영향을 미치고 있었습니다. 별로 원하는 것도 없고, 특별한 음식을 보시 받아도 남에게 주더군요. 우리는 그와 함께 머물도록 승낙 받았죠.

그날 이 기숙사 승려들은 기도문을 독송하러 근처에 있는 풀밭에 모였습니다. 그동안 음식이 분배되었고 이 스님은 공양을 우리와 함께 하셨죠. 밤을 그와 함께 보냈지만, 그의 방에서 보낸 것은 아닙니다. 너무 좁아 셋이 잘 수 없어 도반과 나는 문밖에서 잤죠. 다음 날 간덴의 모든 성물과 성소에 잊지 않고 경의를 표했습니다. 매우 많은 성소가 있었는데 이곳이 쫑카빠의 중요한 거처이기 때문이었습니다. 정오 무렵 시장기가 돌자 걸식을 하여 약간의 차 공양물을 받았습니다. 승원 주변에는 자연스럽게 형성된 붓다와 보살 모습의 많은 돌로 표시된 길이 하나 있었고, 모두 우리의 경배 대상인, 특히 쫑카빠와 관련된 많은 성소들이 자리 잡고 있었습니다. 그날 밤은 간덴에서 보냈지만 쎄라의 우리 기숙사에서 오는 순례자들이 이곳에 와서 우리를 쎄라로 데려갈지도 모른다는 두려움에 서둘러 떠나기로 하였습니다. 그래서 다음날 동쪽으로 길을 재촉했죠. 우리 발은 여전히 매우 엉망인지라 정상적으로 하루 행보 가운데 절반 정도만 감당해낼 수 있었죠.

제자 간덴이나 티베트의 다른 성소로 순례를 떠나는 것이 재가 불자들로서는 흔한 일이었나요?

게셰 그렇습니다. 며칠 지나 캄으로 돌아가는 일군의 순례자 무리를 우연히 만났습니다. 이점에서 티베트는 서구와 다릅니다. 매우 가난한 사람들이 적선을 구하는 것은 티베트의 전통이었죠. 만약 함께 나눌 음식이나 옷이 있으면 서로 나누는 게 관례였죠. 이 순례자들은 라싸의 중앙승원에 있는 저 유명한 조오Jowo 석가모니 불상에 경배하고 그 부근의 대승원 승가대학들을 방문하러 캄에서 온 사람들이었습니다. 이미 대여섯 달을 길에서 보낸 상태였죠. 고향을 떠나올 때 음식을 가져오기는 했겠지만 이미 바닥 난지 오래되었고 그때는 동냥으로 살아가고 있었습니다. 그들의 음식이라곤 탁발한 것이 전부였으며 옷은 정말 남루했죠. 나와 도반은 종종 그들과 밤을 보냈어요. 그들은 순박한 사람들이었고 그들의 대화 역시 그랬는데 주로 동냥하는 이들에게 보시를 베푸는 사람들과 그 지역에 관한 것이었습니다. 또한 언제나 맹견들의 습격을 받을 위험이 도사리고 있었으므로 최선의 대비책에 관한 논의를 벌이기도 했지요.

맨 처음 그들과 함께 밤을 보냈을 때는 정말 암울했습니다. 구걸해본 적이 없고 그들의 질문과 행동에 익숙하지도 않았지만 이내 그들이 우리와 근본적으로 다르지 않음을 알게 됐죠. 그들은 정말 대단히 쾌활한 사람들이었습니다. 자신의 종교를 위하여 그러한 고난에도 환희심을 내어 다르마를 마음에 새기며 걸을 수 있었기 때문입니다. 암울한 마음을 떨치자 우리 마음도 가볍고 쾌활해지는 것이었습니다. 우리 발은 여전히 상처투성이였어요. 가끔 마을에서 멀리 떨어지면 음식도 못 먹고 굶주림에 허덕였지요. 하지만 그러한 고난에도 아랑곳없이 마음의 장애는 사라졌습니다. 이미 경전 구절을 공부하면서 시간을 보내고 외우고 있던 경전을 암송하며 시간을 보낸 터라 다르마를 관조하며 계속 걸어갈 수 있었지요. 그렇게 몸은 힘들어도 우리 마음은 평화로웠습니다.

제자 캄으로 돌아갈 때 라싸로 올 때와 같은 길을 택했었나요?

게셰 앞에서도 말했듯이 중부 티베트로부터 라싸에 이르는 길은 크게 세 가지가 있었습니다. 북로로 가면 고산 지대는 없었지만, 추운 여정에 적선도 할 수 없는 먼 길이었어요. 중앙로로 가면 가깝고 음식도 얻을 수 있으나, 건너기 매우 어려운 고도와 계곡이 있었죠. 남로는 따뜻하고, 심한 고도를 건너는 것도 아닌데다 동냥도 가능했지만, 중앙로보다 멀었습니다. 열흘 혹은 보름 동안의 여정이 지나 우리는 남로를 택하기로 결정하였습니다. 거지 행세하며 여행하는 경험을 쌓은 탓에 두려울 게 없었죠. 승원에서 시간의 전부를 보낸 사람이라면 보통 늑대, 곰, 표범을 두려워할 것입니다만 우리에게 그런 동물은 두려움의 대상이 될 수 없었죠. 가끔 황량한 폐허 사이에서 머물며 귀신들의 비명도 들었는데 무섭지는 않았지요. 그들이 사람이라 여겼고 무슨 이유로 그들이 거기에 있는지도 몰랐으니까요.

우리의 여정은 마을을 통과하고 경치 좋은 시골 길을 따라 계속되었습니다. 길을 따라가다 울창한 참나무 숲을 흐르는 강을 만났지요. 그 지역 여행은 정말 매혹적이었습니다. 우리는 공양물도 얻고 살구나무 숲으로 덮인 지역도 있어 걸어가며 살구도 따 먹었습니다. 매일 아침 해가 뜰 무렵 기상하여 노정을 시작하며 기도문을 암송했습니다. 아홉 시 무렵 길가에서 쉬면서 모닥불을 피워 차를 마셨죠. 한 사람이 차를 준비하는 동안 나머지 한 사람은 앉아서 기도문을 외우거나 경전을 독송했습니다. 정말 보기 좋았죠. 아무것도 두렵지 않았고 기후도 상쾌해서 먹을 음식도 충분히 구했죠. 차를 마시려 쉬는 곳을 찾으면 늘 살구나무가 있었습니다. 바람이 불면 살구가 쿵 하며 부드러운 소리를 내며 떨어지곤 해서 차와 보릿가루 공양에 달콤한 살구를 더하곤 했죠.

제자 밤에는 어디에서 지냈나요?

게셰 늘상 문밖에서 잤지요. 마을 근처를 지날 때면 주민들로부터 하룻밤 잠자리를 제공 받기도 하였죠. 식량이 떨어지면 더 많은 음식을 동냥하기도 하였습니다. 어떤 사람들은 보릿가루나 밀을 주기도 하였고 또 어떤 사람들은 요거트나 우유를 주었지요. 잠자리를 제공 받으면 집안에 앉아 경전 구절을 독송하거나 기도문을 외웠습니다. 사람들이 와서 잠시 살피더니 돌아가서 보릿가루, 우유 혹은 응유(凝乳) 덩어리를 갖다 주었습니다.

제자 종종 승원에서는 주무실 수 있었나요?

게셰 이따금 잤어요. 여행을 시작한 지 한 달쯤 지나 승원이 많은 지역을 통과하고 있을 때였죠. 이 가운데 겔룩파 승원이 몇몇 있었는데 여기에서 대승원의 대학만큼 강도 있는 변경은 아니었지만, 철학 수업이 진지하게 진행되고 있었습니다. 이들 승원의 두 스님이 한 조가 되어 누가 더 능숙한지 우리와 변경을 벌이고 싶어 했죠. 우리가 받아들였다면 도반과 나는 쎄라에서 수년간 공부한 덕분에 변경에서 이길 수 있었을 것입니다. 수차례의 반야부 학급을 통과했고 인식론과 논리학을 3~4년간 공부했었으니까요. 도반은 이 도전을 받아들이려고 안달이었죠. 하지만 제 생각에 우리가 그들을 이기면 그들이 놀랄 수도 있어 잠자리나 음식을 얻는 데 어려움을 겪을까 봐 도반에게 내가 우려하는 바를 설명해주면서 변경을 말렸습니다.

우리는 계속 길을 갔습니다. 드디어 내부의 훌륭한 석가모니 불상으로 유명한 부추 황금 승원에 이르렀습니다. 오래전에 외세의 침입에 대비하여 티베트 동서남북 사방에 네 개의 승원이 건립됐었죠. 이 승원은 동쪽 승원으로 이후 공산주의 정권이 티베트를 침입하기 직전 지진으로 붕괴되었습니다.

도반이 그 승원 너머에 있는 자신의 구루 거처에서 며칠 쉬어가자고 제안해서 그러자고 했죠. 그래서 남쪽으로 길을 돌려 강을 건넜습니다. 그리고 산을 넘어 우리가 왔던 길을 되돌아가 라마의 암자에 이르렀습니다. 그곳의 땅은 초원과 꽃으로 아름다웠습니다. 암자 주위로 만병초 나무도 많았습니다. 내가 가장 좋아하는 꽃이죠. 그 구루는 방을 하나 내주시고 음식도 주셔서 며칠 머물렀습니다. 멋진 시간이었죠. 가끔 다른 승원들을 찾아가 동냥을 얻곤 했습니다. 그 중 한 곳에서 고향 지역에서 온 스님들도 만났는데 중앙 티베트에서 공부하셨더군요. 우리에게 어디에서 공부하고 무슨 책을 읽었는지 묻더군요. 뒤좀 린뽀체Düdjom Rinpoche 거처에서 너덧 새 머물렀습니다. 떠나기 직전 버터와 보릿가루, 치즈와 차를 많이 챙겨 주시더군요. 들고 갈 수 있을 만큼의 양을 받아 걸머지고 산을 다시 넘어 가죽 보트를 타고 강을 다시 건넜습니다.

이틀 후 양쪽 모두 가파른 암벽 계곡 사이를 흐르는 강을 따라 난 길을 가며 이틀 밤을 보냈습니다. 승원에서 살 때는 그런 위태로운 곳에서 자는 것이 두려웠는데 이제는 그런 환경에 익숙해지고 그 무엇도 두렵지 않았죠. 그곳 숲들은 매우 깊고 울창했습니다. 그 중 한 곳은 울음소리가 들려왔습니다. 근처에 유목민이 있어 얼마 동안 만나서 함께 쉴 수 있을까 하고 기대했습니다. 얼마 있다 좀 더 넓은 지역으로 나왔지만 유목민은 하나도 만날 수 없었죠. 나중에 내 희망 사항을 이야기하고 아무도 만나지 못해 놀랐다고 털어놓았더니, 내가 들은 소리는 유목민 소리가 아니라 맹수들의 소리라고 알려 주더군요. 내가 놀랄까 봐 말하지 않은 것입니다. 실제로 그 지역에는 호랑이, 표범 같은 맹수들이 득실거렸지요.

제자 여행하면서 정신적 수행을 지속했나요?

게셰 함께 걸을 때는 상대와 말을 많이 하지 않는 것을 규칙으로 삼고 있죠. 도반은 그가 외운 많은 경전들을 암송했습니다. 그러면 나는 따라에게 드리는 기도문과 『타참Sutra Confession of Downfalls』(墮懺)을 노래하곤 했는데 이렇게 하는 것이 마음에 새겨진 해로운 자취들을 정화하는 최선의 길이죠. 걸을 때는 이 기도문을 마음에 새기고자 했습니다. 저녁 무렵 쉬면서 그리고 아침 출발 전까지 다른 기도문들도 노래하곤 했죠. 친구와 나는 위대한 스승 깝제 트리장 린뽀체Kyabje Trijang Rinpoche 스님으로부터 「능포금강독용관정The Empowerment of Vajrabhairava」(能怖金剛獨勇灌頂)를 받았었지요.[23] 저녁에는 범천의 명상 의식 기도문을 독송했습니다. 그래서 아침부터 저녁까지 우리의 하루는 줄곧 기도, 철학적 논서 암송, 딴뜨라 명상 의식으로 진행되었습니다. 많은 시간을 들인 것은 아닙니다. 이따금 철학을 논하기도 했습니다.

조금 후 우리는 공포 강물과 옌초의 강들이 만나 큰 강이 흐르는 로어 콩포Lower Kongpo라 불리는 지역으로 갔습니다. 강이 흐르는 이 지역은 짜리Tsari 지역에 속하는 곳으로 뻬마꽤Pemakö로 알려져 있죠. 이곳은 티베트 순례지로서 가장 유명한 곳으로 그 덕분에 범천 차크라삼바라Caktasamvara(總

攝輪)[24]가 머무는 곳이라고 불리지요. 고도와 계곡을 거쳐야 하기에 순례자들로서는 다다르기 어려운 곳이거든요. 비가 많이 내리는 지역으로 맹수들이 우글거리죠. 가끔 우리는 외롭게 걷곤 했습니다. 우연히 맨발로 순례하는 여행객들을 만나 그들과 밤을 보냈습니다.

일이 이렇게 되자 그들은 우리에게 음식과 튀긴 녹색 고추를 주었습니다. 어떤 사람은 짜리 원주민들이 영적 수호자들이라고도 했지만, 내 생각에 이들은 단지 원시 부족에 지나지 않았습니다. 이들의 땅을 지나는 여행객들은 그들에게 선물을 제공해야 했는데 그러지 않으면 이들은 이방인들에게 독화살을 쏘기 일쑤였죠. 들리는 말로는 받은 선물을 대나무 바구니에 모아두었다가 알몸으로 마을에 나가 팔아버린다고 하더군요. 하지만 직접 이를 본 적은 없습니다.

이 지역의 많은 장소를 거쳤을 무렵 친구가 가던 길을 약간 우회하면 우리 고향 출신 라마를 만날 수 있다고 하여 그러자고 했습니다. 비록 그를 보려면 산을 올라야 했지만요. 이분은 큰 깨달음을 얻은 스님의 환생 라마였습니다. 그는 단순히 노승에 지나지 않았지만, 우리 고장 사람들은 그를 라마라고 불렀습니다. 우리는 우측으로 향한 주도로를 포기하고 반나절을 걸어 산 위로 이어진, 조촐한 암자로 향해 난 길을 따라갔습니다. 매우 낡은 그 암자는 이미 반쯤 무너져 내린 상태였죠. 아직은 서 있었지만, 금세라도 무너

23. 관정(灌頂, abhiṣeka)은 모든 밀교 수행의 출발점으로 스승과 제자 사이에 법을 전해주고 전해 받는 밀교 의식. 정수리에 물을 뿌리는 이 의식을 통하여 밀교에 입문하려는 사람은 스승으로부터 밀교의 교리와 행법을 전수받고, 스스로 그런 법을 전할 수 있는 자격을 인가받는다. 크게 허가관정(제낭)과 관정(왕꾸르) 두 가지가 있으며, 근본적으로 부처가 되겠다는 서약이다.

24. 뎀촉불, 금강승 불교의 부처.

져 내릴 듯한 한쪽에 머물고 있는 라마를 발견했습니다. 그의 이름은 똘마 쵤트림Tolma Tsultrim이었습니다. 우리는 노승과 차를 마시며 하룻밤을 보냈습니다. 그의 제자가 된 것은 아니고 그를 방문한 것은 단지 그가 우리와 같은 지역 출신이었기 때문이죠. 대화 도중 내내 그는 반복해서 공을 이야기했습니다. 하지만 공이라는 말을 쓰고 이 말을 궁극적 본성으로 표현하고 있었지만, 그는 이 말의 의미를 정확히 알지 못해 부정확하게 쓰고 있었습니다. 우리는 동의하거나 반대하는 일 없이 그저 조용히 듣고만 있었습니다. 다음 날 라마는 우리에게 약간의 빵과 조금 많은 분량의 음식을 주셨고 우리는 산을 내려와 주도로를 따라 걸어갔습니다.

얼마 후 우리는 로어 콩포에서 가장 큰 데모Demo 승원에 이르렀습니다. 마침 가장 큰 연례 축하 행사가 벌어지고 있던 참이라 지역 주민들이 행사를 위해 모두 모여 있었습니다. 대부분 가장 화사한 옷에 허리에는 벨트를 하고 양가죽 판초를 걸치고 있더군요. 단순히 가죽을 부드럽게 해서 만든 것들이었습니다. 남녀 모두가 같은 옷을 입고 있더군요. 이들과는 달리 티베트 중부 남자들은 바지를 입지만 여자들은 대신 긴 치마를 입지요. 이번 축하 공연은 종교 오페라로 이루어지는데 차와 죽이 제공되었습니다. 이 원주민들은 대단히 희한했습니다. 걸을 때나 앉아 있을 때나 심지어 가족과 함께 식사할 때도 허리에 긴 칼을 차고 있는 것이었습니다. 일부는 사슴 사냥견을 끌고 다니는데 아마도 맹수나 영양을 사냥하기 위한 것이었을 테죠.

얼마 간 거기에서 머물다 뽀워Po-Wo라고 불리는 다음 목적지로 이동했습니다. 첫날밤은 승원처럼 생긴 작은 건물 옆에서 잤습니다. 안으로 들어가서 자기에는 너무 좁았지만 위에 돌출부가 있어 비를 피할 수는 있었지요. 라싸로 이동 중인 부 지역 출신 순례자들도 있었는데 이들은 그 지역의 위대한 라마들에게 경의를 표하고 종교적 가르침을 받기도 하더군요. 우리는 이제 이런 데 익숙해져 그들과 대화를 나누며 어디에서 동냥을 얻을 수 있을지, 맹수들은 어디에 있는지 물어보기도 했습니다.

하루인가 이틀이 지나 꽁뽀루Kompo Lu에 도착했습니다. 숲과 아름다운 초원과 야크 가죽 텐트에서 생활하는 유목민들이 어우러진 멋진 곳이었습니다. 그 전에 인근 지역을 여행한 적이 있어 특히 그 변화를 실감할 수 있었죠. 마치 문이 활짝 열린 듯한 개방 분위기였습니다. 며칠 간 그 지역을 지나며 나무들 사이에서 쓸쓸히 밤을 보내거나 우유와 응유를 탁발하며 유목민들 틈에서 밤을 보냈습니다.

며칠 후 우리는 어떤 강가에 이르렀는데 상당히 외진 곳인지라 다리 대신에 대나무 케이블이 양쪽 강둑을 이어주고 있었습니다. 구부러진 목재 고정물이 안장처럼 그 위에 얹혀 있어 사람과 그 짐을 거기에 묶어 나르게 되어 있었죠. 이 고정물은 밧줄에 연결되어 건너편 강둑에 있는 사람이 바구니와 짐을 끌어 나르죠. 다행히 우리가 도착했을 때 끌어당기는 것을 직업 삼아 살아가는 사람들 몇이 건너편 강가에 보였습니다. 그들이 우리에게 한 사람씩 건너오라고 하더군요. 도반과 그의 짐을 묶자 그들이 끌어당겼습니다. 하지만 곧 바로 그 사람들은 집으로 갔죠. 내 몸과 짐을 묶자 도반이 나를 끌어당기기 시작했고 나는 머리 위 밧줄을 응시했습니다. 잠시 후 보니 내가 더 움직이지 않고 강 위에 매달려 있는 것이었습니다. 무슨 문제인가 살펴보니 친구는 강가에 쓰러져 있고 그가 끌던 밧줄은 강물에 빠져 있었습니다. 밧줄을 붙잡고 조금씩 끌어당기며 앞으로 나아갔습니다. 한참 걸려 도반이 밧줄을 다시 잡아 끌어당겨 안전하게 강둑에 도달할 수 있었습니다.

강 건너편에 이르자 바로 울창한 숲이 나왔습니다. 나무 꼭대기 가지들이 서로 엉켜 있었죠. 밤이면 나무 꼭대기에서 잠자는 곰들 때문이라고 말해주더군요. 이 지역 여행은 매우 힘들었습니다. 날이 저물 무렵 우리는 몇몇 폐가가 있는 곳에 도착했는데 절반가량은 허물어져 있었지요. 그날 밤 열다섯에서 스무 명 정도의 사람들이 도착했습니다. 걸어서 온 사람들도 있었고 말을 타고 온 사람들도 있었지요. 이들은 우리가 가려는 곳에서 온 분들이었습니다. 그들 모두 다리에 상처를 입고 피를 흘리고 있었습니다. 무슨 일이 있었는지 물었습니다. 다음 지역은 극히 난코스인데 거머리들이 들끓는다는 것이었죠.

다음날 우리는 황사 비를 맞으며 출발하여 양쪽 강변에 암벽이 우뚝 솟아 있는 큰 강을 따라 갔습니다. 잠시 후 위험한 협곡 장벽이 나타났죠. 하지만 정상에 이르자마자 곧바로 다시 내려와야 했고 이어서 한 번 더 기어올라야 했죠. 여행에서 이 부분이 무척 힘들었는데 통과하는 데 하루인가 이틀 정도 걸렸어요. 좌우 가릴 것 없이 길바닥이나 나무에 거머리들이 수없이 득실거렸습니다. 사람 피부에 달라붙어 손가락만 하게 부풀어 올라 바닥에 떨어질 때까지 피를 빨아먹었습니다. 거머리 때문에 다리는 온통 피투성이가 됐죠. 길 정상에 펼쳐진 정글에서 하룻밤을 보냈습니다. 잠을 잘 때 새 거머리들이 입술에 엉겨 붙기도 하고 입안으로까지 파고들어 왔습니다. 다음 날 아침에 엉겨 붙은 거머리들 사이에서 깨어나 시작된 하루는 정말 역겨운 경험이었지요.

우리는 곧 협곡을 빠져나와 다른 대나무 케이블에 몸을 실어 좀 더 넓은 강을 건넜습니다. 완전히 황량한 곳이더군요. 우리는 건너편 강둑에서 우리를 끌어줄 사람을 기다리느라 사흘인가 나흘을 기다려야 했습니다. 우연히 몇몇 여행자들이 도착했습니다. 그들은 우선 야크들을 케이블에 묶었고, 그 중 한 명이 원숭이처럼 능숙하게 강을 건너왔지요. 분명히 이 일에 경험이 풍부한 사람이었습니다. 건너편 나머지 분들에게 끌어 달라고 요청하자 그들이 도와주었지요.

이제 우리는 뽀워라고 불리는 지역에 이르렀습니다. 초원과 숲이 어우러진 이 지역은 정말 마음에 들었죠. 초원에 대한 애정이 남달랐으니까요. 유난히 거친 지역을 통과한 탓에 아주 즐거운 시간을 맞이했지요. 결국 유목민들을 만나 우리가 가는 길 앞에 도둑들이나 주의할 사람들이 있지는 않은지 물었더니 설사 우리가 황금을 품에 안고 자는 일이 있더라도 우리를 방해할 사람들은 아무도 없다고 했습니다. 도난당할 물건도 없었지만, 이 소식을 들으니 마음이 편해졌죠.

많은 날들이 흘러 우리는 두 강이 합류하는 지점에 자리 잡고 있는 쎄라제에서는 제법 대규모 승원인 추도 승원에 이르렀습니다. 원장 스님은 우리 대학에서 보낸 분이셨고 함께 계시는 두세 분의 스님도 우리 대학 출신이시더군요. 도착할 무렵 스님들은 기도를 위해 함께 모여 있었는데 원장 스님도 함께 계셨어요. 우리는 그분 거처로 가서 다른 두 스님으로부터 차를 대접받았습니다. 같은 대학 출신으로서 정말 환대를 받았고 머무는 동안 음식도 잘 먹었습니다. 진심으로 함께 있어달라는 요청을 받았으나 우리는 노숙하는 편이 낫겠다고 말하면서 거절했습니다. 대신 이분들은 우리에게 음식을 넉넉히 제공해 주셨죠. 해넘이 전에 우리는 승원과 상당히 멀리 떨어진 곳에 이르렀습니다.

동글동글한 돌멩이들과 듬성듬성 소나무 그루들로 뒤덮인 지역에 도착했죠. 산자락 돌출부를 지붕 삼아 캠핑을 하며 차를 끓이고 기도문을 암송한 뒤 잠자리에 들었습니다. 도반은 여행으로 기진맥진하여 곧 깊은 잠에 떨어진 반면 나는 어둠 속에 누운 채 꽤나 오래 깨어 있었습니다. 조금 지나니 개 짖는 것 같은 소리가 들려왔죠. 소리가 점점 더 크게 들려왔는데 표범 기침소리임을 알았습니다. 처음에는 표범이 다른 방향으로 가는 듯했는데 점점 더 가까이 다가오는 것이 아니겠어요. 결국 우리 바위까지 가까이 왔는데 그 포효가 너무 커서 땅이 흔들리는 것이었어요. 그 지역에 식인종 이야기가 난무하는 이유를 알겠더군요.

친구에게 속삭였죠. 그래도 그는 잠에 곯아떨어져 있었지요. 하도 겁에 질린 나머지 미륵불의 환생인 뿌르쪽 잠빠 린뽀체Phurchog Jhampa Rinpoche에게 지극정성으로 기도를 드렸죠. 제가 그분께 수행 서원을 드렸거든요. 나는 그분을 믿었습니다. 라마의 가피를 입은 것인지 다른 이유에서인지 모르지만, 표범의 으르렁거리는 소리가 점점 뒤로 물러나면서 부드러워지더니 어둠의 정적 속에 묻혀 버렸습니다.

그래서 친구를 깨우고 자초지종을 설명했지요. 그랬더니 아무 소리도 못 들었다는 거예요. 다음 날 아침까지 계속 겁에 질린 나는 그만 노숙으로 밤을 보내는 것이 두려워 주위에 있는 마을을 찾아내어 마을 누군가의 집에서 하룻밤 신세를 졌습니다. 다음날 우리는 로빠 깜빠Lhopa Khampa 족의 지역과 꽁뽀를 이어주는 추도 고도를 통과해야 했어요. 말과 노새를 타고도 길을 넘는 데 이틀이 걸렸죠. 길 아래에서 묵을 곳을 찾을 수 있다기에 하루를 보냈고, 다음 날 아침 일찍 기도문을 암송하며 산을 오르기 시작했습니다. 거의 해가 질 무렵까지 계속 걸었습니다. 정오 무렵 불을 피울 수 있는 캠핑장을 찾았습니다. 이제는 다음의 휴식처를 찾아 길을 가고 있습니다. 얼마 후 돌무덤인 쵸르텐chorten과 기도 깃발 타르쵸tarcho가 보이는 고도의 산마루에 이르렀습니다. 이 지점을 넘으면 하산 길로 이어지지만, 이 날은 길을 더 가기에는 너무 어두워져 있었습니다(들은 바로는 산 밑까지 내려가는 데 이틀이 걸린다더군요. 하지만 우리는 하루 만에 해냈죠).

산 아래로 내려온 뒤 로빠 캄빠 족 지역의 남로와 중앙로가 만나는 곳에서 하룻밤을 보냈습니다. 닷새가 지나 매우 힘든 길에 들어서게 되었지요. 여섯 개의 능선을 더 넘어야 했는데 무척 높은 길들인지라 온통 눈으로 하얗게 덮여 있었고 허리가 묻힐 정도로 눈이 깊이 쌓여 있었지요. 첫 번째 산자락 소나무 숲에서 첫날밤을 보냈습니다. 이튿날 아침 나무를 모아 운반했습니다. 차를 끓이기 위해서였죠. 약간을 걷다 쉬곤 했는데 쉬는 동안 늑대들이 지나가는 것을 보았지요. 식인 늑대 이야기들을 몇 번 들어본 적이 있어 무척 겁을 먹고 있었지만, 점점 녹초가 되어 늑대의 공포 따위는 곧 잊어버리고 말았습니다.

얼마 후 나는 설맹(雪盲)이 되었는데 처음에는 단순한 각막 손상 정도였는데 나중엔 아무것도 보이지 않았습니다. 이 무렵 우리는 두세 번째 능선을 넘은 것인데 가야 할 길은 멀었지만 길을 멈추고 운반해온 나무를 모아 차를 끓였죠. 찻물을 끓일 때 나는 김이 우리 두 눈을 적셔 주리라고 기대했었지만 그렇지 않더군요. 가다 보니 개울이 나왔지만 내게는 그저 희미하고 거뭇거뭇한 커다란 띠처럼 보였지요. 길을 가며 때로는 바위도 오르고 허리까지 차오른 물길을 헤쳐 나갔습니다. 햇빛이 사라지기 바로 직전 누가 외치는 소리를 들었는데 친구는 두세 명의 말 탄 사람을 보았죠. 이 사람들 말이 우리가 길을 벗어났으니 자기들을 따라오라는 것입니다. 그들은 캄으로부터 중앙 티베트로 돌아가는 길이었어요. 우리 앞에 무엇이 놓여 있고 어느 길로 가야 할지 일러주더군요.

암굴에서 하룻밤을 보냈습니다. 추위로 발이 뻐근하면서 저렸고 옷은 얼어붙어 있었고 눈도 여전히 보이지 않았죠. 그날 밤은 기도문을 암송할 수 없었죠. 다음 날도 힘든 하루였습니다. 겨우 보이기 시작했고 친구의 몸 상태는 약간 나아졌죠. 계속 내리막길을 기어 내려가다 결국 초원에 이르러 차를 끓이기 위해 멈추었죠. 차에 약간의 버터를 넣고 올라오는 김을 쬐었습니다. 그렇게 하면 조금 나아질 것이라는 말을 들었거든요. 계속 길을 가다 마을에 도착하여 보릿가루를 얻었습니다. 거기서 밤을 보내지 않고 그리 멀지 않은 강가 소나무 숲으로 갔죠. 가파른 강둑에서 밤을 보냈는데 짐이 굴러 떨어질까 염려되어 두 그루 나무에 묶었죠. 큰 도움이 되었다고 생각합니다. 다시 한 번 뜨거운 버터 차에서 피어오르는 김에 눈을 갖다 댔습니다. 다음 날 아침은 좀 나아졌습니다.

그다음 이틀간은 매우 쾌적한 지역을 통과했고 우리가 넘어야 할 높은 산 밑의 마을에 이르렀습니다. 거기서 밤을 보내고 다음 날 아침 일찍 산을 올랐습니다. 산을 오를 때 눈발이 날렸습니다. 바위들이 쌓여 있고 기도 깃발이 펄럭이는 산 정상에 이르자 말을 탄 사람이 우리에게 다가왔습니다. 장총을 메고 있었는데 데리고 있던 사냥개 한 마리가 내 다리를 물었으나 피는 나지 않았습니다. 아마도 내가 방랑자처럼 보인 탓에 개가 나를 그렇게 홀대한 것 같습니다. 하지만 주인이 와서 부르자 개가 물러섰지요. 가만히 보니 주인은 광산에서 안면이 있던 사람이었어요. 우리 지역 출신인데 상인이 되어 있더군요. 그는 곧 자신이 가던 길을 가고, 우리는 터벅터벅 멀고 먼 산길을 따라 내려가 마을들이 모여 있는 지역에 도착하여 탁발을 했지요. 거기서 쎄라에서 함께 공부한 스님들을 몇 분 만났습니다. 당시 고향으로 돌아가길 원해서 오랫동안 함께 하지 못했던 분들이지요. 당시는 가족과 함께 머물며 가족들에게 경전을 큰 소리로 읽어주고 있었습니다. 다시 만나니 기뻐더군요.

출발한 지 약 20일간의 여행 끝에 결국 참포에 도착하였죠. 여기에는 테호르에서 온 상인들이 많았어요. 그 가운데는 다르게 승원과 거래하는, 내가 아는 선임 상인이 있었는데 매우 친절하게도 음식을 주고 상점 옆에 잠잘 곳도 마련해주었습니다. 이 지역에서 도반과 나는 오래 전부터 면식이 있던 사람들을 많이 만났죠. 사흘인가 나흘 동안 머물다 참도Chamdo 승원을 방문했는데 이 승원에서 제공되는 철학과정이 매우 훌륭하지요. 실제로 중앙티베트 지역과 암도Amdo 사이에 있는 승가대학 가운데 명실상부한 최고의 대학입니다. 이곳에는 승가대학들이 많았지요. 한 대학은 철학, 다른 대학은 딴뜨라, 또 다른 대학은 깔라짜끄라Kalachakra[25] 가르침과 수행에 주력하고 있었지요. 이 세 대학 모두를 방문하여 철학 훈련 과정이 특히 우수함을 알

---

25. 카규파의 시조 나로빠가 나란다 대학에 있을 무렵 완성된 나란다 마지막 시기의 밀교 대승수행법. 우주의 이치와 원리의 집약도를 나타내며, 티베트 불교 사상의 정수를 담은 칼라차크라 만다라는 상서로운 기운이 발산된다고 하여 티베트 가정마다 비치하고 있으며, 수행자들은 관상(觀相) 명상 시 사용한다.

게 되었습니다. 비록 역량 면에서는 중앙 티베트의 대학들과 차이를 보이긴 했지만요. 이들은 『오론』 전체를 공부하고 변경을 벌였는데 주고받는 질문과 대답이 우리에게는 무척 인상적이었죠. 나는 그곳의 많은 스님들을 알고 있었죠. 노장 스님들, 같은 반 스님들, 젊은 스님들 등 많은 분들이 쎄라에서 공부하신 분들이었습니다.

강주는 잠빠 타예Jhampa Thaye 스님으로 중앙 티베트에서 공부하셨으며 나의 스승 최쬐 스님의 도반이셨죠. 스님이 쎄라에 계실 때 나는 너무 어렸지만 스승님과의 친분 관계 덕분에 자주 뵐 수 있었지요. 그는 누구보다 경전을 깊이 이해하신 분입니다. 그가 쎄라에서 수행할 때는 부처들에게 바치는 공양물에서 남은 것을 받아 햇빛에 잘 말린 납작한 작은 과자 사이에 눌러 넣고는 이것과 약간의 차로 끼니를 때우며 살았습니다. 나머지 시간은 공부와 명상으로 보냈죠. 그는 정말 까담빠 게셰를 닮았어요. 참도 승원에서 가장 훌륭한 스승이시지요. 우리는 그를 만나 정말 기뻤습니다. 그는 음식과 잠자리를 제공해주셨죠. 우리는 쎄라를 추억하고 경전을 논의했습니다.

며칠 후 다시 출발 채비를 했습니다. 다르게 승원에서 온 상인이 약간의 음식을 챙겨 주었죠. 말을 타고 귀향하는 우리 지방 출신 두 분과 합류하게 되었습니다. 라싸를 떠난 지 이틀밖에 지나지 않았지만, 도반과 나는 맹견들을 쫓고 거친 길을 편하게 가기 위해 참나무 가지로 막대기를 만들었습니다. 칼도 도끼도 없었으니까요. 길을 지날 때마다 막대기에 표시했는데 곧 막대기 전체가 표시로 가득했습니다.

이제는 새로운 동료와 함께하는 여행이 시작되었습니다. 테호르 방향으로 가는, 참도 동부 지역에는 드자Dja 와 은곰Ngom이라는 두 대하가 흐르

스승 게셰 잠빠 케드룹 스님을 다시 만나기 위해 고향으로 돌아가고 있는 게셰와 그의 도반 겐 아충

죠. 우리는 그중 하나의 강을 철교로 건넜습니다. 건너편에 고산이 둘이나 솟아 있어 올라야 했는데 하나를 오르내리는 데만 딱 하루가 걸리더군요. 산을 넘으니 관목이나 소나무 숲은 없고 초원과 목초지로 덥힌 광활하고 멋진 지역이 펼쳐졌습니다. 이곳에는 유목민만 살고 있고 마을이나 집은 없었죠. 이틀 후 데게Dege 지역에 도착했죠. 마을을 통과하고 산을 넘으면서 우리는 대지의 수려한 풍광에 넋을 잃고 말았습니다. 보름 후 디 강에 도착하는데 다리가 없었지요. 많은 가죽 보트 가운데 하나에 올라타고 강을 건넜어요. 테호르 지역에서는 드자 강과 더불어 이 강이 내가 본 가장 큰 강이었습니다.

이 지점에 이르러 테호르로 가는 길은 두 갈래로 나뉩니다. 그때부터 말 탄 동료들은 거래를 이유로 남쪽 길을 택했죠. 반면 도반과 나는 계속 북쪽으로 가는 길을 택했습니다. 대략 닷새를 걸으니 테호르에 도착하더군요. 두 시간 후 우리는 데게 대승원에 도착했습니다. 유명한 대도서관 인쇄소가 있는 승원이라 많은 불화와 유적을 찾아 경의를 표했지요. 그리고는 토To라는 이름의 또 다른 고도를 넘었습니다. 거기에 이르는 데 이틀이 걸렸고 넘는데 꼬박 하루가 걸리더군요. 이후 초원으로 덥힌 산을 끼고 펼쳐진 푸른 초원과 어우러진 명승지 일훙Yilhung에 이르렀습니다. 서쪽으로는 약간의 향나무가, 동쪽으로는 삼림이 펼쳐져 있었습니다. 그 지역에는 양 떼와 소를 키우는 유목민들만 살고 있었죠. 믿거나 말거나 이곳이 일훙[26]이라 불리는 연유가 전설로 전해옵니다. 옛날에 게사르Guesar라 불리는 왕(우리 전설에 등장하는

26. 가슴이 철렁했다는 의미에서 Fallen Heart라는 의미로 불림.

주인공 가운데 하나)과 그 부인 싱장 둑모께서 이곳을 지나다 그 아름다운 풍광에 놀라 그만 가슴이 철렁 내려앉고 말았다는 것입니다. 그리하여 '철렁 내려앉은 가슴'이라는 이름이 붙었다는 것이죠.

이곳 여행은 정말 마음에 들었습니다. 수차례 방문으로 나는 이곳 지리도 잘 알고 있지요. 테호르에 도착하니 경치는 더욱 아름다웠습니다. 우리 고향도 마음에 드는 곳이죠. 비록 소나무 같은 큰 나무들은 없어도 풀로 덮힌 산 경치가 빼어났죠. 유럽의 초원과는 달라도 풍성한 풀이 잘 자라죠. 우리 초원의 풀은 거의 바위처럼 거칠지만 아름다운 꽃을 피워냅니다. 늘 흐르는 강물 그리고 공기가 건강에 활력을 주죠.

고향에 도착하기 전날 밤 우리는 어느 나무 밑에서 잠을 잤습니다. 근처에 마을이 없었기 때문이죠. 다음 날 아침 일찍 세 시간가량 아름다운 유목 지대를 걸어가서 내 고향으로부터 세 시간 거리밖에 되지 않는 황량한 캠프장에서 휴식을 취하고 있었습니다. 차를 마시는데 두 사람이 말을 타고 오는 것이었어요. 한 사람은 사람이 타지 않은 말을 몰고 오고, 또 한 사람은 노새를 몰고 오고 있었지요. 그러더니 말에서 내려 다른 유목민 몇 명과 차를 끓여 마시며 담소를 나누더군요. 하지만 이들은 아직 우리를 보지 못했지요. 차를 다 마시고는 짐을 둘러매고 길을 따라 내렸지요. 말 탄 두 사람에게 다가갔을 때 나는 이 가운데 한 분이 아버지시고 또 한 분은 삼촌임을 알아보았습니다. 남로를 택한 여행 동료 두 분이 그 전날 고향에 도착했었고 우리가 오고 있음을 아버지께 말씀드렸으나, 어느 길로 올지는 몰랐던 것이죠. 아버지께 편지를 올리지 않았었으니까요. 그런 연유로 아버지와 삼촌께서 약간의 음식을 갖고 우리를 마중하러 나오신 것입니다. 누더기 같은 옷을 걸친 도반과 나는 한 쌍의 부랑아처럼 보이는데다 손에 든 짐이라곤 단지 막대기 한 자루뿐이었으니 오죽했겠어요.

우리가 거지꼴을 하고 나타나면 마음 사람들과 친척들이 곱게 보지 않을 것이라 생각하신 아버지가 우리 고장에서 입는 가장 훌륭한 옷을 두 벌 가져오신 것입니다. 당신이 가져 온 옷을 입으라 하셨죠. 나는 아버지의 분부를 따랐습니다단 도반은 거절하더군요. 우리는 어르신들이 몰고 온 말과 노새에 올라탔습니다. 곧 아홉 가구가 사는 아주 작은 마을 집에 도착하였습니다.

우리 마을 주민들은 아홉 가구가 한 가족처럼 매우 끈끈한 관계를 유지하고 있지요. 자연스럽게 나의 도착 소식을 알게 되어 집에서 나와 나를 반가이 맞아주었습니다. 참으로 난감하더군요. 마을 사람들이 중앙 티베트로 순례를 떠나는 것은 흔한 일이었는데 돌아올 때마다 마을 사람들 모두를 위해 선물을 가져오는 것이 상례였거든요. 선물의 질은 다양할 수 있어도 반드시 무엇인가는 선물을 하게 되어 있었죠. 내가 가져온 것은 막대기 하나, 경전 한 권이 전부였습니다. 나나 친척들에게나 불편함의 원인은 비슷했습니다. 하지만 이 문제와 관련하여 달리 손쓸 방도가 없었지요. 그래서 우리는 과감히 자존심을 버리고 집으로 향했습니다. 이렇게 3개월 이상 걸린 여행이 마무리되었습니다.

제자 6년간의 타향살이 후 집에 오니 기분이 어떠했나요?

게셰 집에 와 보니 모든 것이 질서정연한 상태 그대로더군요. 나는 곧 집에서의 삶이 내게 맞지 않음을 알게 되었습니다. 마지막으로 집에 있을 때

나는 어린 소년인데다 생각하는 방법도 전혀 달랐었지요. 주위에 나가 노는 것을 좋아했고 그런 삶이 꽤 가치 있다고 여겼습니다. 이제는 행동하는 방법, 대화의 종류, 가장들의 생활방식을 좀 더 다른 시각으로 바라보게 되었습니다. 집에서는 그 어떤 진정한 이로움도 전혀 보이지 않았지요. 이들이 겪어온 고초와 고뇌에 충격을 받았으며, 그들이 얼마나 잘못된 생각에 큰 영향을 받아 거기에 집착하고 있는지 알게 되었죠. 이 모든 것을 참으로 기이하게 받아들인 저는 크나큰 충격을 받았었지요.

어렸을 적 돌아다니길 좋아했던 목초지를 바라보아도 별 감흥이 없었지요. 우리 집도 그랬어요. 참으로 아무것에도 흥미를 느낄 수 없었습니다. 오히려 모든 것이 절망적이었어요. 나는 내 생각하는 방법이 완전히 바뀐 것을 알았지요. 집안사람들은 늘 그렇게 해온 식으로 사물들을 바라보고 있었는데 나에 대해서도 마찬가지였죠. 나는 환멸을 느낀 모습을 보이지 않았지만 즐겁다는 말은 하지도 않았지요. 형에게는 두 아이가 있었는데 한창 시끄럽게 집안을 뛰어다녔죠. 근본적으로 우리 고향은 좋은 곳이었지요. 다르마를 믿고 옴마니반메훔 정근 같은 간단한 수행도 실천하고 있었지요. 하지만 일반적인 가장의 삶이 그러하듯 집안일에 신경을 쏟는 까닭에 그들과 나의 생각하는 방법은 매우 큰 차이를 보였습니다.

7

구루와 재회하다

Reunion with the guru

제자 스님의 구루를 만나기 위해 오래 기다리셨나요?

게셰 이틀 후 승원에 계시는 삼촌께서 쪽지를 보내오셨는데 올 수 있으면 지금 와야 한다고 하시면서 내가 못 오면 당신이 나를 보러 오시겠다는 것이었습니다. 다음 날 내가 가겠다고 말씀을 전했죠. 다르게 승원은 우리 집에서 한 시간 내지 한 시간 반 걸리는 곳인데 차도 없고 제대로 된 길도 없어 흰 노새를 타고 갔습니다. 승원에 도착했을 때 구루는 1마일가량 떨어진 암자에 계시더군요. 그런데 스승님 방 옆에 제 방을 한 칸 주셨지요. 삼촌이 이 승원의 선임 상인 가운데 한 분으로 매우 잘 살았죠. 삼촌은 승원 살림도 후원하고 있었죠. 우리는 친척이라 방을 같이 썼어요. 삼촌은 훌륭한 승복 정장 한 벌도 선물하셨죠. 티베트 기후는 대개 추운 편인데 우리 지역은 유난히 추웠지요. 그래서 이 지역 승려들은 양피 내의를 입고 그 위에 붉은 양모 상의를 걸칩니다. 이렇게 두 벌을 함께 껴입으면 중앙 티베트의 승려들은 더할 나위 없는 특별한 온기를 느끼지요.

다르게 승원은 매우 광대했습니다. 쎄라에는 더 많은 승려와 방들이 있었지만, 외견상으로는 고향의 승원이 더 컸죠. 첫날밤을 여기서 보내고 다음 날 구루를 알현하기로 하였습니다. 엄청난 흥분과 설렘에 기대가 컸었지만 동시에 제가 쎄라를 떠나온 것에 대한 구루의 반응이 어떨지 불안하기도 했어요. 몰아치는 파도처럼 내 마음은 환희와 불안 사이에서 크게 동요하고 있었죠.

다음 날 나의 구루께서 저녁 무렵 토굴에서 돌아오신다는 소식을 들었습니다. 도착하시자마자 곧 뵈러 갔지요. 쎄라에 있을 때는 내가 고향으로 돌아오거나 공부와 명상을 계속하기로 결정할 때는 구루의 지도를 받았죠. 쎄라로 돌아가고 싶지 않았습니다. 나 자신을 바친 스승이 그곳을 떠났기 때문이죠. 그리고 충분한 음식과 옷을 구하기도 무척 어려웠거든요. 더구나 다시 돌아가기 위한 그 먼 여정을 버티기도 힘들었지요. 하지만 다르게 승원에 머무른다면 쎄라에서 받은 교육만큼 훌륭한 교육을 받을 수 없었겠죠.

내 구루의 방으로 걸어갔습니다. 방 안에 앉아 계시는 구루를 보았습니다. 스승을 뵙고 감동이 벅차올라 할 말을 잃고 말았습니다. 스승께 삼배를 올리고 카타를 헌정했습니다. 대단한 존경심을 느끼게 된 나머지 말을 한마디도 건넬 수 없었는데 그만큼 대단한 고승이었어요. 내가 온 것이 잘한 일이라거나 나를 만나 기쁘다는 사실을 드러내는 말은 한마디도 하지 않았습니다. 대신 다음과 같이 말씀하셨습니다. "네 마음을 공부하고 개발하기에 좋은 장소에 너를 두고 왔는데 그곳을 떠나오다니 불운이구나. 너는 큰 실수를 저질렀구나." 이런 식으로 큰 꾸지람이 장시간에 계속되었습니다. 말씀이 이어지는 동안 나는 울었습니다. 드릴 말씀이 없었죠. 방으로 돌아가 다음 날 아침 토굴로 오라 하시더군요. 그때 스승님으로서는 제게 하고 싶은 말이 더 있었습니다. 그리 하겠다고 답하고 방으로 돌아왔습니다.

승원에서 밤을 보내고 다음 날 아침 스승님의 토굴로 찾아갔습니다. 이미 내가 출발하기 전에 떠나셨던 것입니다. 이생과 내생의 삶 모두를 위해 내 행복을 스승님의 손에 맡기기로 했던 나였습니다. 따라서 나의 몸, 말, 마음의 스승은 다른 그 누구도 아닌 나의 구루였다고 생각했지요. 나는 구루를 따랐습니다. 그날 아침 스승님의 암자로 갔습니다. 새로 지은 토굴이었는데 이름은 '깨달음의 法界Dharma Sphere of Enlightenment'이었지요. 경치가 아름다운 곳으로 건축 기간 동안 많은 초자연적 징후를 보이기도 하였죠. 문간에 이르자마자 스님은 절하지 말라 하시더니 "질문이 하나 있다. 듣겠느냐, 말테냐?"하고 말씀하셨죠. 내가 듣겠다고 말씀드리니 다음과 같이 말씀하셨습니다. "하여튼 돌아가서 공부를 계속하거라. 쎄라에서 열심히 공부하고 수행을 마무리 해야지. 그렇게 하겠느냐 말겠느냐? 네가 쎄라로 돌아가겠다면 네가 여기 있는 동안 너를 잘 돌봐 주겠노라만 그렇지 않다면 다시는 내 방에 발을 들여 놓을 필요가 없을 것이다."

매우 냉엄한 말씀이건만 스승님의 관심은 오직 나의 행복 그리고 내 마음 공부뿐이었습니다. 자신의 이해관계는 전혀 생각하지 않으셨지요. 다른 사람 같으면 내게 시좌나 그 비슷한 일거리를 주며 따뜻이 맞아주셨겠지요. 테호르에 돌아오고자 했던 모든 이유들 그리고 그토록 고된 귀향 여정이 떠올

게셰 잠빠 케둡 스님과의 재회

랐습니다. 다시 돌아가는 데 동의하기란 참으로 힘들었죠. 하지만 나는 이미 더 낫거나 나쁘건 간에 나의 행복을 스승님의 손에 맡긴 상태였죠. 양자 선택의 갈림길에서 심란하여 말이 잘 나오지 않았습니다. 하지만 결국 "스님의 말을 따르겠습니다. 돌아가겠습니다."라고 결말을 내버렸습니다. 그것이 전부였습니다. 그러고는 울음을 터트리고 말았죠. 한참 후에 스승님은 말씀하셨죠. "그래, 돌아가야지. 잘 됐어, 시간이 오면 언제 떠날지 알려주마. 그때까지는 아무에게도 말하지 말고."

비밀을 지키라는 스승님의 당부에는 그럴만한 이유가 있었습니다. 그 사실을 말했었더라면 내가 돌아가는 데 지장이 많았겠지요. 이미 중앙 티베트로 장기간의 여행을 경험한 바 있는 내가 다시 여행을 떠난다면 집안사람들이 원하지 않을 것이기 때문이죠. 아마도 모든 수단을 동원하여 내가 떠나는 것을 막았을 겁니다. 더욱이 우리 고향에도 새롭게 철학 훈련을 받기 시작한 어린 학승들이 많아 승원 당국이 내게 그들을 도우라는 지시를 내린 상태였죠. 그래서 승원 당국도 내가 떠나는 것을 금했을 것입니다. 쎄라에서의 나의 공부와 훈련이 대단한 성공을 거두었거든요. 승원 또한 나를 붙잡아두는 것을 자랑스럽게 여겼죠. 이 또한 당국이 나를 쎄라로 떠나보내지 못하는 이유였어요. 이 모든 이유로 구루께서 침묵을 지키라 한 것입니다.

제자 쎄라로 돌아가기 전 테호르에서는 얼마나 머물렀는지요?

게셰 합쳐서 열 달간 머물렀지요. 이 기간 내내 구루 옆에서 살면서 내가 할 수 있는 한 많은 질문을 드리며 다르마를 수행했지요. 『탄도The Joyful Path』(坦途)와 『첩경The Swift Path』(捷徑) 같은 경서들에 관한 설명을 통해 지속

1963년 파괴되기 이전의 다르게 승원, 이후 중건된 모습.

적으로 수행단계에 관한 가르침을 받았습니다. 내 모든 시간을 다르마에 바쳤지요.

우리 승원에는 승가대학이 둘 있었는데 한 곳은 딴뜨라 공부에 주력했고, 나머지 한 곳은 수뜨라에 주력하는 편이었죠. 쎄라에서 모범생으로 알려진 나는 승원 당국의 지시에 따라 딴뜨라 승가대학에 들어갔습니다. 쎄라에서 암기한 글들을 계속 외웠고 다른 글들도 암기하며 공부했지요. 돌아가서 공부를 다시 시작할 것이 확실했거든요. 테호르에서 제대로 준비하지 못하면 공부를 재개할 수도 없다는 생각이 들더군요. 그래서 쎄라에서 공부한 것처럼 밤에는 글을 암송하고 낮에는 외우는 데 주력했죠. 가장 중요한 것은 스승님으로부터 배운 수행 단계에 관한 가르침이었습니다. 쫑카빠의 대표작 『요의미요의판별선설심수The Great Exposition of the Stages of the Mantra』(了義未

了義判別善說心髓)[27]에 관한 완벽한 설명을 들려주셨죠. 이 책은 네 가지 딴뜨라에 관한 설명으로 특히 아눅다라요가 딴뜨라모(母)에 관한 상세한 설명으로 정평이 나 있죠. 스승의 암자 주변의 정원에 텐트를 하나 쳤는데 그곳이 나의 배움터였습니다.

쎄라 시절 나는 종종 아름다운 고향 산천을 걸어보길 갈망했었죠. 다르게 승원에 도착해서는 먹고 싶은 것은 무엇이든 먹고 산책하고 싶은 곳은 어디나 자유롭게 산책할 수 있었어요. 하지만 지금은 심지어 산을 앞에 두고도 가보고 싶다는 마음은 전혀 일지 않더군요. 딱히 가고 싶은 곳도 없다는 생각이 들었어요. 앞서 말했듯이 수행 단계에 관해 구루로부터 교육을 받았고 이 가르침을 생각하고 또 생각했어요. 당시 나는 심한 덧없음과 포기감에 사로잡힌 결과 게임, 산책, 피크닉 등 여러 가지 허드렛일로 시간을 보내기 일쑤였죠.

또한, 가정을 이루는 삶이 일으키는 많은 불편과 고난에 대해서도 알게 되었고, 급기야 가정을 포기하고자 결심하게 되었죠. 나의 유일한 소원은 승원에 남아 계속 수행하는 것이었습니다. 결코 가정생활로 돌아가고 싶지 않았어요. 우리 승원의 관습에 따르면, 티베트 중부의 승가대학에서는 나이 열다섯과 서른 사이에 공부하던 승려가 죽으면 시신을 공동묘지에 안치했습니다. 나무껍질 바구니에 시신을 담아 등에 메고 공동묘지로 갔지요. 규모가 큰 우리 승원에서는 승려들이 번갈아가며 어느 정도 거리까지 운구했죠. 묘지에 도착하면 살, 뼈, 피부 등을 토막 내어 갈아 주위에 모여든 독수리에게 먹였습니다. 새들에게 베푸는 보시였는데, 나도 많이 참가했었죠. 이러한 일이 내가 가정생활의 무의미함을 깨닫는 데 도움이 됐습니다…….

제자 테호르에 머무는 동안 쎄라에서의 수련을 재개하고자 철학 서적을 계속 공부하셨다고 말씀하셨는데 어떤 철학 서적을 공부하셨는지요?

게셰 그 열 달 동안 나는 내가 결석한 사이 배웠을 가장 중요한 논서들을 암기했습니다. 그 가운데 가장 중요한 것은 붓다 마이트리야(彌勒)의 『현관장엄론』이었습니다. 깨달음에 이르는 방편에 관한 붓다의 가르침 모두를 아우르는 데 토대가 되는 기본 저술이지요. 하도 이 책을 외우고 암송하여 일상의 대화처럼 쉽게 거론할 수 있게 되었습니다. 가장 중요한 이해의 유형은 공의 깨달음이며 많은 경전과 논서들이 이 주제를 다루고 있죠. 다음으로 가장 중요한 논서는 짠드라끼르띠Candrakirti[28]의 『입중론』이며 이 책을 매우 열심히 외운 탓에 아주 자연스럽게 암송하게 되었지요. 이 두 가지는 가장 기본적이며 중요한 논서들이죠. 대승 전통에서는 유가행파(瑜伽行派 Yogachara)와 중관학파(中觀學派 Madhyamika)라 불리는 두 철학 유파가 있습니다. 중관학파는 자립논증파와 짠드라끼르띠의 귀류논증중관파를 포함하죠. 위대한 스승 쫑카빠가 저술한 논서는 극도로 세밀하고 심오한 방식으로 유가행파 철학에 의거하여 마음의 본성에 속하는 것으로서 확립된 일체 현상을 설명하고 있습니다. 나아가 쫑카빠는 궁극적인 실재와 관습적인 실재를 명확히 밝히죠. 일반적으로 쫑카빠는 유가행파와 중관학파가 두 가지 실재를 어떻게 다루는지 가장 상세하고 심오하면서도 정교한 설명을 제공하고 있지요. 이 유명한 논서는 『선설장』(善說藏)입니다. 쎄라에서 많은 부분을 암기한

---

27. 소작딴뜨라, 행딴뜨라, 요가딴뜨라, 무상요가딴뜨라를 포용적으로 아우르는 저술.
28. 600~650년경 활동한 귀류논증파의 대표적인 논사. 나가르주나의 『중론』 주석서 『근본중관주명어』(根本中觀註明語)와 『입중론』(入中論)을 저술하였다.

터라 여기서는 전체를 암기해버렸습니다. 이것들이 내가 암기한 가장 중요한 저서들이며, 물론 다른 많은 저술도 함께 공부했지요.

제자 테호르에 계시는 동안 변경을 아주 많이 하셨는지요?

게셰 내게서 철학을 배우던 입문자들과 꽤 자주 변경을 벌였는데, 기본적으로 그들에게 어떻게 변경을 벌이는지 보여주려 한 것이지요. 우리 승원은 암도와 중앙 티베트를 잇는 통로에 위치하고 있어 이 두 지역 사이에 위치한 여러 승원을 방문하는 많은 승려들이 자주 찾아왔지요. 그들 가운데 다수가 변경의 고수들이라 방문하는 동안 변경을 벌이길 열망했습니다. 우리 승원의 어린 학승들은 그들의 질문에 답할 수 있는 능력이 모자라 변경의 소임은 항상 내 몫이었죠. 우리 승원은 방문객들을 환대한지라 그들에게 훌륭한 음식과 거처를 제공해주었습니다.

이 기간에 나는 스승님의 모든 가르침을 받았지요. 스승님은 경과 딴뜨라에 관한 광범위한 가르침을 주셨지요. 또한 스승님의 축원으로 내 마음은 자연스럽게 변화되어 갔습니다. 1년 내내 구햐삼마자Guhyasamaja(秘密集會) 명상, 금강승 불교의 부처인 차크라삼바라 명상, 금강역사 명상 등의 훈련에 참여하는 특별한 기회가 많이 주어졌습니다. 당신 생각에 내가 명상을 잘하는 것 같다고 구루께서 말씀하시곤 했지요.

스승님에게는 특별한 교수법이 있었어요. 딴뜨라 의례를 설명하실 때면 독송해야 할 것만 말씀하시는 것이 아니라 범천의 몸 색깔의 상징과 의미, 손에 든 기구, 팔과 다리의 수까지 말씀해주셨죠. 그래서 의례를 암송하고 나면 말뿐이 아니라 그 의미까지 마음속에 명확히 새길 수 있었어요. 스승님은 범상치 않은 매우 특별한 무엇을 행하셨죠. 우리가 함께 밖에서 포행(布行)할 때면 수행단계 전반을 개괄해 주시고는 명상의 요점들 각각에 대해 물으셨습니다. 그러고 나서는 딴뜨라의 다양한 양상에 대해 물으시면서 마음 수련에 중요한 순간들을 함께 만들어가셨죠.

그렇게 낮 시간을 보냈습니다. 밤에는 낮 동안 암기한 글들을 암송하고 성찰하며 보냈지요. 앞에서 말했듯이 우리 승원으로부터 멀지 않은 곳에 공동묘지가 하나 있었는데 거기에는 많은 혼들과 인간의 모습을 지니지 않은 생명들이 살고 있었습니다. 묘지를 향해 다르마의 친절한 구절들을 암송하면 이 생명들을 이롭게 한다고 경전에 쓰여 있죠. 그래서 이들에게 도움이 된다는 사실에 고무되어 밤이 오면 가끔씩 묘지를 향해 돌아서서 큰 소리로 빼어난 다르마의 구절들을 크게 소리 내어 암송하곤 했지요.

몇 달 동안 스승님은 거의 매일 수업을 진행하셔서 계속 가르침을 받고 질문을 하기 위해 스승님을 만났죠. 여름이 오자 나는 다른 두 스님과 함께 경전들을 외우기 위해 근처 산꼭대기에 있는 마음에 드는 토굴에 들어가 은거했습니다. 그곳에는 이미 다르마 수행에 매진하는 훌륭한 스님이 있었어요. 우리 셋 모두는 배운 글들을 암기하는 데 주력하였습니다.

제자 똑 같은 글을 외웠는지요?

게셰 그렇지 않아요. 도반은 사유방식에서 나와 조금 달랐어요. 셋 모두 딴뜨라 수행자였으나, 다른 두 도반은 주로 다양한 딴뜨라 의례와 수행에 매진하고 있었죠. 그래서 두 도반은 다르마 수호신들을 위한 공양을 주제로 한 글들을 암기했습니다. 하지만 나는 앞으로 쎄라에서의 공부에 대비해서 철학서들을 암기했죠. 더욱이 그들은 딴뜨라 글들을 공부했지만 나는 주로 수행 단계에 관한 논서들을 공부했습니다. 하여튼 명상보다 마음에 더 이로운 것은 아무것도 없기에 우리는 한 달 동안 명상을 수행했지요. 승원으로 돌아가기 직전 우리는 낮 시간을 초원에서 보내고 우리가 외운 것을 암송하면서 밤을 보냈죠. 그리고 승원으로 돌아왔지요.

테호르에 머무는 동안 나는 스승님이 바라는 대로 움직여 스승님의 기대를 저버리지 않았습니다. 그래서 저를 보고 매우 기뻐하셨고 무척 사랑해주셨죠. 얼마 후 스승님은 중앙 티베트로 떠날 날이 일주일 남았다고 귀띔해주시더군요. 그 무렵 승원 승가대학으로 유학 가려는 승려들이 많고, 그들과 동행하면 좋을 것이라는 사실도 알려주셨죠. 구루와 헤어져야 한다는 사실에 가슴은 찢어질 듯하였으나, 스승의 명령인지라 어찌할 수 없었죠. 이미 돌아가기로 약속한지라 즉각 동의했지요. 나중에 나를 부르더니 "돌아가서의 네 계획은 무엇이냐?"고 물으셨습니다.

"『오론』을 완벽하게 단련하겠습니다."

나는 대답했습니다.

"언제 그 공부가 끝날꼬?"

"라싸의 북쪽이나 남쪽 신성한 곳으로 순례를 떠나 산에서 은거하며 정진하겠습니다."

"'게셰'가 되려는 생각은 없느냐?"

스승님이 물었습니다.

내가 그럴 생각이 없다고 하자 스승님은 제게 답하셨습니다.

"너는 낙방하지 않고 게셰가 되어야 해. 돌아가서 공부를 마치고 게셰 시험에 응시하여라."

나는 그렇게 하겠다고 약속했습니다. 스승님께서 마지막으로 말씀하셨습니다.

"네가 쎄라에 도착했다는 전갈이 오면 나의 소망이 이루어진 것이기에 진정 희열을 느낄 것이다."

그때까지 아무에게도 돌아가려는 나의 의향을 말한 적이 없었어요. 하지만 이제는 승원에 함께 거하는 삼촌께 알리라고 스승님이 말씀하시더군요. 쎄라로 가는 여비와 승가대학 학비를 삼촌이 도울 수 있다면 좋겠다고도 하셨습니다. 만일 삼촌이 도와주지 못하면 스승님께서 도와주시겠다고까지 하셨죠. 그날 밤 잠자리에 들기 전 나는 삼촌께 말씀을 드렸습니다.

"삼촌, 마음을 바꿨어요."

"어떻게 바꿨는데?"

"쎄라로 돌아갈까 해요."

"무슨 연유로 거기에 가는데?"

"여기 온 이후로 전에 공부했던 내용들을 잊어버리고 있어요. 그래서 쎄라로 돌아갈까 해요."

삼촌이 기뻐하시더군요. 매우 종교적인 분으로 당신 자신도 중앙 티베트에서 공부한 경험이 있었지요. 많은 라마로부터 가르침을 받았거든요. 당시 그는 독실한 다르마 수행가로 정평이 나 있었습니다. 삼촌이 답했습니다.

"훌륭한 선택이야. 네가 쎄라에서 공부할 때 나는 무척 기뻤단다. 네가 돌아가고 싶어 하니 무척 기쁘구나. 여행에 물질적으로 도울 게 있거나 유학에 필요한 것이 있으면 도와주마."

우리는 서로 기뻤습니다. 아버지께나 다른 가족에게는 아직 말씀드리지 않았지요. 삼촌의 충고였지요. 아버지께 말씀드리면 떠나지 못하게 할 것이라고 하시면서 말이죠. 지난번 쎄라에 갈 때 이미 나를 막은 적이 있었으니까요. 아버지와 집안 사름들이 나를 말릴 것은 불 보듯 뻔했지요. 내가 떠나고 나면 가족에게 알리겠다고 말씀하셨지요.

많은 준비가 필요한 것도 아니었지요. 말이 없어 짐을 등에 메고 걸어가야 했어요. 비를 막고 밤에 덮을 것으로 쓰려고 판초 같은 상의를 꿰매어 입었죠. 요리용 냄비와 약간의 지역 화폐도 챙겼습니다. 출발하기 전에 구루로부터 가르침을 받았어요. 삼촌은 낮에 따로 할 일이 있어 밤이 되어 함께 옷을 한 벌 깁고 다른 준비물도 챙겼습니다.

스승님은 삼촌이 도와주신다는 말에 상당히 흡족해하셨습니다. 그리고 내 공부를 마무리하도록 설득하셨어요. 그래야 좋은 결과를 낳을 수 있다는 것이죠. 떠나기 전에 내가 갖추어야 할 행동거지와 앞으로의 여행에 대한 충고를 부탁드렸습니다. 스승님은 다음과 같은 운문으로 답하셨습니다.

"진심 어린 존경과 경건함으로 우리를 수호하시는 라마 데첸 닝뽀Dechen Nyingpo께 귀의하며, 몇몇 제자들의 소원을 한데 모아 마음에 고이 간직해야 할 약간의 충고를 약설하려 하노라.

네 머리에 쓴 왕관 위에 라마의 모습을 그려 보거라. 모든 의지의 대상을 형상화하고, 지금 존재하는 모든 것과 앞으로 올 것을 생각하고 또 생각하시는 라마를!

이 삶에서 일어나는 속세의 일들에 정신을 빼앗기면 '죽음이 가까워졌으니, 나는 죽을 것이다'라고 반복해서 생각하거라. 네 서원이 산만해지거들랑 네 승원 원장과 스승님께서 불안해함을 상기하고 또 상기하거라. 물질적 삶의 쾌락에 이끌릴 때면 '이 모든 것에는 본질도 의미도 없다'라고 관조하고 또 관조하여라.

이기심으로 부정적인 자세가 발동하면, 모두 한 번은 우리의 어머니였던 일체 중생의 위대한 자애를 자주 숙고하여라. 사물에 내재하는 본성에 대한 정신적인 집착의 사슬에 단단히 묶이게 되면 마음에 일어나는 모든 것이 공함을 관조하고 또 관조하거라.

네 친구들, 남들에게서 잘못들이 보이면 그 잘못들이 바로 너 자신의 정신적 불순물임을 반복적으로 생각하거라.

네 마음과 몸에 어떠한 부정적 상황이 닥쳐도 그 모든 것이 네 자신이 과거에 저지른 비행의 결과임을 알거라. '앞으로는 비행을 저지르지 말자'라고 반복적으로 생각하거라. 행복으로 몸과 정신이 행복으로 가득 차면, 그것이 과거에 행한 네 모든 건전한 행위들의 힘임을 알거라. 그리고 '이제 즐겁게 나 자신 건전한 행위들에 매진하리라'라고 생각하고 또 생각하거라.

생각하고 또 생각하거라. '많은 경전과 딴뜨라에 있는 붓다의 말씀과 과거에 높은 깨달음을 얻은 현인과 명상가들에 의해 저술된 논서들에 드러난 지존의 길을 가며 정진해야지'라고. 듣고, 관조하고, 명상하는 것에 의한 도의 부분적 이해에 만족하지 말고, 제2의 붓다인 쫑카빠의 정신적 교훈을 물리지 말고 계속 들이 마시거라. 여기에 모든 수뜨라와 딴뜨라로 가는 길의 본질적인 요소가 들어 있느니라. 그러니 네 귀중한 인간으로서의 삶의 본질을 포착하거라."

나의 구루의 집에서 서쪽으로 10마일가량 가면 최쬐Chotse 스님의 거처가 있었지요. 전에 말했듯이 스님은 내가 돌아오기 이전에 테호르로 돌아오셨었는데, 테호르에서 스승님이 내게 준 중요한 가르침은 모두 이분의 요구에 따른 것이었습니다. 출발 직전 스님께 찾아가 나의 계획을 말씀드렸더니 이미 알고 계시더군요. 집에서 멀지 않은 곳에 토굴이 있었는데 거기에서 호젓하게 하루인가 이틀을 보냈지요. 아직 아무에게도 쎄라 행에 관해 이야기한 적이 없었지요. 낮에 최쬐 스님 댁에 내려갔더니 음식을 주셨습니다.

제자 중앙 티베트로 떠나기 전 가족들을 만났는지요?

게셰 네. 떠나기 바로 하룻밤을 집에서 보내러 갔죠. 아버지와 함께 했습니다. 최쬐 스님 댁 근처에 안거 중이라 집을 찾아왔다고 말씀드렸죠. 그날 밤은 아버지와 같은 방에서 잤습니다. 아버지께 다르마의 본성, 그 이로움, 다르마를 실천하는 방법, 이러한 실천에서 비롯하는 기쁨 그리고 이런 실천이 어떻게 문제를 해결해주는지 설명해드렸죠. 다르마를 수행하지 않아 저지르게 되는 해로운 행위들에 관해, 어떻게 이러한 행위들이 심각한 무지 속에서, 정신적 왜곡의 산물로 일어나게 되는지 말씀드렸지요. 이로 인해 불행한 곳에 태어나고 거기서 겪게 될 대단한 고통들을 설명해드렸습니다.

밤새 어떤 행동을 해야 하고, 무엇을 피해야 할지 상세하게 말씀드렸지요. 아버지는 대단히 감동했어요. 일상적으로 우리 지역 사람들은 모두 불자들로 붓다의 가르침을 믿는데, 실행으로 옮길 시간이 많지는 않았어요. 그래서 아버지는 자신이 행한 해로운 행위들에 대해 막대한 회한을 느끼고 있었지요. 다음 날 아침 일어나 보니 아버지는 마니륜(摩尼輪)을 돌리며 '옴마니파드메훔'을 암송하고 있었어요. 나는 안거지로 돌아가겠다고 말씀드리니 보릿가루를 조금 주셔서 갖고 왔지요.

우리 승원에는 나와 아주 가까워 말을 놓고 지내는 승려가 한 분 있었지요. 중앙 티베트로 떠나는 나의 의도를 털어놓았지요. 전혀 행복하지 않아 자신도 돌아가고 싶지만, 아버지가 보내지 않으리라고 답하더군요. 나와 함께 몰래 떠나겠다고 해서 그러자고 했지요.

8

쎄라로 돌아오다

Return to Sera

제자 중앙 티베트로 길을 떠나는 승려들이 당신의 승원을 떠나자마자 바로 그들과 합류했나요?

게셰 바로 합류하지는 않았지요. 그달 8일 아침 50~60명 되는 일군의 승려들이 배웅 나온 사람들과 함께 라싸를 향해 출발하였습니다. 그들 가운데 일부는 이미 먼 길을 온 상태였는데 어떤 사람들은 말과 노새를 타고 있었고, 등에 짐을 메고 걸어온 사람들도 있었어요. 이들이 떠날 당시 나는 안거지에 머물렀죠. 그들과 함께 떠나려는 나의 계획을 그들은 모르고 있었지만 나는 그들이 떠난다는 사실을 알고 있었죠. 함께 떠나길 원하던 도반이 오두막에 왔죠. 우리는 그달 10일 밤 각자 배낭을 메고 출발했어요. 좇아가는 데 매우 어려움을 겪었어요. 어둠 속에서 그들이 지나간 자취를 찾을 수 없었거든요. 우리 둘 다 그러한 경험이 없었죠. 한참을 비틀거리며 길을 가다 보니 유목민 거주지 근처에 당도하게 되었는데 맹견들이 달려들어 우리를 몰아내는 것이었습니다. 그 방향으로 서너 시간 헤매고 나니 머리가 빠개지는 듯한 두통이 점점 심해지더군요. 고통으로 무척 어지러워 더 걸을 수가 없었지요. 그래서 나머지 시간을 숲에서 보냈습니다.

다음 날 아침은 무척 환해졌더군요. 앞서 간 사람들의 흔적을 볼 수 있었습니다. 두통도 사라졌습니다. 개들이 두려워 유목민 거주지 근처에는 갈 수 없어 멀리 우회 도로를 택했죠. 전날 밤과 다음 날 반나절 걸려 간 거리는 일반 여행객이라면 세 시간도 걸리지 않는 길이었죠. 그때 승려들을 배웅하고 돌아오는 무리의 일부가 보이는 것이었습니다. 우리는 조심해야 했죠. 그들 가운데 많은 사람들이 나를 알고 있어 우리가 쎄라로 떠나고 있다는 사실을 알게 되면 나를 도로 데려가려 했을 테니까요. 그래서 우리 둘은 길에서 나와 덤불 속에 숨어 지나가는 그들의 모습을 지켜봤습니다. 그들의 모습이 사라지자 짐을 둘러메고 승려들 뒤를 따랐죠. 잠시 후 길은 강의 왼쪽 강둑으로 이어졌습니다. 오른쪽 강둑에는 사람이 타지 않은 말을 끌고 가는 말 탄 사내가 보였습니다. 나는 도반과 함께 강을 건너 그에게 다가가 갔습니다. 테호르 출신으로 아는 사람이더군요. 그는 참도로 가는 길이라고 말하더군요. 우리도 같은 방향이라고 말했지요. 우리가 걸어서 여행하고 있다는 사실을 알고는 말에다 짐을 실으라고 하더군요. 얼마나 기뻤는지 모릅니다.

제자 다른 승려들을 따라잡는 데 얼마나 걸렸나요?

게셰 열흘을 걷고 나니 앞에서 말했던 데게라는 아름다운 지역에 도착했어요. 오래전 앞서 출발한 승려들 일행들을 만나 풀을 뜯는 그들의 말과 노새와 함께 캠핑했지요. 근처 나무 아래 짐을 풀고 밤이 오면 그들에게 다가가 그들 중 일부와 담소를 나누기도 했죠. 그 가운데는 아는 사람이 많았습니다. 그들 모두 서부로 가고 있다는 사실을 알고 그들과 합류하게 되었습니다.

이후의 나날들은 고도가 높은 길들을 넘어야 했지요. 하지만 우리는 짐을 메지 않아 별로 힘든지 모르고 고도를 넘었죠. 일주일 정도 지나 우리는 데게 대승원에 도착하였습니다. 근처에서 쉬면서 가축들은 풀을 뜯게 풀어 놓았지요. 차도 끓이고 있자니 우리 쪽으로 난 길로 말을 타고 오는 사내가 둘 보이더군요.

장총으로 무장하고 사람이 타지 않은 말을 한 마리 끌고 오더군요. 도반 말이 자기 아버지가 오신다는 것이에요. 아들이 떠난 것을 며칠 전에야 알고 추격해온 것입니다. 장총을 메고 와서 아들에게 말했어요.

"이렇게 달아나는 것은 무의미한 짓이야. 허락할 수 없어."

"무슨 일이 있어도 나는 떠날 거예요. 공부하겠다니까요."

아들이 답했죠.

"허락할 수 없다. 하지만 네 뜻이 정녕 그렇다면 이 총으로 나를 쏘아라. 그리고 길을 계속 가거라."

"아버지를 죽이지 않겠지만 서부로의 길을 계속 가겠습니다."

그러자 아버지가 나를 돌아보며 내가 떠나는 것도 허락할 수 없다고 말씀하시더군요. 나를 데려가겠다고 우리 가족에게 약속하셨다는 거예요. 나는 "공부하러 쎄라로 가는 길이니 상관하지 마십시오. 돌아갈 수 없어요."라고 답했습니다. 자기 아들을 데리고 가는 데 관심이 있는지라 내 말에는 별로 놀라는 기색이 없는 듯했지요. 하지만 어쩔 도리가 없자, 아들에게 "저기 저 아래 강을 보거라. 내가 뛰어드는 것을 보고 나서 네 여행을 즐기거라." 그러고 나서 강물로 걸어 들어갔습니다. 두고 보고만 있을 수 없어서 도반에게 말했죠. "너는 아버지와 집으로 돌아가라. 아버지가 물에 빠져 죽는데 내버려 둘 수는 없잖아. 돌아가, 나는 서부로 가겠어." 도반은 항복하고 자신의 의지와는 달리 집으로 돌아갔고 나는 여행을 계속했습니다.

3주 후 우리는 참도에 도착하였습니다. 말 타고 동행해온 분이 자신은 참도에서 여행을 멈추겠다 하였고 나머지 한 분은 참도에 살고 있던 터라 나는 그의 집을 방문하게 되었습니다. 내 삼촌으로부터 나를 도와줄 수 있는지를 묻는 편지를 받았다고 말씀하셨죠. 우리 일행에 속한 승려들 모두가 참도에서 며칠 간 머물렀기 때문에 나는 그 며칠을 삼촌과 함께 있었습니다. 승원에도 올라갔었는데 지난번 방문 때의 기억했던 것처럼 수행이 제대로 이루어지고 있음을 알 수 있었지요. 며칠 머물며 떠날 채비를 하는 동안 승려들의 변경도 참관하였습니다.

중앙 티베트로 가는 세 가지 길 가운데 어느 노선을 선택해야 할지 갈림길에 섰습니다. 세 가지 길 각각의 장단점을 논의했죠. 어느 길을 택할지 주장이 분분했습니다. 어떤 사람들은 더 직행 코스인 중앙로를 타자 하고, 또 어떤 사람들은 북로를 타자 하더니 결국 두 그룹으로 나뉘고 말았죠. 나는 짐을 둘러메고 북로 팀에 합류했습니다. 어느 정도 길을 가자 말을 몰고 가던 승려가 말에 짐을 실으라고 제안해왔죠. 7~8킬로미터밖에 안 되는 거리였지만 기꺼이 제안을 받아 들여 짐을 말에 얹어 묶었습니다.

우리 그룹 내에서는 내가 가장 여행 경험이 풍부했죠. 모두가 이번 여행이 처음이었으니까요. 여행 중간에 자주 어떻게 캠프를 치고 철거할지, 기회에 맞추어 적선을 얻을지에 관한 최선의 방법을 충고할 수 있었죠. 이 노선은 기온이 매우 낮고 건너야 할 산도 많았습니다. 두 달 정도 지나 우리는 속 지방의 첸덴 승원을 찾았습니다. 거기에는 친척들이 있었는데 음식을 주셨고 함께 하루를 보내기도 하였지요. 며칠 더 가니 비루에 도착하였는데 이곳에는 테호르에 계시는 삼촌과 친한 상인이 있었죠. 그와 잠시 시간을 보냈는데 무척 친절히 대해주셨습니다.

조금 더 멀리 나가니 미띠카Mitikha라는 황량한 지역에 이르렀습니다. 이 황야를 터덜터덜 걸어가노라니 일행 가운데 젊은 승려가 갑자기 병이나 더 걸을 수 없게 되었죠. 근처는 온통 불모지로 마을도 없었죠. 모두가 멈춘다면 식량이 바닥나 굶어 죽을 지경이었습니다. 그래서 일행 중 네 명이 아픈 승려와 남기로 하고 나머지 사람들은 여정을 계속하기로 했습니다. 계속 그를 돌보며 천천히 길을 가다 유목민 거주지에 쉴 만한 곳을 발견했습니다. 하지만 그는 여전히 회복될 기세를 보이지 않더군요. 다섯 모두 그곳에 머물게 되면 식량이 바닥나 모두 죽을 지경이었습니다. 그것은 명백한 사실이었죠. 논의 결과 세 사람의 식량을 환자와 환자의 동향 친구에게 주고 유목민 지역에 남겨두기로 했습니다. 회복되면 우리를 좇아오기로 했지요.

나머지 세 사람이 식량도 없는 상태에서 다시 길을 나섰죠. 이틀인가 사흘인가를 밤낮 없이 산을 넘고 계곡을 건넜습니다. 강물에 씻겨 나간 물기 없는 골짜기에서 잠을 잤죠. 때때로 만난 한둘의 유목민이 소량의 음식을 주기도 하였습니다. 그 시절 겪은 고난은 이루 말할 수 없었으며 죽음의 문턱에

대망을 품고 출발하였던 청년이 아버지에게 끌려가며 게셰에게 작별을 고하고 있다.

이를 정도였죠. 우리들 각자는 천 가방에 보릿가루를 담고 다녔는데 흔들려서 땅에 떨어지면 그 얼마 안 되는 가루를 핥아 먹기도 하였지요. 맛보는 데는 안성맞춤이었습니다.

마침내 우리는 딕쿵 승원에 도착했습니다. 스님들이 강당에 모여 있었고 수프를 제공해 주었습니다. 환희심으로 충만했었지요. 수프를 만끽하고 그들과 대화를 나누었습니다. 그리고는 길을 계속 재촉하여 양그루카 승원에 이르렀습니다. 거기에서 다른 일행들을 만나 합류하여 라싸에 도착할 때까지 동행하였지요. 테호르를 출발한 지 석 달만이었습니다.

라싸에는 상업에 종사하는 삼촌이 있어 우리는 그 집으로 갔습니다. 테호르에 있는 삼촌으로부터 나를 도와주라는 전갈을 받은 터인지라 잠자리를 제공해 주셨습니다. 중앙로를 택한 일행들은 이미 보름 전에 도착해 있었지요. 그들은 조워 붓다에 경배하고 각자 자신이 속한 승원의 대학으로 흩어졌습니다. 다음날 우리도 조워 붓다를 포함한 모든 성화에 경배했습니다.

제자 스님 주위의 분들 모두가 쎄라 승원에 들어가신 건가요?

게셰 아닙니다. 제자 일부는 드레풍Drepung으로 갔지요. 나는 쎄라로 올라가서 전에 머물던 테호르 하우스로 다시 돌아갔죠. 내가 떠나기 전 내 도반들은 이미 그 위 상급반에 진학했더군요. 뒤처진 나로서는 중관학파 학급에 들어가기 전에 바라밀 졸업반 수업을 완료해야 했지요. 하지만 당시 승원 원장께서 저를 무척 아끼셨어요. 그는 나의 이전 학습 성과가 상당히 우수하다는 것을 알고 내가 테호르에서 돌아와 공부를 계속하려 한다는 사실에 무척이나 기뻐하셨지요. 그래서 저를 예외로 해주셔서 계속 공부해온 도반들과 함께 중관학 학급으로 바로 들어가도록 조치해주셨습니다. 내가 가행도에 관한 구술시험 논제를 제출했는데 승원 원장님이 심사를 맡아주셨어요(예전에는 아직 승원 원장이 아니셨지요). 텐다르Tendhar라는 이름의 몽골 승원 원장이셨습니다.

나는 떠나 있을 때도 시간을 허비하지 않았기 때문에 나의 부재중 쎄라에 남아 계속 공부한 도반들과 나 사이에 큰 차이가 나지 않았어요. 포기하지 않고 열심히 공부했습니다. 낮에는 같은 반 도반들과 중관학을 공부하고 밤에는 쎄라의 변경에서 다루지 못한 주제와 관련한 변경을 벌이기도 한 결과 같은 반 학생들만큼 숙련되어 있었습니다. 많은 학생들에게 바라밀을 가르칠 정도였죠. 이렇게 공부한 성과가 좋았습니다.

테호르의 삼촌은 내가 공부하는 동안 도와주겠다고 약속하셨었죠. 1~2년간은 순조롭게 진행되었으나 이후 삼촌께서 돌아가셨다는 말을 들었습니다. 나는 스님들에게 기도를 부탁했고 공양도 많이 드리는 바람에 비축해둔 돈을 많이 썼습니다. 오래지 않아 아버지 사망 소식도 들었습니다. 아버지를 위해 공양을 드리느라 남은 돈을 많이 썼지요. 돈은 떨어지고 다시 도움을 줄 사람도 없었죠. 예전과 다름없는 물질적 고난에 허덕였습니다.

9

성인 수도승으로의 수행

Training as an elder monk

제자 중관학 수업에서 공부한 것은 무엇입니까?

게셰 귀류논증파 교의에 소개되어 있듯이 공을 탐구했죠. 법륜 공부 제2기에 들어서는 방편과 지혜를 배웠습니다. 그리고 지혜의 가르침도 함께 공부하였습니다. 기본 교재로 짠드라끼르띠의 『입중론』을 사용했죠. 나가르주나Nagarjuna[29]와 그의 제자 아리야데와Āryadeva[30] 같은 논사들의 글들이 많았죠. 아리야데와의 글은 두 가지 실재들에 관한 균형 잡힌 훌륭한 변경을

29. 龍樹(BCE 2~3C 무렵), 제2의 붓다로 칭송 받은 팔종의 종사. 티베트어로 '용을 교화한' 혹은 '용에게 교화를 받은' 자를 의미하는 Klu sgrub, 한자로는 龍樹(용—나무), 龍猛, 龍勝이라 한다. 대승 불교의 형성에 가장 중요한 역할을 한 논사로 『중론』(中論)을 저술하였다.

30. 提婆(CE 170~270). 나가르주나의 제자로 중관파 귀류논증법의 시조. 『사백론』 (四百論), 『백론』(百論)을 저술하였다.

제공하는 교재로 채택되어 암송되었지요. 각각의 어휘에 주석이 붙어 있어 완전히 이해할 수 있었습니다.

제자 공부하는 방식에 변화는 없었나요?

게셰 초급 중관학 학급에서 보낸 2년간 우리의 수행은 과거에 행한 것과 다름없었죠. 다만 우리 승원에서는 철야 변경 수업이 필수 과목에 추가되었습니다. 이 수업은 초급 논서반 수업보다 무척 힘들었죠. 주 내용이 훨씬 길고 어려웠거든요. 동시에 나는 무척 기뻤는데 산 정상에서 호수를 내려다보듯 내 이해도가 전보다 얼마나 깊어졌는지 알 수 있었기 때문입니다.

우리가 공을 다루게 되면서 가르침과 수업의 핵심은 매우 특이한 방식으로 진행되었죠. 야간 수업이 열리는 곳 바로 옆에는 낡은 오두막이 있었고 그 안에는 돌이 하나 있었는데 그 위에는 누가 새기지도 않았는데 티베트 알파벳 A 열세 글자가 새겨 있었습니다. 좀 더 선명하게 보이도록 글자에 금을 입혔죠. 오두막은 이 글자 주위에 세워진 것이었지요. 오두막은 나가르주나의 공을 이해하는 다양한 길을 논한 그 유명한 『중론Madhyamika』에 관해 주석을 저술하던 쫑카빠가 산 위의 근처 동굴에 있었어요. 저술하는 동안 쫑카빠는 자신의 머리 위 창공에 떠 있는 수많은 A를 보았죠. 글자들이 점차 아래로 내려오더니 바위에 새겨졌지요. A는 공을 의미하지요. 부정의 입자이기도 하지요. 비록 많은 사물들을 부정하는 데 사용되기는 하지만 근본적으로 사람이나 현상의 내재된 정체성을 부정하지요. 그래서 공의 상징이지요. 당시에는 승원이 없었고 쫑카빠가 논서를 저술하던 동굴만 있었지요. 글자들이 내려왔을 때 쫑카빠는 이곳에 공에 관한 탐구가 매우 광범위하게

쎄라 소재 자신의 골방에서 위대한 논서를 강독하는 게셰

연구될 승원이 세워지리라 예언했습니다. 오두막 문 위에는 이에 관한 완벽한 설명이 쓰여 있습니다.

제자 이 학급에서 수업을 받으며 찬드라끼르티 이외의 논사들의 글도 더 읽었나요?

게셰 그럼요. 아리야데와의 『용맹육론Six Works of Nagarjuna』(龍猛六論)[31], 붓다빨리따Buddapalita[32], 자립논증파의 논사들이 쓴 다른 글들도 읽었죠. 주로 귀류논증파 교의를 공부했지만, 서로의 비교를 위해서 자립논증파와 다른 학파의 교의도 공부한 것입니다. 산스끄리뜨 원전을 역주한 총서들 가운데 공과 관련된 서적들을 철저히 공부한 탓에 초급 중관학 학급을 졸업할 무렵 우리는 공의 주제에 매우 친밀해져 있었습니다.

제자 철야 용맹정진 변경에 관해 말씀을 듣고 보니 신체적으로 어떻게 버틸 수 있었는지 궁금해지는데요.

게셰 주로 다르마에 대한 승려들의 열정으로 철야 변경이 가능했습니다. 하지만 이미 우리가 여기에 익숙해진 탓도 있었죠. 우리의 이해력 개발에 매진할 수 있었거든요. 이것이야말로 우리의 생각을 지배하는 하나의 목표였지요. 상급반 학승들은 초급반의 야간 수업 기간에도 내내 동참하여 질문에 응하기도 했습니다. 하지만 선배들은 주제에 정통한 경우에만 왔었죠. 당

31. 龍猛六正理聚.
32. 佛護(CE 470–540),『근본중론』의 주석서 『근본중론주(根本中論注)』를 저술하였다

시 우리 반은 변경에 꽤 다양한 지식을 지니고 숙련된 상태였으니까요. 그들의 방문이 우리 공부에 도움이 되었죠.

제자 초급 중관학 수업 동안 그러한 관련 서적에 관한 철저한 학습이 이루어졌다면 상급 중관학 수업의 목표는 무엇인지요?

게셰 전에 공부한 저술들을 더욱 세밀히 검토하기 위해 중관학 상급반에서 두 해를 보냈지요. 승원에서 첫 두 해가 추론에 의해 공을 이해하는 시기라면, 다음 두 해는 직접 깨닫는 시기라 할 수 있죠.

제자 거의 24시간을 논쟁으로 보내는 일이 어떻게 가능합니까?

게셰 수업 시간에는 논쟁을 벌이는 승려들의 말을 듣는 승려도 있고, 다른 승려들은 나무 아래 앉아 무념의 명상에 듭니다. 어떤 승려들의 경우는 그 마음이 물과 물이 합치듯 즉각 마음이 공과 융화될 때 즉각적 통찰력을 얻기도 합니다.

제자 누가 이 수업을 지도하나요?

게셰 게셰 투똡Thubtob이라는 이름의 스님이셨죠. 예전 스승님들이 거하시던 위층 방에 살고 계셨죠. 스님을 방문할 때면 구루를 위한 기도를 올리고 종종 밤 열한 시까지 머물곤 했지요.

해우소(解憂所)가 멀리 떨어져 있는 까닭에 방에 요강 단지를 두고 있었는데 매일 아침 나는 요강을 가져와 오줌을 비우곤 했어요. 이때 나는 그 오줌을 내 머리 위에 쏟아 부으며 기도를 올렸습니다. 그러고는 오줌을 손에 부어 마시고 남는 것은 버렸죠. 이것은 티베트 관습도 승려들의 관습도 아닙니다. 구루에 대한 나의 깊은 존경심의 발로였죠. 오줌을 마시는 것과 구루의 가피를 받는 것과는 어떤 필연적 관계도 없지만 말이죠. 구루에 대한 진심어린 믿음에서 우러난 일이니까요.

제자 대부분의 서구인들에게 그러한 수행은 매우 기이하게 들릴 법한데요.

게셰 물론입니다. 하지만 이것이 뭐 대단히 중요한 것도 아니죠. 어떤 분들은 그 뒤의 숨겨진 이유를 이해할 수도 있겠고 또 다른 사람들로서는 미스터리로 남을 수도 있겠죠. 종교적 헌신은 전 세계적으로 알려진 것이고 그저 다양한 방식으로 표현될 뿐입니다. 순수한 헌신 이외에도 어떤 제자들은 라마가 편찮으면 간병도 하지요. 그러면서 깊은 통찰력을 얻습니다. 너무 편찮아 침대에 대변을 보는 스승을 씻겨주는 몇몇 사례도 있지요. 대변을 나를 때 제자들은 커다란 예지력을 경험합니다. 점진적이기보다 즉각적인 그러한 통찰력은 구루의 가피와 무관하지 않은, 구루에 대한 커다란 신뢰에서 기인하는 것이죠. 이러한 헌신의 심오함을 이해하려면 불법에 관한 오랜 경험과 깨달음에 이르는 과정의 여러 단계 그리고 딴뜨라에 대한 깊은 이해가 필요합니다. 과거를 뒤돌아보면 구루에 대한 헌신을 통해 통찰력을 얻은 위대한 현인들과 깨달은 명상가들을 많이 볼 수 있죠. 실례로 나로빠Naropa[33]는 자신의 구루 띨로빠Tilopa[34]와 함께 머물렀는데 스승은 12년 만에 처음으로 제

---

33. 인도의 위대한 요가 수행자 84인 가운데 하나. 밀라레빠 제자인 미레빠의 제자. CE 1040년경 사망.
34. 티베트 사대 종파의 하나인 카규파 창시자(988~1069). 현 방글라데시 동 벵갈 브라만 출신.

자에게 말을 건넸었지요. 이따금 스승은 때와 오줌으로 머드볼을 만들어 나로빠의 얼굴에 집어던지기도 하였죠. 그러면 나로빠는 이를 통해 얻은 통찰력을 토로하기도 했고요. 이 말은 오줌을 마셔서 어떤 특별한 통찰력을 얻었다는 것이 아니라 내가 왜 이러한 행위를 하였는지 설명하는 데 도움이 되기는 하겠지요.

제자 수행에 진전을 보이면서 오체투지 같은 수행은 중단하셨나요?

게셰 아니오. 절이나 만다라 공양처럼 이전에 해오던 수행을 멈춘 적은 결코 없었지요. 금속 받침대가 없어 쎄라 동쪽 강바닥에 가서 납작한 돌판을 구해 여기에 만다라 공양을 올렸죠. 해가 많이 지나서야 제자 중 한 명으로부터 은판 받침대를 하나 받았지요. 낡은 내 받침대는 게셰가 된 다른 제자 펨파Pempa에게 주었지요.

이 무렵 나는 그리 대단한 정신적 통찰력을 얻지 못한 상태였습니다. 시간만 나면 명상 수련을 했지요. 게셰가 되기 위한 수행 기간에는 명상하지 않는 것으로 생각하는 사람들도 있지만, 이는 바른 생각이 아닙니다. 바라밀에 관한 공부를 시작한 이래 기회만 있으면 명상을 하고자 했죠. 나만 그런 것이 아니라 다른 승려들도 모두 나와 같은 식으로 수행했어요. 사전에 깨달음의 단계들과 관련된 주제들을 철저히 이해한 뒤 이를 토대로 관련 주제에 정신을 집중했습니다. 때때로 몸이 아플 때조차 제자들이 찾아오면 일어나 가르치고 그들이 돌아가면 다시 들어 눕곤 했지요.

다른 기숙사에 있을 때도 변경이 있을 때면 내 기숙사로 돌아와 변경에 참여했지요. 가끔 그 수업들은 새벽까지 이어지곤 했습니다. 그렇지 않은 경우

침묵 속 불법에 관한 명상

나는 내 변경 차례를 마치고는 곧 다른 기숙사를 돌아보곤 했지요. 연장자들의 차례가 먼저인지라 어린 스님들처럼 밤새 머물 필요가 없었으니까요.

짬짬이 시간이 날 때, 특히 장시간의 휴지 기회가 주어지면 밖으로 나가 승원 뒤 동굴들 속으로 들어가 글들을 암기하고 교육받은 내용을 성찰하곤 했습니다. 산 위 반들반들한 바위들 틈바구니에 앉아 현 달라이 라마의 두 스승의 구루 걉제 파봉카빠Kyabje Phbongkhapa가 쓴 『요호사장송A Distant Call to the Guru』(遙呼師長頌)이라고 부른 텍스트들을 읽던 일이 기억나는군요. 그 안에서 자신의 구루를 향한 진정 어린 기도를 많이 찾아냈죠. 나의 스승님이 고향으로 돌아가시고 나서 스승님이 그리우면 이 책을 읽곤 했어요.

제자 상급반에서도 계속 시험을 보았나요?

게셰 나이 든 승려들은 1년에 한 번 시험을 치르죠. 우리가 암기한 모든 텍스트를 승원 원장 앞에서 암송해야 했어요. 내가 받은 최고 성적은 4등이었지요.

제자 율장 수업에서는 어떤 수련을 진행했나요?

게셰 초전법륜 공부 때는 이론과 실천을 가르치고 율장은 나중에 가르쳤지요. 우리는 4년 동안 율장을 공부했어요. 구나프라바Gunaprabha의 『비내야경』를 기본 텍스트로 사용하였는데 그 특별한 해석 때문이었죠. 그 외에 붓다의 총론 가운데 『계율 십삼권Thirteen volumes of ethics』과 인도와 티베트의 많은 주석서들도 공부했습니다. 기본 텍스트 전체를 암기하고 있지는 못하지만 중요한 관점은 모두 배웠죠. 또 이에 관한 주석을 암기하기도 하였는데, 그 가운데 하나는 첫 셰르파 린뽀체Sherpa Rinpoche 저술도 있었습니다(현재 린뽀체는 그 네 번째 환생).

계율에 관한 기본 공부는 각 개인의 해탈 서원을 다루지만 보편적으로는 인연법을 더 많이 다루지요. 인연법은 매우 심오하여 많은 공부가 필요합니다. 계율은 앉고, 먹고, 움직이는 데 있어 모든 위해한 행위들을 피하는 방법에 관한 매우 완벽하고 상세한 지침이며, 이 해로운 행위들을 이로운 행위들로 바꾸는 방법을 설명하고 있지요. 예를 들어, 승려들이 물을 마실 때에는 해로운 곤충들에게 피해를 주지 않으려 올이 고운 천으로 물을 거르고, 마시기 전에 곤충이 없는지 확인할 것을 가르쳤지요. 그 어떤 생물들에게도 피해가 가지 않도록 하는 다른 많은 교훈을 마련해주셨습니다. 그 4년 동안 우리는 이렇게 언급된 수많은 사항을 공부했지요.

그런데 혹시 제 도반들이 나에게 '밀라레빠'라는 별명을 붙인 사실 기억하시나요? 이 계율 수업 후반기 동안 나는 당시 다섯 살이던 곤사르 린뽀체의 스승이자 인도 논사 아리야데와의 환생으로 매우 높이 숭상 받는 라마의 신앙생활 조력자 소임을 맡게 되었죠. 두 분 모두로부터 공양물을 많이 받아 곧 '뚱보 랍텐'이라는 별명을 얻은 것을 알게 되었죠.

율장 공부를 마친 후 우리는 현상학(아비달마) 공부를 시작했습니다. 초전법륜 시기에 이루어진 가르침의 이론 부분에 해당하는 수업이지요. 나는 수업 기간 2년 동안 이 공부를 계속했습니다. 하지만 이후에도 계율과 이 두 과목 수업은 계속 반복되었죠. 나이 든 승려들의 일과도 젊은 승려들의 일과와 마찬가지로 빡빡한데, 수행에 진전이 있다 해서 여유가 생기는 것도 아니죠. 이 학급에서 우리 수업은 다음 순서로 진행되었지요. 우선 우리는 중생이 방황하며 거치는 윤회의 영역들을 배웁니다. 다음에는 다양한 중생들의 종류 및 오염된 행동들과 그 원인들, 정신적 왜곡들에 대해 다루게 되죠. 그 후에는 오염된 행동들과 정신적 왜곡과 대립되는 길 그리고 그 길을 따르는 데 필요한 존재의 유형을 공부했습니다. 마지막으로 이 길을 따를 때의 결과 - 해탈, 붓다의 경지, 붓다의 몸, 말, 마음을 공부했죠. 이러한 학습은 대부분 대승의 가르침을 이해하기 위한 것으로 그 기본 교재로 바수반두(世親)의 『아비달마구사론』을 사용했습니다. 나는 그 텍스트를 외웠고, 이에 관한 모든 주석도 공부했죠. 그다음 학급인 까람 반에서는 계율과 그에 대해 상세한 검토를 수행했습니다.

서구인들과 상좌 불교 교단이 티베트인들 모두가 대승불교도라고 생각하는 것을 보면 이상한 생각이 들지요. 실제로 우리는 소승경전과 대승경전에 양쪽 모두에 쓰인 그대로 붓다 세존의 팔만 사천 가르침 전체를 광범위하게 학습합니다. 적어도 6~7년간은 계율과 현상학을 공부하는데 이 두 분야가 소승에 포함되어 있기 때문이죠. 더욱이 이 분야를 지적으로만 검토하는 것이 아니라 그 가르침의 실천도 병행하지요. 실례로 상좌불교의 대념처수행 Sathipathana[35] 수업 때 스승들은 주로 앉고, 먹고, 걷는 것 등에 관해 말씀해 주시죠. 하지만 경부에서 이 주제에 관한 논의가 차지하는 비중은 아주 미미한 편입니다. 티베트에서는 이와 관련하여 세 권의 경서들을 공부하지요. 위의 주제와 관련된 형상과 그 함축된 의미를 심도 있게 상술하고 있습니다.

---

35. 깨달음에 이르는 알아차림 명상 수행.

제자 게셰가 되는 과정에서 공부한 모든 주제들을 논의하셨는지요?

게셰 딱 한 가지 논리학 총론pramana만은 예외였지요. 인식론과 논리학 관점에서 이 부분은 전반적 교의를 다루고 있는데 특히 초전법륜의 가르침을 다룹니다. 주 텍스트는 다르마끼르띠Dharmakīrti[36]의 『석량론A Complete Commentary on Ideal Perception』(釋量論)이죠. 사성제에 의거하여 해야 할 일과 해서는 안 될 일들을 논리적으로 추론하여 다양한 유형들을 제시하고 있죠. 이와 관련하여 무엇이 확고한 근거인지 아닌지 매우 광범위하게 논의하고 있죠. 이 논서는 어찌하여 다르마끼르띠가 '논리의 왕'인지 그 근거를 밝히는 수많은 구절을 담고 있습니다. 어떤 구절에서는 농담처럼 그리고 자신의 깨달음의 확실성을 밝히기 위해 이렇게 쓰고 있습니다.

"모든 강과 개울이 바다로부터 유래하듯이 그렇게 인간 세계의 모든 논리적 추론들도 자기 자신으로부터 유래해야 한다. 또한 모든 강과 개울이 바다로 돌아가듯이 모든 추론도 나로 돌아가야 하리라."

스승님이 다루는 주요 주제들은 다음과 같습니다.

1. 중생이 윤회 속에서 방황하는 태도
2. 방황의 이유
3. 윤회로부터의 해방에 이르는 태도
4. 그 해방으로의 길
5. 붓다의 깨달음의 경지에 이르는 태도

6. 붓다의 깨달음의 경지에 이르는 길

7. 전생과 내생의 논리적 증거

8. 윤회의 시작 없음의 논리적 증거

9. 지식 대상들의 세 유형 소개

10. 생생한 지각과 추론에 초점을 둔 마음 소개

11. 일체 중생의 요구를 섬기는 방법

12. 남들의 부정확한 관점들을 떨쳐버리는 데 사용되는 추론 구절

13. 유식부에 의거한, 사람과 현상의 자성 없음에 관한 논리적 증명

간단히 말하자면 이 논서는 자신과 남들의 욕구를 충족시키는 수단들을 소개하고 있어요. 다른 논서들도 이 논점들을 다루고 있지요. 붓다가 모든 긍정적 덕목에서 완벽하며 그래서 궁극의 의지처임을 증명하는 추론 구절을 여덟 줄 정도 담고 있다는 점에서 다른 저술과 구분됩니다. 이 저술은 붓다가 항상 최상의 덕목을 지녔던 것이 아니라 점진적으로 깨달음의 길로 들어섰음을 보여주고 있어요. 같은 길에 헌신하면서 우리 자신 역시 어떻게 같은 일을 할 수 있는지도 서술하고 있습니다. 나는 이 책의 첫 두 장 전체와 마지막 두 장 부분의 주요 논점을 모두 암기했고 이에 관한 해설도 공부했습니다.

제자 까람 학급을 수료하고도 이 부분을 공부하셨나요?

게셰 관념적 지각을 공부하는 주된 학습처는 쎄라가 아니라 쎄라 서쪽, 걸어서 하루 정도 걸리는 곳에 있는 다른 대승원에 있었습니다. 중앙 티베트의 최대 승원인 간덴, 드레풍 그리고 쎄라에서 온 승려들 그리고 라싸 남부

의 많은 승원에서 온 승려들 모두가 이 주제를 공부하기 위해 이곳에 모였죠. 매년 11월과 12월 우리는 이 주제를 공부하고 변경을 벌이죠. 이 행사를 위해서 한 달 반 전부터 관념적 지각에 대해 교육도 받고 이에 관한 중요한 텍스트들을 암기하기도 하며 미리 준비를 해두죠. 예를 들어 육상경기에 참여하려면 먼저 몸을 단련하고 연습을 해야지요. 격렬한 변경 시기가 시작되기 이전에 이처럼 한 달 반가량 이 주제 속에서 우리의 마음을 단련하였습니다.

문수보살은 언젠가 디그나가Dignāga[37]에게 이 지역이 언젠가는 논리학 공부를 위한 위대한 장소가 될 것임을 예언하였죠. 요즈음 티베트에는 이 예언이 행해진 것과 관련하여, 디그나가 머리 위에 문수보살이 있는 불화가 그려지고 있습니다. 그가 출타 중일 때 비불자 한 사람이 와서 그가 쓴 것을 지워버렸습니다. 돌아와서 자신이 쓴 것이 지워진 것을 알고는 다시 썼죠. 그런데 다음 날도 똑같은 일이 벌어지는 것이었어요. 이번에는 디그나가가 벽에 다음과 같이 썼죠. "이 글을 지운 자는 공개석상에 나와서 나와 논쟁을 벌이든지 아니면 내가 쓴 것을 그대로 놔두시오!"

다음날 탁발을 하고 돌아와 보니 그 사람이 기다리고 있었지요. 둘이 변경을 벌여 결국 디그나가가 승리했지요. 그러자 그 초능력을 지닌 비불자(非佛子)는 입으로 불을 뿜어대어 디그나가의 옷을 불살랐죠. 디그나가는 그를

---

36. 法稱, 6, 7세기경 인도의 불교 사상가. 디그나가의 사상을 계승 발전시킴. 집량론(集量論) 주석서 『인명칠론』(因明七論) 저술.
37. 陳那論師(480~530). 불교 인식론 및 논리학의 시조, 인도철학 가운데 가장 독창적이고 뛰어난 언어철학으로 인정받는 아포하론the apoha theory 창시자.

티베트 쎄라 제 승가대학 변경장에서의 변경 수업

향한 자비심이 일어 생각해보았습니다. "나는 모든 생명을 이롭게 하기 위해 글을 쓰고 있다. 하지만 이 사람은 나를 질투하는구나. 다른 많은 사람들이 이같이 느낀다면 이런 일은 그들에게 해가 되리라. 아마도 내가 이 글을 쓰지 않는 것이 나을지도 모르겠다." 그래서 이 돌판이 땅에 떨어진다면 글을 쓰기 않기로 작정한 디그나가는 돌판을 들어 공중에 날려버렸지요. 하지만 돌판은 땅에 떨어지지 않았습니다. 위를 올려다보니 허공에서 돌판을 안고 있는 문수보살이 보였죠. 문수보살이 말했습니다. "이 논서를 계속 쓰시오. 이 글을 쓰면 북방까지 펼쳐진 설국에서 이 경전을 공부하게 될 많은 중생들에게 혜안이 되어 주리라." 그러고 나서 문수보살은 돌판을 아래로 던졌죠. 그러자 돌판은 우리가 변경을 벌인 승원의 현재 장소를 마주한 산자락에 내려앉았죠.

아침부터 해넘이까지 종일토록 승려들 모두가 이 관념적 지각에 관해 변경을 벌였죠. 그러고 나서 저녁이 오면 학식이 깊은 두 승려가 변경으로 화답하는 특별 수업 시간이 마련되어 있어 나머지 승려들은 바닥에 앉아 경청했죠. 이들은 지상에서 1.8미터 정도 높이의 상좌에 앉아 있어 누구나 그들의 말을 들을 수 있었어요. 그들은 상좌에 올라가자마자 돌판이 떨어진 곳을 향해 기도 공양을 올렸습니다. 그때 행해지는 기도는 고결한 기도라면 무엇이든지 이루어진다는 말이 있었지요. 그러고 나서 학식이 매우 뛰어난 승려들이 차례차례 이들과 변경을 벌입니다. 이렇게 세 시간 정도 흐르고 나면 참가한 승려들 모두가 서로 변경을 벌이지요. 이 겨울 수업 동안 우리는 불교 교리뿐 아니라 수론학파, 자이나교, 힌두교, 승론파, 유물론, 브라만교, 비슈누파, 미맘사파, 시바파 같은 고대인도 철학도 공부했습니다.

제자 공부를 시작했을 때도 바로 이런 수업에 참여할 수 있었는지요?

게셰 그렇지 않아요. 처음 이런 수업에 참여한 것은 논서반 상급반에 있을 때였죠. 이후 매해 겨울 8년간 이 수업에 참여했지요. 처음 참여했을 때 나는 여전히 가난했지요. 내 치마 같은 하의는 누더기처럼 해어져 넓적다리가 드러났었죠. 그래서 이를 덮으려 나는 늘 스승님이 빌려준 특수 망토를 걸치고 다녔는데, 대부분의 승려들은 승원 의례 때만 입는 옷이었지요. 겨울 학기 동안 나는 온종일 변경 주제에 심취해 다른 승려들이 휴식을 취한다는 사실을 모른 채 기도와 차 소임을 수행하러 강당에 갔었죠. 그래서 변경장에서 하루를 보내고 나서야 일과를 마무리하곤 했지요.

변경에서는 어떠한 경미한 실수도 일으키지 않도록 정말 열심히 노력했어요. 학식이 깊은 승려들이 많았는데 이들은 조그만 실수에도 웃음을 보였죠. 우리 승원 내부에서의 경쟁도 경쟁이지만 다른 승원들과의 경쟁도 발생하였지요.

경우에 따라 나는 종종 자발적으로 질문에 답했습니다. 내 이해력에 상당히 도움이 되었기 때문이죠. 가끔 내게 질문을 던지는 승려들은 매우 학식이 깊고 숙련된 분들이라 나는 큰 실수를 자주 저질렀죠. 앉아서 답하고 있을 때면, 같은 수도원 출신인 다른 승려들이 와서 답하는 내 모습을 보곤 했지요. 실수를 많이 저지르면 상당히 창피했어요. 하지만 다른 때에는 훌륭하게 답하여 어느 누구도 나의 주장에서 오류를 찾아낼 수 없었습니다.

제자 승원 간에 벌어지는 경쟁들 말고, 저녁 학습 기간 동안 승려 전원이 보는 가운데 변경의 답변자가 된 적이 있나요?

쎄라에서 승려들을 가르치는 게셰

게셰 그럼요. 팔년 동안 겨울 변경 수업에 참여하면서 답변을 이끌었지요. 모든 대승원 승려 전체가 참여한 대변경에서 답을 했지요. 승려들이 모두 모이길 기다리며 상좌 아래에 서서 얼마나 겁을 먹고 있었는지 기억이 생생합니다. 그러고는 상좌에 올라 이도 보살 샨티데와Shantideva[38]가 자신의 『입보살행론Venturing into the Bodhisattva Way of Life』(入菩薩行論)에 쓴 기도문을 짧게 읽었죠.

> 우주 끝까지 도달하는
> 일체 중생의 욕구를 충족시키도록
> 나의 모든 행동이
> 문수보살의 그것과 같아 지이다.

그 변경 동안 잦은 실수를 한 것은 아니지만, 상대방을 크게 제압한 것도 아니었죠. 이 수업 기간 가운데 하루 저녁은 의무적으로 답할 필요가 없는 경우도 있었지만, 꽤 공부가 진전된 경우라면 답을 해도 무방합니다. 진전이 없는 경우라면 자원하지도 않았겠지요.

제자 까람 학급에 대한 언급은 간단히 지나쳤지요. 이 수업 수료 시 치르는 시험은 없었는지요?

게셰 아니오. 시험을 치렀습니다. 우리 반 승려들 모두 짝을 지어 하급반

38. 적천(寂天), 8세기 무렵 남인도 사우라아슈트라국의 왕자 출신 논사. 나가르주나의 중관 계승자.

1955년 라싸의 스튜디오에서 촬영한, 티베트에서의 게셰 린뽀체의 모습을 담은 현존하는 유일한 사진.
몇몇 제자들의 간곡한 청을 수락하여 사진기 앞에서 자세를 취하고 있는 모습.

을 방문하여 점검을 받았죠. 승원 원장과 다르마 스승들이 우리를 평가했지요. 나는 최우수생으로 평가받아 의례 시험을 점검할 수 있는 명예를 부여받았죠. 이 소임과 관련하여 내가 맡은 주제는 관념적 지각 분야였습니다. 이에 대비하여 나는 매일 1반부터 14반까지 방문하며 이 주제에 답했죠. 그러고 나서 승원 소속 기숙사들을 모두 방문하여 『관념적 지각에 관한 완벽한 해설』에 관해 답을 제시했지요.

시험 장소는 항상 쎄라 승원 대강당이었습니다. 그리고 쎄라 메 대학의 그 해 최우수생과 변경을 벌인 것도 여기였지요. 아주 흥미로운 변경으로 발전했는데 두 대학이 서로 다른 해설서를 사용하여 약간 다른 관점을 보였기 때문입니다. 게다가 쎄라의 모든 승려들이 참석하지요. 해마다 두 최우수생이 번갈아가며 질문과 대답을 했는데, 그해 나는 쎄라 제 학인 자격으로 답변자로 참석했습니다. 시험을 잘 치러 졸업반에 입학할 수 있었습니다.

제자 다른 까람 학승들의 경우는 어떠했나요? 다른 승려들도 졸업 후 까람 학급으로 진급했나요?

게셰 그렇지 않았어요. 까람 학급을 수료한 대부분의 학승들은 까람파 게셰 학위를 받지만 선택된 소수는 라람Lharam 학급 입학 기회가 주어집니다.

이 학급의 규칙은 매우 엄격하지요. 예를 들어 수업에 5분만 지각해도 순번 외의 변경을 해야 합니다. 이 학급은 항상 수업을 진행하여 방학이 없었죠. 주로 『오론』을 검토하는 데 주력했는데 이 과목은 특히 계율과 현상학에 초점을 맞추고 있지요. 차담을 진행할 때는 강당에 가지 않았습니다. 변경, 학습 그리고 명상에 매진했기 때문입니다. 점차 640쪽 정도에 달하는 율장에 관한 위대한 주석 그리고 현상학에 관한 430쪽 짜리 주석서를 암기해 갔습니다. 하급반에서 온 학승들은 까람 학급에 이르는 많은 다른 학급을 방문할 수 있었지만, 라람 학급 변경에는 참여할 수 없었죠. 거의 2년간 라람 학급 수업을 받았습니다. 가능하면 더 오랜 시간을 거기서 보내야 했을 텐데 말이죠. 하지만 그 마지막 무렵 1959년 티베트 봉기로 피난을 나올 수밖에 없었습니다. 침공이 없었다면 라람파Lharampa 게셰 학위를 받을 때까지 이 학급에 남아 9년을 보냈을 테죠. 각 승가대의 두 학승만이 매년 이 학위를 받았습니다.

10

인도에서의 삶

Life in India

제자 라싸에서 일어난 봉기 이전에 중국의 개입으로 수업이 방해받은 적은 없었나요?

게셰 없었지요. 라람 학급의 규칙은 너무 엄격하여 학습과 정진 이외의 다른 것에 신경을 쓸 겨를이 없었지요. 그래서 중국의 단순한 개입에는 그리 크게 영향을 받지 않았습니다. 정상적으로 변경을 마친 어느 날 새벽 두 시쯤인가 세 시쯤인가 포격소리에 놀라 잠에서 깨어났죠. 창문 밖으로 라싸 쪽을 내다보았습니다. 라싸 시와 그 부근이 백색 조명탄으로 환히 빛나더군요. 무차별 폭격으로 하늘은 강렬한 먼지로 가득했지요. 포화가 주로 달라이 라마 성하의 여름 휴가지인 노르부 링까를 목표로 하고 있음을 알았습니다. 성하와 그 스승들이 거기에 있음을 알고 있었거든요. 공격으로 이분들이 사망했으리라 생각한 나는 심한 고민에 빠졌습니다. 약간의 시간이 지나고 무엇인가 먹어보려 했지만 슬픔이 너무도 커 아무것도 삼킬 수 없었지요.

동녘이 밝아올 때까지 폭격을 바라보았습니다. 이때 누군가 와서 성하와 두 스승이 무사히 도피했다는 소식을 전해 주었습니다. 그러고 나서 제자 가운데 한 명과 함께 2마일 정도 걸어 곤사르 린뽀체가 머무는 산의 암자로 올라갔어요. 아직 그곳에 머물고 계시더군요. 먼 길은 아니었지만, 주변에 비오듯 쏟아지는 포탄 때문에 걸어 올라가기가 여간 힘든 게 아니었습니다. 그곳에 도착해보니 산방에 더 머물 수는 없겠다는 판단이 들더군요. 폭격으로 대지가 진동하고 있었기 때문이죠. 도피처를 찾아 멀리 떠날 필요는 없겠다고 생각한 탓에 긴 여행을 떠날 계획이나 채비를 갖추지는 않은 상태였죠. 시종이 곤사르 린뽀체를 담요로 감쌌습니다. 식량은 고사하고 물그릇 하나 없이 떠나왔지요. 쎄라의 승려들 대부분이 갑자기 떠나와 여러 방향으로 피난한 탓에 우리는 누가 피신을 했고 누가 살해당했는지 알 도리가 없었습니다.

다른 많은 사람들과 함께 우리는 중국군의 유효 사격권 안에 있는 길을 건넜지요. 다행히 대기가 먼지로 가득했기에 눈에 띄지 않았습니다. 건너편 캄룽 린뽀체의 암자에 도착했습니다. 처음에는 이곳에 머물다가 안전해지면 다시 쎄라로 돌아갈 요량이었죠. 하지만 라싸에서 온 많은 사람들을 만나 이야기를 들어보니 이곳에 계속 머무는 것은 매우 위험한 일이었지요. 그래서 티베트를 빠져나가기로 했죠. 옷가지와 말 그리고 다른 식량을 준비하여 떠났습니다. 여행 초반에는 길에서 만난 사람들로부터 보릿가루를 얻었습니다.

우연히 우리는 온통 흰 눈으로 뒤덮인 기아나 통로를 통과하게 되었습니

1959년 티베트 탈출. 제자들을 인도로 안내하는 게셰.

다. 이 길을 걸어가다 설맹증에 걸렸어요. 정상 부근에서 어떤 새 울음소리를 들은 것이 기억나 우리 쪽에 함께 있던 게셰 뻬빠에게 돌아서서 무슨 새인지 물었더니 모르겠다고 대답하더군요. 그 역시 눈 때문에 설맹증에 걸려 있었기 때문이지요.

이후 다른 통로를 통과하게 되었는데 아래쪽에 중국군 진지와 티베트군 진지가 보이더군요. 사격 당할지도 모른다는 두려움에 우리는 손에 손을 잡고 가능한 한 빨리 달렸습니다. 정말 기이하게도 바람이 일으킨 먼지 구름이 우리가 내려가는 모습을 감춰주었지요.

여행하면서 많은 길을 통과하고 계곡들을 건넜습니다. 좋은 말을 구할 수 없어 안전하다고 여겨지면 낮에는 걷고 밤에 잠을 잤죠. 하지만 가끔은 돌연 중국인들 때문에 잠에서 깨어 식량 대부분을 그대로 남겨 둔 채 떠나야 했습니다. 길을 모르고 밤에 이동해야 하는 경우가 종종 발생한 탓에 많은 고난을 겪어야 했지요. 결국 인도 국경에 도착하였습니다. 인도 병사들을 발견했을 때는 곧 어머니를 만난 듯 반가웠었죠.

인도 사람들은 우리에게 음식을 주고는 더욱 남쪽에 위치한 평야 지대로 데려갔습니다. 중국인들로부터 벗어나 다행이었지만 우리 고향의 서늘한 기후와 비교하여 매우 후덥지근한 평야의 열기를 느낄 수 있었죠. 그런 열기 속에서 티베트인들이 살아날 수 없기에, 인도 정부는 더욱 서늘한 지역 어딘가에 우리를 정착시켰습니다.

우리 티베트인들은 외국으로 도피할 수밖에 없었지만, 불법의 몰락을 막는 것이 우리의 중요한 책무였죠. 다양한 정착촌에 사는 승려들의 특별한 의무도 바로 이것이었죠. 그래서 달라이 라마가 이 의무를 완수할 수 있는

1500그룹을 선발하여, 부탄 국경에서 그리 멀지 않은 서 벵갈 산악 지대 외딴 곳 북사두아르Buxaduar에 정착시켰습니다.

제자 쎄라에서 진행된 라람 학급을 재개할 수 있었는지요?

게셰 북사두아르에서 라람 학자로는 내가 유일했어요. 그래서 내가 신설된 학급을 맡아 3년간 지도했죠. 까람 학급에서 학자들을 선발하여 전에 했던 것과 같은 규칙을 따랐죠. 또다시 휴식도 없이 늘 밤 열 시 혹은 열한 시까지 변경을 계속했습니다. 비록 여기에 학자들이 많지는 않았지만 몇몇 학자들은 대단히 훌륭했고 서로 많은 도움을 주었죠. 이따금 80~90명의 승려들에게 강의했는데 이 가운데는 티베트에서 가르친 제자들도 있었습니다.

1963년 북사두아르에서 제자들과 함께한 게셰.
제자들 가운데는 쎄라, 드레풍, 간덴 출신의 린뽀체와 게셰도 많았다.

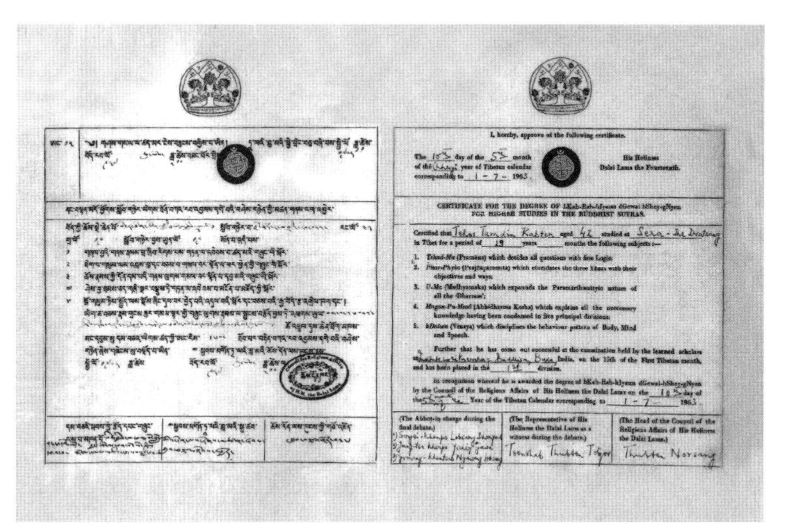

I, hereby, approve of the following certificate.

The 15th day of the 5th month of the ______ year of Tibetan calendar corresponding to 1-7-1963.

His Holiness Dalai Lama the Fourteenth.

CERTIFICATE FOR THE DEGREE OF bKah-Rab-hJyams dGewai bShey-gNyen FOR HIGHER STUDIES IN THE BUDDHIST SUTRAS.

Certified that ______ aged 42 studied at ______ in Tibet for a period of 19 years ______ months the following subjects :—

1. Tshad-Ma (Pramāṇa) which decides all questions with fine Logic;
2. Phar-Phyin (Prajñāpāramitā) which elucidates the three Yānas with their objectives and ways;
3. U-Ma (Madhyamaka) which expounds the Paramarthasatyic nature of all the 'Dharmas';
4. Mngon-Pa-Mdzod (Abhidharma Kosha) which explains all the necessary knowledge having been condensed in five principal divisions;
5. hDulwa (Vinaya) which disciplines the behaviour pattern of Body, Mind and Speech.

Further that he has come out successful at the examination held by the learned scholars at ______ India, on the 15th of the First Tibetan month, and has been placed in the 1st division.

In recognition whereof he is awarded the degree of bKah-Rab-hJyams dGewai-bShey-gNyen by the Council of the Religious Affairs of His Holiness the Dalai Lama on the 15th day of the ______ Year of the Tibetan Calendar corresponding to 1-7-1963.

(The Abbot-in charge during the final debate.)	(The Representative of His Holiness the Dalai Lama as a witness during the debate.)	(The Head of the Council of the Religious Affairs of His Holiness the Dalai Lama.)

달라이 라마 성하의 종교부 심의회에서 게셰에게 부여한 게셰 라람파 일등 학위증서.

라람 학급에는 훌륭한 승려들이 30명이 넘었었죠. 티베트에서 했듯이 위대한 계율과 논서들에 관해 단계적으로 암기하고 변경을 벌였죠.

제자 언제 최종적으로 라람파 게셰가 되었나요?

게셰 마지막 시험을 치르고 이 학위를 받은 것은 1963년이었는데, 그때 내 나이 마흔 셋이었죠.

제자 마지막 시험은 어떻게 치르나요?

게셰 시험 당일 온종일 변경이 지속되지요. 변경 시험 기간 동안 많은 학자들이 내게 질문을 던졌는데 그중에는 달라이 라마가 엄선한 특별 위원회가 포함되어 있었죠. 위원회는 쎄라, 간덴, 드렘풍의 6개 대학 승원 원장과 성하 측 대표 한 명으로 구성되어 있죠. 이 학문들을 추구하는 사람이라면 누구나 나와 대론할 기회가 주어졌습니다. 그해 모두 열 세 명이 시험에 응시했었죠. 북사두아르에는 상대적으로 승려가 거의 없었으나 티베트에서처럼 우리 식 승원과 대학을 형성해나갔습니다. 게셰 시험 준비 차 쎄라 제 승려들로 이루어진 상급반 열다섯 학급을 모두 방문하여 변경에 답했지요. 그리고 해가 지고 다시 뜰 때까지 계속, 내게 차례로 질문을 던지는 쎄라 제 승려들 앞에서 답변했어요.

당시 나는 쎄라, 간덴, 드레풍 출신 승려 모두의 면전에서 변경 시험을 치렀습니다. 이 시험은 게셰가 되기 이전의 실제 점검이었다고 할 수 있죠. 아침 여섯 시부터 밤 열 시까지 쎄라, 간덴, 드레풍의 최고 학자들로부터 쉴 새 없이 질문이 이어졌죠. 아침에는 관념적 지각에 관한 질문, 오후에는 바라밀과 대승불교 그리고 밤에는 계율과 현상에 관한 질문이 주어졌습니다. 열세 승려 모두에 대한 점검이 끝나고 심사위원단이 모여 내게 그해 최고 게셰 등급을 부여하였죠. 이때까지 24년간 공부를 해온 것이죠.

지금까지 이 학위를 취득한 한 승려의 삶의 이야기를 전하면서 나는 당신에게 게셰로서의 훈련 과정 전체에 관해 언급했지요. 하지만 나보다 더 험한 고난을 겪고 더 오랜 기간을 보낸 다른 많은 승려들이 있음을 알아야합니다.

제자 게셰가 되기 위한 공부에 포함되지 않은 토론에도 참여하셨는지요?

게셰 네, 참여했었죠. 깨달음을 향한 수행에 관한 가르침은 열다섯 학급에 나누어 개설되어 있으며, 그것을 실행에 옮기는 다양한 토론으로 구성되어 있습니다. 나의 첫 번째 스승에 의해 경전에 따른 정신적 수행을 정리한 『보리도차제광론』에 관한 토론과 네 가지 딴뜨라 범주의 종합서인 『요의미요의판별선설심수』에 관한 토론에 참여했지요. 나아가 곤사르 린뽀체의 전생으로부터 두 가지 아뇩다라요가 딴뜨라의 권한을, 그리고 그 나머지 권한은 달라이 라마와 그 두 스승으로부터 부여받았습니다.

청년 스승이었던 걉제 트리장 린뽀체는 내가 모신 구루들 가운데 가장 친절한 구루이셨죠. 종교적 가르침뿐 아니라 수중에 돈이 없을 때는 음식과 옷도 내게 주셨죠. 아플 때, 특히 심각한 폐질환으로 7년간 고생하고 있을 때 명의를 모셔오고 약값을 지불해주시곤 했지요. 병으로 내 공부와 수행에 게으름을 피우는 내 자신을 절대 용납하지 않았죠. 하지만 나는 관세음보살의 사나운 형상을 한 천신 하야그리바Hayagriva[39] 승원을 십만 번 순회했죠. 순화를 마치자 길조가 나타났지요. 그러더니 점차 건강이 회복되었습니다.

제 트리장 린뽀체는 매우 훌륭한 라마인지라 그가 티베트에서 법문할 때, 공간만 있으면 2~3천 명 정도의 제자들이 모였죠. 그의 언술은 정말 대단해서 가장 무지한 사람으로부터 최고의 지성에 이르기까지 모든 청중이 이해할 수 있었습니다. 그리고 자신의 경험과 통찰력으로 가르치기에 그의 법문은 마음에 큰 인상을 남겼지요. 비록 내 마음은 보통 자제력이 부족하고 길들이기 어려운 상태에 있었지만, 법문을 들을 때면 늘 이로운 무엇인가를 받곤 했지요.

---

39. 육관음의 하나. 마두대사(馬頭大士) · 마두명왕(馬頭明王)이라 한다. 말의 머리를 이고 생사의 큰 바다를 건너다니면서 4마(魔)를 항복받는 큰 위신력과 큰 정진력을 나타내며, 주로 축생들을 교화하여 이롭게 한다.

내가 참여했던 몇 가지 법회에 관해 이야기해보겠습니다. 라싸의 무루 클로이스터에서 수 개월간 모(母) 딴뜨라 특히 따라와 바즈라요기니Vajrayogini[40] 그리고 다른 많은 딴뜨라에 관한 가르침과 관정을 받았지요. 귀메 승원에서는 대부분 세 명상 범천 즉 구햐사마자Guhyasamaja[41], 야만따까 그리고 차크라삼바라에 관해 집중적인 가르침과 관정을 받았지요. 이러한 가르침은 승원들에서 이루어졌는데, 넓은 공간이 확보되어 있었기 때문입니다.

제자 이담Yidam[42]이나 명상 범천이란 무엇인지요? 그리고 이러한 존재에 관한 명상의 의미는 무엇인지요?

게셰 많은 사람들이 이담을 다양한 무기를 든 사나운 신으로 여기지만, 이는 잘못된 견해죠. 우리의 궁극적 목적은 지금 이 단계에서 깨달음에 이르는 수행 단계별 진전을 이루는 것입니다. 명상 범천의 형상과 색은 그 혹은 그녀의 손에 든 도구와 마찬가지로 각각 수행해 나가는 길의 다양한 양상을 상징하고 있지요. 이담이란 우리와 각별한 관계를 지닌 붓다의 형상이지요. 이 관계는 이담을 시각화하고 공양을 바치고 기도를 올리며 더욱 돈독해지죠. 그렇게 하면 이담은 우리 마음에 긍정적 변화를 일으키는 축복을 내리게 되죠. 따라서 이담이 반드시 해로운 존재여야 할 필요가 없다는 것이 확실해진 셈이죠. 고대 인도의 많은 위대한 현인들은 문수보살과 따라의 신성을 받아들였습니다. 그리고 따라와 관세음보살은 위대한 까담파 게셰들의 이담들이었으며, 문수보살과 따라 같은 범천들을 자신들의 이담이라 기대하고 있었지요. 그리고 따라와 관세음보살은 그 위대한 까담파 게셰들 대부분의 이담이었죠.

제자 관정 의식에는 무엇이 포함되어 있는지요?

게셰 범천에 관한 명상은 구루 요가로부터 깨달음의 성취에 이르기까지 수행의 전 과정을 아우르고 있지요. 관정 의식이 거행되는 동안에는 각 단계에 상응하는 명상의 모든 주요관점들이 그 실천에 옮기는 방법에 관한 안내와 더불어 자세히 설명됩니다. 나아가 구루는 어떠한 지침과 서약이 따라야 할지 설한 후 그러한 행위가 지니는 중요성을 설명해줍니다. 그러한 관정은 단지 손 위로 물병을 높이 받쳐 들어 그 물을 마시며, 가피의 끈을 수여받은 것을 의미하는 것은 아닙니다. 비록 많은 사람들이 그 이상의 것을 보지 못할 수도 있기는 하지만 말이죠. 오히려 이 의식은 명상 범천 혹은 이담을 포함한, 진전된 수행과 자발적으로 수행할 수 있는 권한을 부여하는 것이지요. 그래서 수행자는 붓다의 삼신[43] 같은 신성의 궁극적 덕성을 이루는 능력을 얻게 되는 것입니다.

제자 관정을 받기 이전 어떤 서약이나 수계가 필수적인지 궁금합니다.

게셰 그렇습니다. 두 가지 범주의 고난도 딴뜨라에 관한 관정을 받기 전에 딴뜨라 서약을 해야 하고 또 이전에는 보살계를 받아야 합니다.

---

40. 금강유가모(金剛瑜伽母), 금강승(VajrayĐna : 딴뜨라 불교)에서 깨달음에 이르게 하는 인식능력의 여성적 형상화.
41. 겔룩파의 창시자인 쫑카빠의 이담. 구햐사마자 딴뜨라를 깊이 있게 이해하면 다른 딴뜨라의 이해가 쉬울 정도로 티베트인들은 구햐사마자 딴뜨라를 숭상한다.
42. 수호신. 밀교적 의미에서 본존을 연상시킴. 선택된 신. 완전히 내면적이고 정신적인 의미의 존재. 신의 근본적인 본성.
43. 법신 비로자나불, 원만보신 노사나불, 천백억화신 석가모니불.

제자 보살계는 어떻게 이루어지는지요?

게셰 자아에만 집착하는 일 없이 일체 중생을 고에서 해방할 것을 다짐하고 중생을 깨달음으로 이끌어야지요. 그렇게 하려면 붓다의 경지에 이르러야 하고, 그 경지에 이르면 모든 인간적 과오가 멸해야 타인을 섬기는 능력이 완벽해집니다. 이러한 깨달음의 경지에 이르려 십바라밀과 같은 광범위한 보살행을 실천할 것을 서약하죠. 서원은 무릎을 꿇은 채 장엄하게 이루어지는데 그동안 자신의 눈앞에 제불과 제보살을 마음으로 그리죠. 서원을 행함으로써 많은 계율을 지킬 것에 동의하는 것이기에 진지하게 이루어져야 하지요.

제자 이 가르침과 관정에 참여하기 시작한 것은 언제부터인지요?

게셰 고급 독립 주제 학급에 입문하고 나서였죠. 그전에는 참석할 수 없게 되어 있어서요. 귀떼 승원 내부의 변경장에서는 세 명상 범천들에 관한 여러 다양한 가르침들을 받았습니다. 각기 다른 양상들을 지니고 있어 이를 위한 다양한 가르침과 수행이 이루어지죠. 셰데 승원Shede Cloister에서는 며칠 동안 「별전백법The Hundred Separate Transmission」(別傳百法), 「보생백법The Hundred Precious Sources」(寶生百法), 「팔십대성취자The Eighty Siddhas」(八十大成就者)[44]가 포함된 100가지 관정에 관한 일련의 다양한 강의를 수강했죠. 쫑카빠의 「도차제섭송Synthesis of Stages of the Path」(道次第攝頌)에 관한 토론에도 참가했습니다. 이러한 관정 강좌 코스가 진행되면서 2~4주에 걸쳐 하루에

44. 산스끄리뜨 Siddha, 깨달은 사람.

6~10개의 관정을 받았죠. 자라링까Jaralingka라 불리는 거대한 대중 포행처에서는 올바른 순서에 따라 개인의 정신 개발의 길로 입문하는, 다르마의 제 관점이 포함된 단계별 과정에 관한 토론에 참여했죠. 여기에서는 또 중요 야만따까 텍스트에 대한 상세한 설명 그리고 구루에게 바치는 의례공양에 관한 완벽한 가르침을 받았습니다. 드레풍 승원의 고망 대학에서는 도의 단계에 관한 토론에 참여했지요. 내가 속한 대학에서는 「첩경The Swift Path」(捷徑), 「탄도The Comfortable Path」(坦途)에 관한 토론에도 참여했지요. 이러한 토론 시리즈는 각각 한 달 혹은 그 이상씩 걸렸습니다. 걒제 트리장 린뽀체가 이 주제에 관한 짧은 텍스트를 설명하면서 「보리도차제광론」에 담긴 제반 관점들을 책임지고 있었죠. 진정한 라마들은 도의 전 단계의 중요한 관점들 모두를 파악하고 있지요. 하지만 그 교수법이 다르다 보니 마음에 매우 깊은 인상을 남겨주지요.

제자 쎄라에서의 일상 수업을 면제 받고 이 토론에 참여하게 되었는지요?

게셰 가끔은 휴식 기간을 이용했지요. 하지만 정상 수업에 빠지는 경우도 있었어요. 당시에는 아침 일찍 쎄라를 떠나 저녁 무렵 라싸로부터 돌아와 심야 변경에 참여하곤 했습니다.

인도에 도착하고 나서는 걒제 트리장 린뽀체로부터 바즈라요기니 같은 다른 많은 요가 딴뜨라와 관정을 받았습니다. 그가 노로제 빌라에 머물고 있을 때 「납당백법The Narthang Hundred」(納塘百法) 「팔일백법The Pari Hundred」(八日百法)이라 불리는 100가지 관정 두 질을 선물하셨죠. 최근 이곳 다람살라의 티베트 저술 기록 도서관에서는 『나약육법Six works of Naropa』(那若六法)

에 관한 쫑카빠의 해설, 쫑카빠가 전한 문수보살의 비밀스러운 가르침 그리고 십삼 마하깔라Mahakala[45] 관정을 받았지요. 그의 고향에서는 본질적인 기본 십육 까담 관정을 받았습니다. 다람살라 여기저기에서 일일이 열거할 수 없을 정도로 많은 토론에 참석했지요.

제자 그토록 많은 관정을 받고 나면 거기에 상응하는 의례를 암송하는 데 종일 시간을 바쳐야 하지는 않았나요?

게셰 의례를 치르려니 매일매일 염송을 해야 했죠. 하지만 의례와 병행되는 명상을 저해하지 않는 한 생략하는 경우도 있지요. 시간이 오래 걸려 내 공부에 지장을 초래한 적은 없었지요.

제자 티베트 불교 전통에서는 왜 그토록 명상 중에 만뜨라, 기도 등을 염송하는 데 주력하나요?

게셰 이러한 전통의 기원이 티베트인들에 있는 것은 아니지요. 이러한 수행은 붓다로부터 유래하지요. 명상 중 염송은 두 가지 중요한 이로움을 지닙니다. 하나는 위대한 말의 장점을 쌓아가는 것이죠. 더욱이 이러한 염을 하면 명상에 수반되는 중요한 관점들을 유지할 수 있고 그렇게 해서 더욱 확실한 명석함을 증득하여 명상과 긴밀한 관계에 있지 않은 어떤 사람들이 실수할 기회를 줄여주게 되죠. 자기가 하는 말의 의미도 모르는 채 그러한 암송을 하는 사람들이 있는 것도 사실입니다. 그렇다 해도 이 경우에도 이로

---

45. 티베트 불교의 사나운 여덟 수호신 가운데 하나.

움은 따르기 마련이죠. 하지만 온전한 이로움을 얻으려면 그 의미를 이해해야겠지요. 만다라 암송은 수행에 더 큰 힘을 부여하기에 특별한 의미를 지닙니다. 예를 들어 관세음보살 만뜨라 '옴 마니 빠드메 훔Om Mani Padme Hum'은 매우 상징적인 의미를 지니고 있죠. '옴'은 붓다의 몸, 말, 정신의 궁극적인 덕목을 상징합니다. 이 덕목을 얻으려면 방편과 지혜를 수반하는 깨달음의 길을 가야만 하죠. 이 덕목들은 거기에 상응하는 '마니'와 '빠드메' 음절에 담겨 표현되죠. 다른 만뜨라들도 많은 응축된 의미를 담고 있습니다.

많은 사람들은 오직 고요하고 집중된 상태에서의 명상만이 마음을 고요하게 추스른다고 생각합니다. 하지만 이것은 명상의 의미를 어느 한 쪽에만 국한시키는 것이죠. 명상의 두 유형 즉 관상과 집중 가운데 집중은 숙련된 수행자들에게 매우 유익하고, 관상은 초심자들에게 더욱 유익하지요. 관상 명상을 할 때면 자비와 다른 덕목을 성장시키는 다양한 주제들을 탐구하게 됩니다. 이러한 명상은 고요히 침묵 속에 이루어질 수도 있고 기도를 암송하면서 이루어질 수도 있죠.

제자 금강살타(金剛薩陀) 명상과 관세음보살 명상을 수행하기에 앞서 입문식을 치루는 것이 필요한지요?

게셰 두 가지 수행 방법이 있지요. 명상 범천이 수행자 면전에 현현하게 되면 입문식이 필요 없겠지만, 이 범천의 형상이 자신의 모습으로 나타나면 입문식이 필요하지요. 입문식은 더 많은 힘을 부여해 주거든요. 따라서 보통 입문식 없이 자신의 면전에 범천을 가시화하는 것보다 입문식을 하고 범천의 형상 속에 자신을 가시화하는 것이 더욱 효과적이지요.

성년기 스승 링 린뽀체로부터 받은 어떤 가르침들은, 쫑카빠의 『입중론선현밀의소Great Commentary on Entering the Middle Way』(入中論善現密意疏), 하리바드라의 『명의석Commentary with the Clear Realization』(明義釋), 구햐사마자Guhyasamaja 명상의 단계를 계발하고 완성하는 구나프라바Gunaprabha 의 『비내야경A Compendium of Ethics』, 케둡 제Kedub Je의 『집밀생기차제실지해Ocean of Power on the Developping Stage』(集密生起次第悉地海) 쫑카빠의 『집밀원만차제오차제명등The Clear lamp of the Five Stages on the Completing Stage』(集密圓滿次第五次第明燈) 그리고 그가 쓴 헤루카Heruka[46] 텍스트에 관한 해설인 『은의보명Clarity of All Hidden Meanings』(隱義普明)입니다. 『집밀사가합주Four Combined Commentaries on Guhyasamaja』(集密四家合注)에 관한 해설과 아울러 관정도 많이 받았지요. 달라이 라마 성하로부터는 네 가지 깔라짜끄라 관정, 네 주석이 딸린 『보리도차제광론』에 관한 논의 한 질, 『보리도차제중론The Medium-Length Exposition of the Stages of the Path』(菩提道次第中論)[47]에 관한 논의 두 질 그리고 쫑까파의 『요의미요의판별선설심수』, 『입보살행론』, 『용맹육론The Six Works of Nagarjuna』(龍猛六論), 『집밀청정유가차제The Stages of Pure Yoga on Guhyasamaja』(集密清淨瑜伽次第), 『공사장법Offering to the Guru』(供師長法), 『대인Teachings on the Great Seal』(大印), 『집밀사가합주The Four Combined Commentaries on Guhyasamaja』(集密四家合注)를 받았습니다. 달라이 라마 성하나 그의

---

46. 바즈라 헤루까Vajra Heruka라고도 한다. 피를 마시는 남신 헤르쿨린과 동격의 여신. 피를 마시는 것은 이 세상의 어두움과 악을 압도하는 불멸의 능력 즉 천둥 번개와 같이 견고한 금강(金剛)의 힘을 상징한다.
47. Lam rim 'bring. 『보리도차제광론』의 중간 요약본. 더욱 간략한 『菩提道次第小論』과 菩提道次論 3부작을 이룬다.

두 스승이 책을 하사할 것이라는 소식을 들으면 그 종류에 관계없이 곧 바로 그들에게 달려가곤 했지요.

제자 티베트에서 공부한 것 이외의 다른 분야도 공부한 적 있나요?

게셰 그럼요. 한번은 북사두아르에서 방학을 맞아 다르질링Dardjeeling으로 가서 제 트리장 린뽀체를 만났지요. 당시 그분에게 아주 섬세한 티베트 작문 기법까지 배울 수 있었어요. 성년기 스승으로부터는 시를 배우고 점성술사인 로드뢰 대사Lodrö Tulku로부터는 산스끄리뜨 수사학을 배웠죠. 이 마지막 주제는 산스끄리뜨 문법을 다루고 있고, 어휘와 언어가 지니는 다른 많은 현상들과의 관계를 탐구합니다. 이 분야에 관한 공부는 대부분 어휘, 문자 그리고 언어의 구조에 담긴 의미들을 드러나게 하죠.

샵 혹은 달라이 라마 성하의 철학적 조언자로서 소임을 수행하며,
인도에서 열린 그레이트 멘람 축제를 주재하며 성하를 소개하는 게셰.(1965년)

제자 게셰가 된 이후의 삶에는 어떠한 변화가 일어났는지요?

게셰 내게 도움이 된다는 생각에 계속 변경 수업에 참여하며 경전을 읽었습니다. 그러면서도 140명의 제자들을 가르치는 데 주력했죠. 수업은 그리 오래 가지 않았어요. 얼마 되지 않아 달라이 라마 성하 종무실로부터 성하와 두 스승님 앞에서 최종 시험에 응시하러 오라는 소식을 전하는 편지를 받았기 때문이죠. 상위 15명의 게셰들이 모두 일주일에 걸쳐 성하의 궁으로 소환되었지요. 이후 종무국에서는 내게 성하의 종무비서로 일하기 위해 다람살라에 머무르라는 지시를 내렸습니다. 주로 경전들과 그 주석서들에 관한 달라이 라마 성하와의 토론이 주된 임무였죠. 그렇다고 해서 내가 그의 스승 가운데 한 사람이라고 생각하는 우를 범해서는 안 되겠죠.

제자 티베트에 살고 있던 몇 명의 게셰들이 인도로 피신했는지요?

게셰 오직 세르콩 샵 린뽀체Serkong Tshenzhab Rinpoche 한 분만 피신했는데 지금은 다람살라에 주석하고 있지요. 이 자리에 임명된 후 남걀 승원Namgyal Datsang에 배속되어 그 모든 의례들에 참석했지요. 현재의 승원은 아직 건립되지 않은 상태여서 오두막을 하나 얻어 들어가 살게 되었습니다. 음식을 어떻게 마련해야 할지 모르겠더군요. 수프를 한 단지 끓여 며칠을 이 수프로 버텼죠. 얼마 안 되어 곤사르 린뽀체와 내 제자들 가운데 몇몇이 도착하여 음식 걱정은 면하게 되었지만, 수년간 거기에서 살았습니다. 승원이 건립되어 그곳으로 이사를 갔죠. 서구 학생들을 처음 가르치기 시작한 것도 이 무렵이죠. 이후 외국에서 온 다양한 사람들에게 계도 많이 주었지요.

제자 어떻게 시작하셨지요?

게셰 1969년 달라이 라마 성하께서 다르마에 관심을 지닌 외국인들을 만나보고 최대한 도와주라고 요청하였지요. 이후 줄곧 기꺼이 많은 외국인들을 만나 이들에게 다르마를 가르쳐왔지요.

제자 외국인들에게 다르마를 가르치러 다가가는 자세는 어떠했는지요?

게셰 이렇게 했지요. 굶주린 사람들은 음식 그림을 보는 것으로 만족할 수 없고, 어떤 음식 이야기를 듣고 그 굶주림을 해소할 수도 없지요. 이처럼 나는 사람의 불행도 다양한 사정을 보거나, 큰 영험을 지녔다고 주장하는 사람들의 숭고한 정신적 사건을 많이 듣는다고 구제될 수는 없다는 사실을 명확히 알고 있었거든요. 그래서 나는 외국인의 마음에 도움이 되는 것을 입증하는 실제의 다르마를 가르치고자 욕심을 내었죠.

제자 그들이 당신과 당신의 가르침에 호감을 갖게 한 그 무엇을 느끼셨는지요?

게셰 붓다가 중생을 거대한 고통으로부터 숭고한 해방의 희열로 인도하였듯이, 나도 외국인들이 미리 알아들을 수 있는 말로 사성제에 관해 명료하고 정확하게 설명해주었습니다. 앞의 두 진리를 설명하자, 그들의 표정과 말에 자연스럽고 확실한 변화가 일어나며 마음도 대단히 특이한 변화를 보이는 것이었어요. 나아가 주요 관점들을 입증하는 가치 있는 논리적 근거들을 제공하였죠. 나머지 두 진리들에 관해서는 소승과 대승에 관해 설명하고, 특히 대승에 관해서는 수뜨라와 딴뜨라 전통에 관해 언급했죠. 이를 명상과 결부지어 설명하고, 두 전통이 상충하지 않으며 수행의 점진적 단계마다 이들이 저마다 어떻게 사용되는지 보여주었죠.

사성제를 이해하기 위해 대단한 중병에 걸려 고통스러워하는 환자의 예를 들어보죠. 그가 회복되기 위한 첫 단계는 자신이 환자라는 사실을 인식하는 것이겠지요. 그래야만 의학적 처방을 구하려 할 테니까요. 일반적으로 고의 진리는 이러합니다. 이 점을 인정하지 못하면 고를 제거할 수 있는 동기를 마련할 수 없지요. 나아가 환자는 적절한 진단을 받기에 앞서 질환의 원인을 알아내야 하죠. 그렇게 고의 원인에 관한 진리를 인식하는 것은 고의 소멸과 그 근본 원인에 이르는 중차대한 일보이지요. 환자가 의학적 진단을 받아야겠다는 의지를 고취하려면 자신의 질환과 그 원인의 소멸을 확신해야 합니다. 같은 방식으로 우리가 다르마를 따르고자 한다면 고통과 고통의 소멸이라는 진리에 대한 확신이 필요합니다. 병이 치료될 수 있다는 확신을 지니려면 환자는 의사가 권하는 충고를 따라야겠지요. 그렇듯이 일단 고통이 최종적으로 멈출 가능성과 그 원인을 보고 나면 다르마를 수행으로 옮기는 도의 진리를 따를 필요가 있죠.

제자 스승님이 지금의 산 속 오두막으로 옮기게 된 경위를 말씀해주시겠습니까?

승원에서 계속 공부하면서 의식에 참석하고 있었죠. 하지만 거기에서 만족할 수 없었어요. 이유는 내가 늙어가고 있음을 느끼고 있었다는 것이지요. 만약 죽기 전에 금욕, 정각심, 이상적 혜안이라는 이 세 가지와 관련해서 어느 정도 진전을 이루지 못한다면 내 삶은 소모적인 것으로 끝나고 말았을 것입니다. 승원에서의 활동은 오랜 시간을 요구하는지라 다른 식으로 시간을 보내고 싶어졌죠. 종종 이렇게 생각했습니다. "지금까지 토론에도 많이 참석했다. 게다가 이제는 구루도 많이 늙으셨어. 구루들의 친절에 보답하는 길은 직접 그 가르침을 계발해보는 것이겠지. 무엇보다 오직 이것만을 위해 스승님이 가르침을 베풀었을 거야."

그래서 성하께 내가 느낀 것을 말씀드리고 완벽한 암자에서 여생을 보낼 수 있도록 입산을 허락해달라고 부탁드렸죠. 성하께서 매우 기뻐하시며 이야말로 우리 모두가 해야 할 일이라고 말씀하시더군요. 하지만 은거 중이라도 가끔은 당신을 보좌하고 다르마를 가르치면서 외국인들을 도우라고 말씀하시더군요. 그래서 지금의 거처로 오게 된 것입니다. 이후 나는 명상에 매진했는데 특히 도의 세 원칙을 중심으로 명상하고 이와 관련된 다양한 명상법도 사용해왔습니다.

인간의 몸을 지니는 것이 얼마나 위대한 의미를 지녔으며, 인간의 몸으로 태어나는 것이 얼마나 어려우며, 얼마나 쉽게 인간의 몸이 퇴락하는지 관상하다 보면 공양 중이거나 해우소에서도 쉬지 않고 명상을 했습니다.

윤회의 고통을 명상할 때면 장애인과 병자들보다 부호 상인들에게 더 큰 연민을 느꼈죠. 왜냐고요? 양쪽 모두 윤회의 고통스러운 본성에 사로잡혀 있기 때문이죠. 그런데 부자들과 사업가는 자신의 부를 뽐내고, 더 성공한 사람들을 질투하고, 같은 수준의 사람들과 경쟁하며, 자신보다 못한 사람들에게 거만하고 인색하기에 미래에 겪을 고통의 원인들을 쌓아가고 있어요. 연민에 관해 강도 있게 명상한 후 나는 육식을 중단하기로 하였습니다. 하지만 8개월이 지나자 무척 쇠약해져 극심한 병을 앓게 되었죠. 약을 복용

했지만 아무 효과가 없었어요. 그러나 주치의가 약간의 고기라도 먹지 않으면 약은 아무 소용없다고 하더군요. 건강 악화로 내 명상 수행이 지장을 받는다는 사실을 알고 다시 육식을 시작했죠. 하지만 고기를 먹으며 다른 살아 있는 생명들을 떠올릴 때마다 맛이 떨어져 먹고 싶은 생각이 사라지더군요. 나의 자세는 이러했습니다. 어떤 경전에서는 붓다도 육식을 허락하고는 있지만 또 다른 경전에서는 금하기도 하죠. 이러한 진술들은 정신 수행의 다양한 관점에 따라 다양하게 이해되어야겠지요.

자신을 위한 것이 아닌, 남을 위한 것으로서의 깨치는 마음이 진전됨을 성찰하면서 깨달은 것은 정신 개발의 모든 단계에 들어선 우리 모두는 나와 남을 가리지 않는 타인들의 친절에 의존하고 있다는 사실이었죠. 마치 어린 아이가 자신의 모든 욕구를 해결하려면 남들에 의존하는 것처럼 말이죠. 이러한 중생 간의 의존 관계를 벗어나서는 아무 힘도 지닐 수 없습니다. 이러한 통찰로 내 마음은 심하게 요동쳤죠. 그러고 나자 자신의 정신적 스승에게의 귀의, 은거, 정각심의 진전, 이 모든 것이 하나의 통일된 수행처럼 보이는 것이었습니다.

공을 탐구하면서 내 마음이 정화되면 뒤이어 마음속으로는 청정한 공을 경험하게 되는 것이었습니다. 궁극적 실체의 깨달음에 반하는 몇몇 중대한 장애들을 제거하게 되면서 말이죠. 이어서 이를 계기로 거대한 정신적 평화와 희열이 뒤따르죠. 그런 일이 발생하면 종종 이렇게 생각하곤 했습니다. "만약 매우 중대한 장애가 제거되고 이러한 평화와 행복이 생긴다면, 극도로 미묘한 장애물들을 제거하여 공을 정확히 깨달을 때의 평화와 희열은 무엇에 견줄 수 있을까?"

산속 오두막으로 옮긴 이후 몇몇 유럽인들이 공에 관해 가르침을 청하러 왔습니다. 하지만 내가 그들에게 공의 본질에 관해 말하면 나를 미쳤다고 생각할 것이라고 말하며 요청을 거절했죠. 게다가 공을 있는 그대로의 그것과 달리 말하면 전혀 도움이 되지 않을 것이라는 말도 잊지 않았죠.

도반들과 친지들이 나를 방문할 때면 그 몇몇은 내가 살아가야 할 좁은 오두막을 보고 눈물을 흘렸습니다. 그러나 집의 초라함에도 불구하고 마음은 행복으로 가득 차올랐습니다. 명상이 순조롭게 이루어질 때면 밖으로 나가거나 문과 창문을 열고 싶은 마음도 일어나지 않았죠. 그저 오두막 안에 머물면서 온종일 명상에 매달렸습니다. 사실 오래 앉아 명상하다 보면 다리가 온통 마비되어 변을 보러 걸어가기에도 힘들 지경이었죠.

온통 널린 생쥐와 쥐 가족과 함께 머무는 것도 기분전환이 됐죠. 이들 가운데 그 어느 것도 두려움의 대상이 되지 않았죠. 명상할 때면 쥐들이 내 온몸을 뛰어다니더군요. 이놈들이 내 머리 위를 기어 다닐 때면 기분이 더욱 좋아진다는 것을 알게 되었죠. 그래서 이렇게 모자를 쓰고 있었답니다. 또 종종 집에 와서 지붕 위를 뛰어다니는 원숭이들도 있어요. 슬레이트 지붕이 엉성해서 원숭이들이 종종 미끄러져 지붕 사이로 다리가 삐져나오기도 하지요. 한 번은 밤 열 시쯤 갑자기 심한 폭풍우가 몰아쳤습니다. 바람이 하도 거세 슬레이트가 몽땅 집안으로 떨어졌죠. 그리고 주변 나무 세 그루가 넘어졌습니다. 아주 힘든 밤이었는데 나는 아무 피해도 입지 않았습니다. 이 산의 명상가가 나뿐인 것은 아닙니다. 정신 수련의 높은 단계에 이른 다른 분들을 이곳에 모시고자 주선하기도 하였죠. 그 결과 이 지역 은거자들 가운데는, 경지에 도달한 명상가들이 많습니다. 다르마를 제대로 수행하면 깨달음에 이를 수 있는 능력에 대해 의심할 필요가 없어집니다. 나 자신의 경험에 의거해서 이 능력을 확신하고 있어요.

제자 공부와 은거에 시간을 할애한 스님의 방식에 만족하시나요?

게셰 상당히 만족합니다. 하지만 그렇게 완벽한 것은 아니지요.

제자 왜 그렇지요?

게셰 인간으로서의 삶의 소중함과 그 얻기 어려움을 생각하면 허망하게 보낸 어마어마한 시간을 후회하게 됩니다. 우리의 마음은 공장과 같아서 하루 밤낮을 가동하면 많은 돈을 벌지만, 그저 가끔 혹은 하루에 몇 시간 정도 가동해서는 돈을 벌 수 없죠. 그렇듯이 공부도 명상도 하지 않았던 날들도 있죠. 인간 생명의 가치를 생각해보면 단 10분이라도 낭비해서는 안 됩니다.

제자 수년 간 행한 그런 유형의 수행에 만족하십니까?

게셰 그렇습니다. 내가 더 많은 것을 할 수도 있었다는 것을 제외하면 말이죠. 도의 세 가지 원칙에 관해 명상했어도 이와 관련하여 특이한 수준에 도달했다고 말할 수는 없습니다. 하지만 명상의 유형과 관련해서 말하자면 약간의 진전이 있긴 했죠. 심오한 깨달음이 있었다고 단언할 수는 없어도, 내 공부와 경험을 통해 내린 결론은, 깨치는 마음을 개발하는 것이 가장 중요하다는 사실입니다. 이 마음이야말로 모든 대승 수행의 뼈대이기도 하죠. 구루에게 귀의하는 기본 수행으로부터, 대중을 위한 정신 수행의 세 능력에 관한 명상을 거쳐, 11회 순환을 거친 (일체 중생을 고통에서 구원하고자 하는)

진정한 발원에 이르기까지 나는 이 모든 것을 깨치는 마음을 개발하기 위한 예비단계로 봅니다. 그리고 보시 같은 이러한 성과가 따르는 모든 수행은 정각심의 목적, 즉 깨달음을 달성하는 방편으로 생각하고 있습니다.

보시를 비롯한 육바라밀 그리고 대중의 이상적 수단 네 가지를 포함하는. 보살행은 일체 중생을 위한 깨달음이라는 목적을 이루는 수단들이지요. 보살행 초기에 이루어지는 서약은 깨달음을 완벽하게 이룰 때까지 서약을 계속 지키겠다는 동의의 표시입니다. 붓다와 붓다의 네 몸과 모든 덕행은 깨달은 마음의 결과입니다. 나아가 깨달은 마음의 본성, 인과가 아닌 수뜨라 수행, 딴뜨라 수행은 하나도 없습니다. 아마도 이러한 사실이 쫑카빠가 다음과 같은 글을 썼을 때 자신의 마음에 지니고 있던 것이라 여겨집니다.

> 보리심이란 최상승(最上乘) 도(道)의 중심축이다. 보리심은 보살행의 제반 위대한 흐름의 토대이자 조력자이다. 또한 (공덕과 지혜) 양쪽 합일을 위한 연금술 같은 정수(精髓)이다. 무한한 덕행을 담고 있는 이로움의 보배이기도 하다. 이러한 사실을 인지함으로써 '승자(붓다)의 영웅적 아들들'은 그들이 실행하는 가장 내밀한 명상 수행으로서의 지존의 가치를 지닌 마음을 품게 된다.

에필로그

Epilogue

게셰 린뽀체의 전기가 마무리되는 시점에서 게셰 린뽀체의 삶에서 일어난 주요 사건들을 보충해줄 것을 요청받았다. 관련된 이야기들이 무척 많은 나머지 나로서는 게셰의 삶에서 주된 사건과 부차적인 사건을 구분하기가 쉽지 않다. 게셰와 함께 한 33년을 되돌아보면서 나는 게셰의 매일, 매시간, 매분이 심오한 의미를 지니고 있음을, 성스러운 스승의 삶이 실제로 어떤 삶이 될지를 명철하게 깨닫게 된다. 일반적으로 우리는 스승들의 삶에서 일어난 특별한 사건들에만 주의를 기울이려 한다. 우리는 많은 대중에게 특별한 가르침을 내리거나, 입문 의례 같은 특별한 의례를 행하는 등 스승들에게 일어날 수 있는 특수한 일들을 주의 깊게 살핀다. 우리에게 스승이 앉은 자리의 높이는 달라질 수 있다. 하지만 높은 사자좌에 앉은 스승이 주는 가르침이 평좌에 앉았을 때보다는 더욱 신중하게 받아들여질 수도 있을 것이다.

스승의 삶을 이런 식으로 관찰하는 것은 피상적이고 순진한 방식이다. 앞에서 언급한 대로 수면을 취하고, 포행하고, 음식을 먹거나 혹은 사람들과 대화하는 일이 그렇듯 스승의 매우 일상정인 일처럼 여겨지는 것들 모두가 실제로는 무척 의미심장하다. 예를 들어 게셰 린뽀체는 대단한 유머 감각의 소유자이다. 그러한 습관은 어떤 의미에서 일반인에 비해 훨씬 더 철저하게 정상적이다. 하지만 또 한편으로는 이 모든 것에는 명확한 의도와 심오한 의미가 담겨 있다. 이 모든 것들이 무지, 애착, 증오 같은 미혹에 기반을 둔 것이 아니라, 오히려 그 동기를 자비와 지혜에 두고 있기 때문이다. 따라서 그의 행위 모두가 중생의 이로움을 목적으로 하고 있다. 이 점이 일상인의 행위와 일반인의 행위 사이에 커다란 차이를 빚어낸다. 그저 스승이라 불리는 누군가와 비교하여 진정한 깨달음을 이룬 스승만의 특별한 덕목이 여기에 있다. 이것은 경전 구절의 가르침이기도 하다. 경전은 완전한 깨달음의 경지에 이르면 명상과 행위 사이에 더 이상의 구분이 사라진다고 말한다. 게셰의 삶이 바로 그러하다. 그러므로 나는 게셰의 삶에서 벌어진 일들 모두를 일체 중생을 위한 매우 특별하고 의미 있는 그 무엇으로 간주하고 있다.

어쨌든 나는 게셰 린뽀체가 어떻게 유럽으로 오게 되었으며, 무슨 연유로 그러한 결정을 내리게 되었는지 이야기하고자 한다. 자신의 전기를 통해 게셰는 이미 유럽 학생들과의 첫 만남을 언급한 바 있다. 1969년 달라이 라마 성하는 티베트 불교에 관심을 지닌 유럽 학생들을 게셰에게 보내어 지도를 요청하고 내게 통역을 부탁했다. 당시 내 영어 실력에 한계가 있어 내가 통역의 소임을 다할 수 있으리라고는 생각할 수 없었다. 하지만 성하의 기대가 그

1969년 다람살라 위쪽 산에 위치한 자신의 암자에서의 게셰

러한지라 거절하기도 어려웠다. 더구나 당시 게셰는 은거 중이었다. 게셰는 하루 아홉 시간씩 규칙적으로 명상에 몰입하였다. 일체 다른 염송 없이 오로지 명상만 했다. 달라이 라마 성하가 그에게 보낸 첫 학생은 당시 신학도였던 스위스 출신 마틴 칼프Martin Kalff였다. 이후 게셰의 가르침을 받으러 오는 유럽 학생들의 대열이 끊이지 않았고 이후 그 숫자는 계속 늘어갔다.

성하는 계속해서 게셰가 가르치기를 원했는데 그의 가르침이 유럽 학생들에게 적절하며 도움이 된다고 판단했기 때문이다. 이 일로 게셰 본인은 늘 분주하여 자신의 정진과는 다른 일로 시간을 많이 보냈다. 은거는 더 엄격하게 진행될 수 없었다. 하지만 게셰는 한편으로는 성하의 염원을 따르고 또 한편으로는 무한한 중생의 요구를 충족시키며 그 모든 것을 희생해갔다. 그는 이 일이 진정 많은 사람을 돕는 일이라는 것을 알고 있었다. 더욱이 게셰가 결정을 내리는 데 결정적 요인으로 작용한 충고를 아끼지 않던 정신적 사부 갑제 트리장 도르제 창은 초기부터 게셰의 가르침을 지원하였다. 그는 언제나 그러한 노력이 무위로 끝나는 것이 아니라, 다르마와 중생의 행복에 크게 이바지함을 일깨우며 게셰의 용기를 북돋았다.

많은 서구 청년들이 정신적 지도를 추구하여 인도를 찾은 것은 1960년대의 일이었다. 이들 가운데 많은 사람들은 감동을 추구하는 선량들이었으나, 다른 사람들은 자신이 탐구하는 것에 매우 진지한 사람들이었다. 물질적 풍요와 모든 염원의 충족은 이기주의, 탐욕, 질투, 갈등과 불의, 기근과 압제의 해결책이 아님을 알기에 게셰의 가르침은 이들에게 새로운 희망과 마음의 안정, 그리고 지혜의 빛을 주어 그들의 삶의 관점과 방식에 변화가 일어났다.

게셰 린뽀체는 서양에서 온 다르마 구도자들의 진실성을 확신하고 있었다. 이 시절에는 서구인들에게 다르마를 가르치려는 라마들이 거의 없었다. 대부분 서구인의 관심에 진정성이 없다고 생각했기 때문이다. 후일 유럽인들에게 잘 알려지게 된 많은 라마들조차 처음에는 회의적이었다. 이들 가운데 일부는 그저 단순한 호기심을 지니고 있거나, 티베트 라마들이 하는 말들을 염탐하는지도 모를 서구인들을 돌보는 것은 시간 낭비라고까지 말하기도 했다. 같은 라마들이 훗날 열정적으로 서구인들을 가르치는 스승이 된 것을 보면 매우 흥미롭다. 하여튼 티베트 스승들과 서구 학생들과의 정신적 만남의 초기 단계는 이러했다.

매우 솔직하게 말할 수 있는 것은 게셰가 특히 쫑카파 전통을 바탕으로 서구에 다르마를 전파한 위대한 개척자라는 사실이다. 학급 수업은 물론 개인 면담까지 지칠 줄 모르고 수백 명의 학생을 정기적으로 지도하였다. 사람들이 많이 오게 되자 게셰는 새로운 반을 신설해야 했다. 이렇게 해서 게셰

60년대 말에 이르러 다람살라의 게셰로부터 가르침을 추구하는 서구인들이 상당히 늘어났다.

는 매일 자신의 명상 시간들 사이사이에 여러 학급을 지도하기에 이르렀다. 모든 수업이 다람살라 위쪽 그가 거주하던 작은 오두막에서 진행되었다. 방문을 원하는 사람도 이곳으로 찾아왔다. 내가 아는 사람 가운데 자신의 이익을 버리고 평화로운 삶과 수행을 희생하면서 그렇게 진지하게 가르치는 사람은 없다. 제자들이 우리 스승의 이타적 행동과 호의를 잊지 않았기를 또한 앞으로도 잊지 않기를 기원한다.

학생들의 수가 그렇게 늘어나면서 우리로서는 감당하기 매우 어려운 상황에 봉착하게 되었다. 학생 수가 너무 많아 하루 수업을 두세 시간 정도밖에 진행할 수 없었기 때문이다. 그 무렵 다람살라의 '티베트 저술 기록 도서관'이 건축 마무리 단계에 있었다. 성하는 게셰 나왕 다르게Geshe Ngawang Dargye와 그의 제자 캄룽 린뽀체Khamlung Rinpoche와 세르빠 린뽀체Sherpa Rinpoche를 달루시Dalousie로부터 초청하였다. 게셰 다르게는 게셰 린뽀체의 오랜 친구였고 두 분 모두 티베트 동향이자 모시던 스승도 같았다. 두 린뽀체는 게셰의 제자들이기도 하고 내 오랜 친구들이기도 하였다. 세 사람이 다람살라로 갔고 티베트 불교 정규 수업이 티베트 도서관에서 진행되었다. 그렇긴 하지만 성하는 그가 아는 한 특히 게셰의 가르침이 서구인들에게 유익하다고 판단하여 계속해서 게셰가 수업을 담당하길 원하였다. 어쨌든 도서관에서 진행된 이 보충 수업으로 우리 활동이 편해지고 여유가 생겼다.

1969년 말 혹은 1970년 초, 성하는 또 한 사람의 스위스인을 게셰에게 보냈다. 유명한 음악 지휘자 에르네스트 앙세르메Ernest Amsermet의 딸인 안느Anne 앙세르메 여사였다. 여사는 성하와 게셰 린뽀체의 가르침을 받고자 수차례 인도에 왔었는데 결국 게셰를 스위스로 초대하리라 제안하였다. 부인

유명한 지휘자 에르네스트 앙세르메의 딸인 안느 앙세르메 여사. 여사는 성하와 게셰 랍텐의 제자가 되었다. 후일 그녀는 게셰 린뽀체가 테라페 촐링 센터를 건립하는 데 도움을 주었다.

은 불교에 관심을 지닌 친구들을 일원으로 하는 작은 모임을 제네바에서 시작하였다. 그리고 1974년 앙세르메 여사는 통역으로서 나와 게셰 린뽀체에게 처음으로 유럽 방문을 요청하였다. 성하는 이 제안에 동의하였고 걉제 트리장 도르제 창은 무사한 여행을 위한 축복을 내렸다.

그렇게 우리는 1974년 6월 스위스 제네바에 도착하였다. 앙세르메 여사는 롤의 그녀 집에서 우리를 맞이하였다. 게셰는 근처 '프레드베르'라 불리는 큰 저택에서 4주간의 집중 명상 코스를 진행하였는데, 참가 인원이 백 명이 넘었다. 이 강의는 유럽 땅에서의 게셰의 첫 가르침일 뿐만 아니라 전체 대승불교의 본질을 아우르는 매우 특별한 행사였다. 이렇게 가장 명확하면서도 완벽한 가르침을 들어본 적도 없었다. 게셰는 그 어떤 특수한 텍스트에도 의존하지 않고 모든 것을 자신의 경험에 의거하여 가르쳤다. 이 가르침의 요점은 『다르마의 보고Treasury of Dharma』라는 제목으로 편집되어 출간되었다. 이 책은 영국 최초로 타르파 출판사에서 영어로 출간되어 최근에는 우리가 운영하는 출판사 에디션 랍텐이 영어, 프랑스와 독일어로 출간하였다. 테베트 불교에 관한 정통성 있는 정보나 안내를 받으려는 사람 누구에게나 이 책을 적극적으로 추천하는 바이다.

게셰는 특히 서구인들 삶의 양식에 적합하면서도 완벽하고 심오한 의미를 지니는 간략한 「관세음보살 사다나Sadhana of Avalokiteshvara」[48]를 저술했다. 이것은 아마도 서구에서 서구인을 위해 불교 스승이 쓴 최초의 불교 사다나일 것이다. 이러한 인연으로 롤은 붓다가 처음 가르침을 편 사르나트Sarnath(鹿野園)처럼 중요한 도시가 되었다. 서구에서 처음으로 다르마의 문을 연 곳이 롤이기 때문이다.

시간이 지나 우리는 '리콘 티베트 센터Tibetan Institute in Rikon'도 방문하였다. 우리는 센터에 계신 분들을 잘 알고 있었는데, 특히 게셰 세르빠의 오랜 친구인 승원장 게셰 위겐 쩨텐Ugyen Tseten과는 각별한 사이였다. 두 분 모두 쎄라 승원에서 같은 스승 아래 공부했던 도반이었다. 우리는 그와 다른 승려들과 함께 매우 즐거운 시간을 보냈다. 그곳에 머물면서 게셰는 리콘 지역 거주 티베트 주민들에게 대중 법문도 설하였는데 주민들이 무척 고마워하였다.

이후 우리는 여러 다양한 그룹으로부터 영국, 독일, 이탈리아 그리고 프랑스 방문을 초대받았다. 영국에서는 카규파의 킴 세르빠가 런던의 '캄 하

---

48. sadhana, 산스끄리뜨 साधना. 성취. 티베트 탄뜨라 불교의 기본적인 명상법. 수인(手印 mudra), 진언(眞言, mantra) 염송을 통해 만다라와 신의 모습을 내관(內觀)하는 정신 수련. 수행자가 신을 불러내어 그것을 자신과 일치시키고 자기 안에 몰입시키는 수행법이다.

우스Kham House', '마르파 연구소Marpa Institute' 그리고 '다르마 트러스트Dharma Trust'로 게셰를 초청하였다. 세 곳 모두에서 게셰는 법문을 설하였다. 라마 침 린뽀체Chime Rinpoche는 늘 게셰 린뽀체에 대해 깊은 경의와 존경심을 지니고 있었다. 다음에는 닥뽀 린뽀체Dagpo Rinpoche의 요청을 받고 파리의 '타시 촐링 협회Tashi Choeling Association'에서 법문을 가졌다. 당시 많은 프랑스인들이 게셰의 제자가 되었고 이후 정기적으로 게셰를 파리로 초대하여 더 많은 가르침을 받았다. 그러자 이번에는 게셰도 고승대덕으로 인정받은 닥뽀 린뽀체를 초대하여 서구인들이 법문을 들을 수 있었다. 게셰는 위대한 현대 티베트 작가 욘텐 갸초Yönten Gyatso에게 청하여 그의 지식을 진지하게 다르마를 구하던 사람들과 공유하도록 하였다. 이렇게 게셰는 스스로 가르침을 구현하면서 동시에 다른 스승들이 활동할 수 있는 터를 마련해 갔다. 게셰 린뽀체는 프랑스에서 다르마를 꽃피우는 데 크게 공헌하였다.

이탈리아에서 게셰 린뽀체는 로마 근처 그로타 페브레타Grota Ferata에서 가르침을 베풀었다. 친절하게도 로마에 상주하던 게셰 잠빨 센게Geshe Jampal Senge가 그를 방문하여 다양한 주제에 관하여 의견을 나누었다. 게셰 잠팔은 쎄라의 메 승가대학에서 가장 뛰어난 학자들 가운데 한 분이셨고 게셰 린뽀체와는 오랜 지기였다. 게셰는 그에게 이탈리아인들에게 다르마를 가르치도록 청했다.

게셰에게는 고위급 인사들을 만나려는 의사가 전혀 없었지만 수업 진행자가 교황 바오로 6세와의 접견을 주선하였다. 진지하고도 의전에 입각한, 어떤 실질적 정신적 교류는 없어도 매우 우호적인 만남이었다. 게셰는 교황이 티베트 상황에 관심을 갖게끔 말을 꺼냈다. 게셰는 붓다의 초상을 선물하고 교황의 초상을 새긴 메달을 받았다. 교황은 1963년에 달라이 라마의 스승인 걉제 트리장 도르제 창과의 만남을 언급하였다. 걉제 도르제 창은 로마 최고 성직자가 만난 최초의 티베트 스승이었다.

독일 뮌헨에서 칼무크 몽골 승려 아구줄로브Agjulov가 건립한 작은 승원에서 법문을 전했다. 게셰는 그곳에서 재독 칼무크회the Kalmuk[49] 불자들에게 그들의 옛 스승이 물꼬를 튼 다르마 신행을 지속적으로 수행하도록 조언하였다. 게셰는 오래전부터 뮌헨 대학에서 교수로 재직해 온 팡룽 린뽀체Panlung Rinpoche로부터도 초대 받았다. 게셰는 고승으로 인정받고 있던 린뽀체에게 요청하여 다르마를 지도하게 하였다.

이 모든 국가를 방문하고 많은 법문을 행하고 나서 우리는 다람살라로 돌아왔다. 그동안 게셰의 가르침을 받은 서구인들은 그 사람됨과 다르마 교수법에 깊은 감명을 받았다. 그들은 게셰와 재회하여 더 많은 가르침을 받기를 간절히 염원하고 있었다. 앙세르메 여사와 그 여성 대변인들은 달라이 라마 성하에게 게셰를 다시 유럽에 파견할 것을 요청하였다. 마침 그 무렵 리콘의 티베트연구소 대승원장의 교체를 논의하고 있던 터였다. 8년간의 승원장직 임기를 마친 게셰 위겐 쩨텐이 신임 승원장 임명을 고려하고 있던 달라이 라마 성하에게 사의를 표명한 것이다. 서구에서의 역량 있는 불교 스승의 필요성이 잘 맞아 떨어진 것이다. 승려들뿐 아니라 '리콘 티베트 연구재단 위원회'도 성하에게 신임원장이자 정신적 지도자로 게셰를 지명해줄 것을 청원하였다.

---

49. 볼가강 하류 퉁구스어 통용 지역.

닥뽀 린뽀체 스님의 초청으로 프랑스를 방문한 게셰가 파리의 슈아지 성당Chapelle de Choisy에서 많은 대중들에게 법문하고 있다.(1977년)

서구 여러 곳으로부터 쇄도하는 이러한 청원에 따라 달라이 라마는 게셰에게 유럽으로 돌아가 장기간 체류해 달라고 요청하였다. 게셰로서는 무척 힘들면서도 중요한 결정이었다. 한편으로 자신에게 무척 헌신적인 많은 티베트 제자들이 있어 인도를 떠나기가 쉽지 않았다. 자신의 근원적 구루인 꺕제 트리장 도르제 창을 떠나야 한다는 생각 역시 그를 괴롭혔다. 다르마와 중생에 대한 구루의 자비, 지혜와 봉사는 절대 무상의 가치를 지니고 있었다. 게셰 도르제 창은 정신적 아버지였기 때문이다. 이미 꺕제 도르제 창의 나이도 깊은 노년에 접어든지라 오랫동안 스승을 떠나 있기도 무척 힘들었던 것이다. 하지만 한편으로 서구로 가게 되면 붓다의 가르침을 전하고 중생을 교화하는 데 결정적으로 기여할 수도 있다는 사실 또한 알고 있었다. 선택하기 매우 어려운 문제였다.

나는 이러한 상황이 10세기 티베트에 초대된 인도 스승 아티샤의 삶과 매우 유사하다고 생각한다. 그는 탁월한 스승으로서 그 존재를 필요로 하는 인도에 남아 있을지 아니면 새로운 국가 티베트로 건너가 다르마를 전수하여 정신적 무명과 혼돈을 몰아내야 할지 결정을 내려야 했다. 이 문제는 그의 범신 덕분에 쉽게 풀렸다. 모신 따라는 아티샤에게 티베트로 가면 수명은 수년 짧아지겠지만, 인도에서보다는 훨씬 더 많은 중생을 이롭게 할 것이라고 예언하였던 것이다.

게셰도 유사한 결정을 내려야 했다. 스승인 깝제 도르제 창에게 상의하자 그는 전적으로 동의했다. 처음부터 스승은 서구인을 가르치던 게셰를 전적으로 지원하였다. 사실 그의 격려와 은총으로 게셰는 자신의 소임을 완수할 수 있었다. 이번에도 깝제 도르제 창은 완벽한 동의를 표하였을 뿐 아니라 서구에서의 게셰로서의 책임에 관한 소중한 충고도 아끼지 않았다. 나아가 스승은 자신이 오래 살 것이라고 약속하며 게셰를 안심시키고, 원하면 매년 자신을 방문하러 인도로 와도 좋다고 말했다.

최종적으로 게셰는 요청을 마다하지 않고 수용하기로 결정한다. 달라이 라마 성하는 그에게 축복을 내리고 리콘 티베트 연구소 원장으로서의 의무만이 아니라 게셰의 일반적인 다르마 관련 행사들에 대해서도 명확한 지시를 내렸다. 그뿐 아니라 달라이 라마는 게셰에게 아름다운 은제 천수관음상을, 나에게는 문수사비황Manjushrinamasangiti(文殊四臂黄)[50]을 하사하기도 하였다. 그렇게 게셰는 티베트 불교 유럽 포교승으로 임명된 것이다. 깝제

50. 四臂黄文殊(Namasangiti Manjushri). 문수보살사비관음 보살상.

다람살라의 티베트 제자들과 함께 한 게셰. 그 뒤로 곤사르 린뽀체 스님과 린뽀체의 어머니.
그 옆이 게셰 뻰바 스님, 게셰 오른쪽에 앉은 사람이 라마 잠빠 왕두 스님.
그 옆은 게셰 툽텐 트린레Geshe Tubten Trinley.

트리장 린뽀체는 당시 제자들의 초청으로 스위스에서 휴가를 보내며 의료 검진을 받고 있었다. 마지막으로 꺕제 링 도르제 창을 방문하여 작별을 고하니 서구로의 여행과 장기 체류의 성과를 기원하며 상서로운 선물들을 주셨다.

그렇게 서구로 떠나는 게셰의 상황은 다른 많은 사람들에 비해 남달랐다. 단순히 어떤 개인의 요청 혹은 소규모 그룹의 간절한 요청으로 떠나게 된 것도 아니고, 개인적 이해관계에서 떠난 것도 아니었는데, 인도에서 책임져야 할 것이 아무것도 없었기 때문이다. 오히려 이 소임은 달라이 라마가 개인적으로 게셰를 신임하여 맡긴 것이었다. 게셰는 안락함, 사치, 돈 등 서구 문명의 경이로움에 전혀 매료되지 않았다. 마찬가지로 게셰는 훌륭한 명성이나 주위에 제자를 모으는 일 따위에도 전혀 관심이 없었다. 홀로 스승들의 발원을 구현하고 붓다의 가르침을 섬기고 고통 받는 중생의 요구에 힘이 되고자 유럽으로 간 것이다.

앞에서도 언급했듯이 게셰는 승가 공동체와 재가 불자들 사이에 많은 티베트 제자들을 두고 있었다. 게셰들 사이에서도 그는 경서에 관한 최고 학식을 지닌, 가장 고명한 게셰들 가운데 한 사람이었었으며, 뿐만 아니라 윤리적 행위에 담긴 정결함을 위시한 다른 모든 품성, 소박한 삶의 양식, 자비심 가득한 본성, 수행에 대한 전적인 헌신, 명상을 통한 깨달음으로 인해 게셰 최고의 학위인 게셰 라람파를 취득하였다. 예를 들어 다람살라에 거주하는 동안 게셰는 대부분의 시간을 쥐구멍으로 넘실대는 초라한 돌 오두막에서 보냈다.

그 무엇보다 독특한 것은 게셰의 교수법이었다. 불경이건, 딴뜨라건, 철학서건 간에 무엇을 가르치든 게셰의 가르침은 매우 명확하고 포괄적이라 남녀 누구나 자신의 능력과 상관없이 이해할 수 있는 것들이었다. 그의 가르침은 마음 어두운 구석을 단번에 밝히는 특이한 위력을 발휘하고 있었다.

게셰의 자비는 분별없이 모든 것에 평등하게 흘러들었다. 예를 들어 게셰의 오두막을 규칙적으로 방문하여 그가 명상에 잠긴 동안 무릎 위에 앉아 있던 생쥐 가족이 있었다. 그의 무릎은 선잠을 자거나 즐기려는 쥐들이 즐겨 찾는 놀이터였던 것이다. 혹은 티베트를 떠나온 후의 겪은 몇몇 사실에서도 이를 알 수 있는데, 여름철 소나기가 쏟아지면 종종 승원으로 가는 길에 빗물로 웅덩이가 생겨 올챙이들로 가득차고 여름 끝물에는 웅덩이가 바닥을 드러내 올챙이가 위험해질 것을 알고 제자들을 시켜 어린 개구리와 올챙

이를 구제해서 근처 호수에 풀어주게 하였다. 또 한 번은 인도 성지를 향한 순례 중에 일어난 일인데, 이 때 게셰는 이륜마차인 통가를 타고 여행하기를 거부하였다. 매우 무거운 짐을 끌어야 하는 말들의 고통을 보고는 우리에게 말을 빌리지 말고 두 발로 걷으라고 충고하였다. 그리고 게셰의 아이들 사랑 또한 모성애를 넘어선 것이었다. 나 역시 다섯 살 때부터 이러한 사랑을 듬뿍 받은 자식 가운데 한 사람으로서 그와 견줄 수 없이 어진 성품으로 성장하였다. 이러한 것들은 직접 눈으로 볼 수 있는 진정한 스승의 자질들이며 그러한 자질 모두를 갖춘 까닭에 누구나 게셰를 존중하며 경의를 표하였던 것이다.

더욱이 게셰는 자신이 섬기던 위대한 스승들로부터도 대단한 사랑을 받았다. 1964년 인도에서는 성하를 돕기 위해 수백 명의 게셰들 가운데 게셰 린뽀체와 라티 린뽀체Lati Rinpoche를 신임 쩬샵Tsenshabs 혹은 '철학 보좌관'으로 임명하였다. 티베트에는 그러한 보좌관이 여섯 명이 있었는데 그들의 역할은 철학적 문제들에 관해 의논하고 논담을 벌이는 것과 아울러 성하가 스승들로부터 가르침을 받을 때 성하를 수행하는 것이었다. 이 여섯 명 가운데 오직 세르콩 린뽀체Serkong Rinpoche만이 인도를 탈출한 것이다. 성하의 스승이라곤 깝제 링 도르제 창 그리고 깝제 트리장 도르제 창 둘 뿐이었다. 성하는 이들로부터 많은 가르침과 비법을 전수받았으며 샵들은 자주 이 수업에 참여하였다. 게셰는 이러한 위치에서 성하가 서구로 오기까지 성하를 모신 것이다. 또한 게셰는 최고의 명상가를 선발하고 이들이 다람살라 산에 적응할 수 있기를 바라는 성하의 특별한 소망을 충족시켜 주기도 하였다. 이러한 배려로 이들은 다른 소임을 보지 않고 평화롭게 자신들의 수행을 지속할 수 있는 좋은 기회를 얻게 되었다.

성하가 게셰 린뽀체에게 맡긴 또 다른 임무는 성하의 개인 의례를 수행하는 승원인 남걀 수도원Namgyal Datsang의 승려들에게 철학을 가르치는 것이었다. 세 명의 스승으로 승원장, 라티 린뽀체 스님Ven. Lati Rinpoche과 게셰 린뽀체가 있었다. 이런 식으로 철학 수업 프로그램이 다람살라의 승원에 새롭게 소개되었다. 이 모든 것 이외에도 게셰는 성하의 남동생 응아리 린뽀체Ngari Rinpoche의 스승으로서 다르마를 가르쳤다. 성하의 여동생 제쭌 페마Jetsun Pema는 서구인들과 함께 게셰 린뽀체로부터 다르마 수업을 받기도 하였다.

앞에서 언급한 바대로 게셰가 서구에 온 궁극적 이유는 단 한 가지, 즉 중생을 위해 다르마의 가르침을 전파하고, 중생의 마음에 자리한 무명을 밝히고, 깨달음으로 가는 진정한 길을 보여주기 위함이었다. 그리하여 1975년 9월 성하 곁에 가까이 있을 수 있는 은덕을 누리던 게셰 린뽀체와 나는 쮜리히에 도착하였다. 우리는 스위스 주재 달라이 라마 성하 대표, 리콘의 승려들과 티베트 연구소 위원회, 앙세르메 여사가 이끄는 제네바 동료들, 스위스 적십자사의 티베트 망명부서 지도자 그리고 여러 많은 티베트인들과 서구인들로부터 영접 받았다. 게셰는 그때 원장 소임을 받아들여 도착 즉시 연구소의 정신 활동과 관련하여 필요한 몇몇 의미 있는 개혁을 시도하였다. 연구소는 아미 8년 전 리콘의 하인리히 쿤Heinrich Kuhn 가족의 자비로 유지해왔으며, 이분들은 자신의 주방기구 제작 공장에 티베트인들을 상당수 고용하고, 1966년 스위스를 방문한 걉제 도르제 창의 요청에 따라 토지를 기부하고 필요한 모든 기반을 미리 마련해 놓고 있었다.

우리가 도착했을 때 연구소는 여건도 어렵거니와 아직은 새로운 연구소라 제대로 알려져 있지 않았다. 티베트 불교에 대한 스위스인들의 관심 또한 여전히 초기 단계에 머물고 있었다. 티베트 라마들 역시 자신들의 공적인 종교적 책무가 스위스에 있는 티베트인 공동체에 국한되어 있다고 여기고 있었다. 게다가 티베트인들과 서구인들 사이에 정신적 교류나 소통도 거의 없었다. 언어, 역사, 불화 연구 같은 티베트 문화의 다양한 주제에 관한 강의들이 간간이 있었지만 대부분 티베트학 분야의 자질들이 매우 제한적인 몇몇 서구인 강사들에 의해 이루어지고 있었다.

게셰 린뽀체는 연구소에서 진행되는 모든 정신적 활동에 대한 전적인 책임을 맡았다. 티베트 승려들의 영적 전통을 보전하고 티베트인 공동체의 요구와 아울러 티베트 불교문화에 관심을 갖고 정통성을 지닌 전통을 추구하는 모든 사람들의 요구를 충족시킬 것을 티베트 승려들의 의무로 명확히 규정한 것이다. 게셰는 매주 일요일 정기적으로 저녁 불교반을 도입하고 가끔 주말 세미나를 직접 지도하거나, 지식과 경험을 대중들에게 회향하도록 공동체의 역량 있는 사람들을 고무하여 지도를 맡기기도 하였다. 그렇게 게셰는 많은 대중들에게 연구소를 개방한 것이다. 공교롭게도 매우 상서로운 조화를 이루기라도 하듯 게셰가 리콘 원장 자격으로 시작한 의례는 닥세 린뽀체Dagsey Rinpoche와 그의 가족이 호르겐Horgen에서 제안하고 주최한 걉제 트리장 도르제 창을 위한 장수 기원 의례였다.

이러한 방식은 유럽 각처에서 모여든 수많은 사람들을 매료시켰다. 일요일 저녁 학급에는 티베트인과 유럽인들 같은 많은 사람들이 참여하였으며, 티베트 언어와 불교의 특별한 주제들에 관한 공부를 위해 찾아오는 사람들과 승려들과의 교류도 점차 늘어갔다.

게셰 린뽀체는 기도 및 의례와 관련하여 의미 있는 몇 가지 변화를 실행에 옮기기도 하였다. 특히 세 가지 승원의 의례는 각 불교 승원에서 행해지는 수행에 필수적인 것들이다. 이 의례들은 붓다가 가르친 계율에 부합하는 세 가지 의례인데 이것에 의거하여 승가는 승원으로서의 정체성을 띠게 된다. 매월 정기적으로 행해지는 참회로서의 포살행[51], '우기'라는 뜻의 하안거 그리고 동안거가 그것들이다. 이전에도 포살행은 실시되고 있었지만 다른 두 가지 의례는 게셰 린포페가 추가하여 세 가지 의례가 완성되었다. 그리하여 승가가 불교 계율 전통과의 조화를 이루며 진정한 승원으로서 인정받게 되었다. 나아가 아침 기도부터 취침에 이르는 승원의 일정도 정착되었다.

게셰 린뽀체는 끊임없이 쇄도하는 인터뷰와 조언 혹은 축복을 구하러 온 티베트인들과 서구인들에게 많은 시간을 할애하였다. 그의 지도 아래 로되 툴쿠 린뽀체Lodrö Tulku Rinpoche와 나도 경전을 영어와 독일어로 번역하기 시작하였다.

게셰가 이룩한 연구소 내의 모든 변화와 새로운 시도들은 그러한 가능성을 추구해오던 스위스와 여타 유럽 국가의 테베트 공동체들로부터 크게 인정 받고 칭송되었다.

1976년 게셰가 도착하고 한 해 지나 다람살라에서 게셰의 지도 아래 공부해오던 그의 유럽인 제자들 몇몇이 그의 곁에서 공부하고자 스위스에 와

---

51. 布薩Upavasatha. 15일과 29일(또는 30일)에 모여 출가자들 서로 설계(說戒)하고 참회하는 의식. 재가에서 일정한 날에 팔재계를 베풀어 선을 기르고 악을 제거하는 일.

게셰는 기독교 수도원에도 초대되어 불법을 전했다.

서 게셰 곁에서 살아가기로 결정하였다. 앨런 윌리스가 이끄는 이들 그룹은 리콘으로 와서 연구소 부근에 정착하는 것을 허락해줄 것을 게셰에게 요청하였다. 게셰는 이 학생들을 환영하고 필요한 가르침을 베풀 것에 동의하였다. 학생들은 연구소 4킬로미터 부근에 작은 오두막을 구하여 불교 철학과 변경 수업에 참여하기 위하여 매일 연구소로 걸어 올라왔다. 곧 이어 새로운 학생들이 참여하여 학생 수가 나날이 늘어갔다. 그들 모두 동기가 매우 강해 불교를 심도 있게 포괄적으로 배우고자 단호히 마음을 굳힌 터였다. 이들은 모든 가르침을 무척 열정적으로 따랐다. 사전 지식도 없이 리콘에 도착한 사람들이 티베트어를 공부해야 했는데 언어 공부는 불교에 관한 깊이 있는 공부를 위해 필요불가결한 도구이기도 하였다. 이들 가운데 어떤 이들은 티베트, 인도, 네팔 같은 티베트어 사용지역에 가본 적이 없음에도 티베트어를 배우고 마스터하는 데 채 2년도 걸리지 않았다.

학생이 늘어나면서 시설 사용에 문제가 발생하였다. 연구소에는 게스트룸 두 곳과 좁은 기숙사 이외에 별도의 부대시설이 없었다. 리콘 자체가 외진 곳이라 부근 가장 가까운 호텔도 10킬로미터나 떨어져 있었다. 이 와중에 학생들이 계를 받았으나 대부분의 학생들이 경제적으로 어려움을 겪고 있었다. 후원자나 경제적 기부 없이는 수업이 중단될 수밖에 없는 지경이었다. 게셰는 연구소의 이러한 현실적인 문제들을 해결하기를 염원하였으나 어떤 만족스런 협조나 원조를 창립 위원회로부터 받을 수 없었다. 그래서 게셰는 문제를 해결하기 위하여 다른 곳에 의뢰해야 했다.

학생들이 온종일 학습을 가능하게 하는 모든 시설을 두루 갖추고, 이러한 열정적인 학생들이 자신의 열정을 심오하고 광대한 불법을 배우는 데 바칠 수 있는 센터를 건립하기에 적절한 장소를 찾아, 학생들과 함께 게셰는 스위스 전역을 섭렵했다. 다양한 단체들로부터 여러 제의와 제안이 들어왔다. 최종적으로 게셰는 앙세르메 여사와 프랑스어권 지역 출신인 그녀의 헌신적인 친구들의 제의를 받아들이기로 하였다. 그들은 이 특별한 의도에 어울리는 최적의 장소를 몇 군데 찾아 게셰에게 소개했다. 게셰는 미래의 불교학 연구소를 이끌 곳으로 보 Vaud 주(州)의 몽펠르렝에 위치한 '메종 콜리브리Maison Colibri'를 택했다. 과거에 이 건물은 국제 유대인 아동 시설로 쓰이다가 나중에는 부동산 업자의 소유로 넘어가 있는 상태였다.

3년 동안 게셰는 리콘의 티베트 연구소 소장으로 재직하면서 연구소에서의 자신의 모든 의무와 스위스 내 티베트 공동체 관련 업무 및 티베트 문화와 종교에 관심 있는 사람들과 관련된 업무를 충실히 수행했을 뿐 아니라 다양한 기독교, 불교 기관들로부터 초대되어 여러 유럽 국가를 방문하기도 하였다.

스위스에서도 게셰 세르빠는 제네바를 정기적으로 방문하고 많은 강좌와 과목을 개설하였다. 쮜리히의 졸리콘Zollikon에서는 심리학자 도라 칼프Dora Kalff 여사가 개설한 주간 강좌에서 강의하였는데 칼프 여사와 그의 아들은 우리와 오랜 친분을 맺고 있었다. 실제로 칼프 여사는 티베트 고승들과 처음으로 정신적 유대를 맺은 스위스인들 가운데 한 사람이었다. 깝제 트리장 도르제 창은 이미 1966년 여사의 초대로 그녀의 거처를 방문한 적이 있었다. 이러한 연유로 여사는 게셰가 자신의 집으로 와서 정기적으로 강의해 주기를 청하였다. 그녀는 상시적으로 이 강의가 열리던 두 번째 건물을 도솔천 거주지의 법석-'즐거운 불법 수지Joyful Dharma Holding-'을 의미하는 '이가 최진Yiga Chözin'이라 명명하였다.

1977년 4월 몽펠르렝의 메종 콜리브리는 '고등 티베트학 센터Center for Higher Tibaetain Studies'로 개명되어 학생 전원이 리콘으로부터 이주하였다. 달라이 라마 성하의 축복 속에 게셰는 이 센터의 이름을 '깨달음의 법토 Land of the Dharma of Liberation'를 의미하는 '타르파 최링 Tharpa Choeling'이라고 지었다. 이곳은 불교 철학만을 위한 것이 아닌 티베트 언어, 예술, 의학 같은 여러 가치 있는 분야를 위한 센터가 되었다.

앙세르메 여사와 제네바 부근에 사는 그 동료들은 센터를 지원하고 유지하는 데 경제적 책임을 맡고자 센터와 동명의 정식 협회를 설립하였다. 이미 계를 받고 학업에 전념해왔지만 경제적 재원이 결여된 학생들을 위해서 협회는 이들의 최저 생계비를 마련하기 위해 후원자를 물색하였다. 협회는 무

타르파 최링 개원과 함께 게셰는 최초의 유럽 승가를 설립하게 되었다. 게셰의 왼쪽부터 게셰 잠빠 노드뢰Jampa Lodrö, 게셰 게뒨 상포Gedün Sangpo, 그 옆이 게셰 로 노르부Lo Norbu.

척 협조적이었으며 지원을 아끼지 않았다. 회원 모두 공동의 관심사를 갖고 있었으며 구성원들 대부분이 게셰의 제자들이어서 협회와의 일은 매우 수월하였다. 비록 초기 수년간은 매우 힘들었으나 학생들과 협회의 일치된 노력뿐 아니라 관대한 기부자들과 공감어린 동료들 특히 게셰의 지혜롭고 능숙한 지도력 덕분에 센터는 처음부터 성공적으로 그 의도와 목적을 달성할 수 있었다.

게셰 세르빠는 학생들이 필요로 하는 것과 성향을 두루 살피어 기숙생뿐 아니라 방문 학생들에게도 실질적이면서 지혜로운 프로그램을 정착시켰다. 센터는 세계 각처의 수많은 지망자들의 관심을 끌어 곧 미국과 일본을 위시하여 많은 학생들이 이 학습 프로그램에 참여하였다. 대중 강좌와 주간 세미나에는 스위스를 비롯하여 전 유럽에서 온 수백 명이 참여하기도 하였다.

그 해 말 게셰는 스승들과 제자들을 만나기 하여 유럽에 도착한 이후 처음으로 인도를 방문했다. 다람살라에서 달라이 라마 성하와 걉제 링 도르제 창 성하에게 자신의 유럽에서의 활동을 보고하였다. 두 성하 모두 게셰의 성과에 만족하여 치하하였다. 이어서 계셰는 남인도의 문드곧Mundgod을 방문하여 원 구루Root-Guru 걉제 트리장 도르제 창을 알현하였다. 수년간의 물리적 단절 이후 구루와의 만남은 아버지와 아들 두 사람에게 진정 크나큰 즐거움을 안겨주었다.

게셰의 교수 활동에 관한 상세한 보고를 받은 구루는 그 활동을 충분히 인정했을 뿐 아니라 그 성과들에 찬사를 보내기까지 하였으나 어느 정도 학업의 경지에 이른 사람들에게 자신이 늘 가르치던 『람림Lamrim』과 『로종Lojong』(마음수련) 및 위대한 철학 논서들 같은 불법의 본질적인 내용의 정점

남인도 종 최 승원에서 동자승들과 즐기고 있는 게셰

을 이루는 밀교 관련 수업과 지도를 제공할 것을 게셰에게 권하였다. 밀교에 관한 대중의 이해가 종종 피상적이며 마음이 아직 덜 단련되어 있음을 알기에 게셰는 공개적으로 밀교를 가르치거나 지도하지 않았던 것이다. 그는 밀교의 가르침을 강력하고 복잡하고 속도는 빠르지만 그 기능의 작동 여부는 전력 가용성, 인적 자원에 의존하는 하이테크 기계에 비교하곤 하였다. 이와 마찬가지로 경전에서 가르치는 핵심 내용으로서 무욕, 자비와 지혜 없이 밀교를 수행하는 것은 헛된 일이 될 것이다. 하지만 이때부터 구루에 고무된 게셰는 어느 정도 자격을 지닌 제자들에게 기본적인 밀교 지도와 가르침을 베풀었고 일부 제자들은 이를 실행에 옮겨 수행에서 큰 이로움을 얻게 되었다. 게셰 세르빠를 떠나기에 앞서 깝제 트리장 도르제 창에게 장수 기원 공양을 올리고 티베트 정착지에서 살아가는 연장자들을 위해 고향을 방문하여 관대한 보시를 베풀었다.

또 이 방문 기간 동안 게셰는 문드곧에 있는 간덴 승원과 드레풍 승원의 승려들에게도 상당한 보시를 베풀고 비락쿠페Bylakuppe 소재의 쎄라 승원도 방문하였다. 그곳에는 쎄라 제 승가대학과 쎄라 메 승가대학에서 온 학생들이 오래전부터 그가 돌아오기를 학수고대하고 있었다. 구루를 다시 만나 그로부터 다시 가르침을 받게 된 것은 마치 며칠 동안 갈증 끝에 물을 마시는 것과 같았다. 게셰 세르빠는 이들과 한 달 가량 머물면서 중요한 철학적 가르침을 전하고 두 대학에 보시도 많이 하였다. 두 대학 모두 게셰에게 장수기원 공양을 올렸다. 게셰는 특히 쎄라 제 대학에 입학한 어린 학생들의 학습과 건강에 신경을 많이 썼다. 많은 학생들이 결핵을 앓고 있었는데 게셰는 자신의 경비를 들여 그들 모두가 인도 병원에서 검진 받도록 조치하였다.

새롭게 건립된 쎄라 제 학교의 어린 툴쿠와 동자승들 한 복판에 자리한 게셰.
게셰의 왼쪽 끝에 선 스님이 이 학교 교사 최쬐 나왕 최덴 스님Ven. Chöze Ngawang Chöden,
게셰 오른쪽이 게셰 타시 붐 스님, 오른쪽 맨 끝이 게셰 로장 톱텐 스님.

승원 원장 게셰 렉덴Geshe Legden, 게셰 로상 툽텐Losang Thubten, 게셰 타쉬 붐Geshe Tashi Boom 등 다른 많은 사람들의 도움을 받아 게셰 세르빠의 주도하에 '쎄라 제 어린이학교' 재단이 설립되었다. 재단은 이후 번영을 계속하여 젊은 승려 세대들에게 상당한 혜택을 주었다. 이 학교에서는 초급 종교학습만 마치는 데 그치지 않고 영어와 수학 그리고 자연과학 공부도 마칠 수 있었다. 승원들 그리고 각 승원의 원장들은 유럽과 아시아에서 게셰가 수행한 모든 일에 대해 존경과 깊은 감사의 표시를 정중하게 전하였다. 여기서도 게셰는 훈술Hunsur 지역 티베트 정착촌 부근은 물론 규메 승가대와 종카르 최대 승원Dzonkar Choede Monastery도 방문하였다. 종카르 최대의 승려들은 모두 게셰의 제자들로서 장수 기원 공양을 게셰에게 올렸는데 이로써 게셰의 쉴 틈 없이 바빴던 인도 일정이 마무리 되어 스위스로 돌아왔다.

1978년 여름 게셰는 위스콘신대 교수로서 그 자신 역시 부근에 불교센터를 건립한 게셰 소파Geshe Sopa의 초청으로 미국으로 건너갔다. 게셰 소파는 간덴의 꺕제 송 세르빠 스님, 드레풍의 덴마 노쵀 린뽀체 스님, 쎄라의 게셰 랍텐 스님 같은 위대한 승가 대학의 저명한 세 불교 고승과 더불어 의학계를 대표하는 티베트 명의 로상 돌마Losang Dolma 여사를 초청하였다. 게셰 린뽀체는 초청을 수락하여 『현관장엄론』, 『중론』 등의 강의를 위스콘신 게셰 소파 센터에서 두 달 간 가르쳤다. 그는 미국 캘리포니아 및 다른 여러 주에도 초대되어 강의를 의뢰받기도 하였다. 그의 법문과 가르침에 참여한 모든 미국인들은 강의의 특이한 자질과 효과에 매료되어 이들 가운데 많은 사람들이 미국에도 센터를 건립할 것을 게셰에게 요청하였다.

하지만 그의 미국 방문은 공교롭게도 몽펠르랭의 타르파 쵤링 개원식과 맞물려 있었고, 게셰의 지도와 존재는 센터를 발전시키고 유지하는 원동력이었기에 미국에 더 머물러 달라는 요청을 수락할 수 없었다. 스위스에서의 활동 이외에 다른 것에 관심을 기울일 수 없었던 것이다. 그 결과 그의 가르침에 영향을 받은 많은 미국인들이 몽펠르랭에서 공부하기 위하여 그를 따라 유럽으로 떠나기로 결정했다. 그렇게 기숙학생들과 승려들의 수가 부쩍 늘어갔고 게셰는 필연적으로 센터에 상주할 수밖에 없었다. 1977년부터 1979년까지 게셰 린뽀체는 리콘의 테비트 연구소 소장과 새롭게 건립된 몽펠르랭의 티베트 고등연구소 소장으로 겸직하면서 자신의 의무를 충실히 수행하였다. 그는 두 연구 사이를 왕복하며 졸리칸, 바젤, 베른, 제네바와 그 외의 스위스 지역뿐 아니라 유럽 다른 국가에서도 가르침을 베풀었다. 그의 일정은 극히 빠듯하였다. 게셰는 자신 이외의 게셰들에게도 자신만큼 잘 가르치도록 지도하였다. 그는 스위스에서 오래전부터 살아온, 자신의 오랜 벗인 리콘의 전 소장이었던 게셰 위곈Geshe Ugyen 그리고 고승으로 인정받은 나왕 니마에게 늘어만 가는 진지한 불교 학생들과 지식을 나누는 데 동참해 줄 것을 요청하였다. 그들 역시 수차례 타르파 촐링으로 와서 다르마 수업을 맡았다.

게셰 린뽀체의 또 다른 오랜 벗인 게셰 잠빠 로드뢰도 스위스에서 오래 살았지만 그는 직물 공장에서 일하고 있었다. 그러한 스승이 다르마를 필요로 하는 사람들과 그 지식을 공유하지 못한 채 그렇게 공장에서 시간을 소비하는 것을 게셰는 매우 안타까워했다. 게셰는 그를 칼프 여사에게 소개하고 졸리콘 소재 이가 최진 센터의 상근 교사로 추천하였다. 게셰 잠빠 노드뢰는 게셰의 요청을 수락하고 그에게 수업을 맡겼는데 평생 지속된 그의 수업은 많은 사람들을 이롭게 하였다.

게셰는 많은 툴쿠, 게셰 그리고 다른 능력 있는 사람들이 다르마를 필요로 하고 다르마를 구하던 이들과 다르마에 관한 지식을 함께 하도록 동기를 부여하고 이끌었다. 이러한 게셰의 노력은 많은 라마들에게 바람직한 영향을 미쳐 라마들이 자신의 관점과 활동을 티베트 공동체 너머로 펼칠 수 있는 기회를 제공하였다. 이 또한 또 다른 게셰의 공헌에 속하는 것으로 이 지역에서 불교의 번성에 기여하는 바가 컸다.

티베트 공동체 자체 내에서 게셰와 청년들과의 관계는 매우 각별하고 밀접하였다. '스위스-티베트 우호협회'는 게셰에게 고문 역할을 맡아달라고 요청해왔다. 게셰는 언제나 티베트인들에게 티베트 삶의 형태 속에서 문화적이고 정신적인 정체성을 보존하도록 충고하였다. 그는 문화의 핵심요소로서의 언어를 부모와 자녀들이 함께 공부하도록 권하였다. 특히 티베트 청년들이 언어 및 건전한 불교적 삶의 길을 상실하지 않도록 충고를 아끼지 않았다. 그러한 충고와 가르침은 매우 깊이 인식되어 게셰는 자주 청년들 회합에 초대되었다.

이어서 게셰는 스위스의 티베트 아이들을 위한 2주간 여름학교를 처음으로 열었다. 이 수업은 네다섯 명의 학생들로 시작되었는데, 이제는 50~60명에 달하는 학생들이 여름 방학을 이용하여 이 수업에 참여하고 있다. 아이들은 티베트어 읽고 쓰는 법, 티베트 역사와 불교 기초 관점들을 배운다. 이를 통해 아이들은 자신들의 문화와 종교를 배우며, 함께 즐거운 시간을 보낼 수 있는 기회를 갖게 되는데, 이들은 그 가치를 언제나 크게 받아들이고 있다. 부모들 역시 그러한 특별한 기회가 아이들에게 제공되고, 자신들의 정신적이고 문화적인 유산을 보존하게 된 것에 대해 심심한 감사의 뜻을 전해온다. 1997년부터 비불자 가족들의 요청에 따라 여름학교는 국제 불교 어린이 주간으로 선정되어 국적에 관계없이 참여할 수 있도록 개방되었다.

1977년 함부르크 근처 불교 '스틸레 하우스Haus der Stille'를 두 번째 방문하는 동안 게셰는 몇몇 헌신적인 사람들 특히 그의 제자들인 피터 터너Peter Turner와 크리스틴느 메예-로게Christine Meyer-Rogge의 염원과 도움에 의거하여 '깨달음의 불국토Land of the Dharma of Enlightement'를 뜻하는 창춥 쵤링Changchub Choeling 개원을 추진한다. 게셰는 센터를 개원하고 축복하면서 첫 법문을 열었다. 그는 함부르크 대학 조교수였던 드레풍 고망 승가대학의 게셰 게뒨 로드뢰에게 대학 수업외에도 이 센터에서 다르마에 관한 가르침을 행해주도록 부탁하였다. 게셰는 이로 인해 어느 정도 자신의 시간을 가질 수 있었다. 1979년 4월 게셰는 남인도 쎄라 승원의 덕 높은 그의 연로한 제자들 가운데 한 사람인 게셰 툽텐 나왕을 불러 창춥 쵤링의 상근 교사로 근무해 줄 것을 요청하였다. 게셰 린뽀체는 센터 활동에 필요한 여건들을 모두 마련하였다. 게셰 툽텐 나왕의 통역을 위해 승려들을 타르파 쵤링으로 보내고, 본인도 직접 찾아가 반야심경, '마음수련 일곱 가지 요소Seven-Point Training of Mind' 같은 다양한 불교 관점에 관해 강의하였다. 게셰 린뽀체의 감동과 상근 교사들과 헌신적인 학생들과 구성원들의 일치된 노력으로 센터는 급속도로 발전해갔다. 실제로 학생, 비구와 비구니들의 수가 점차 늘어 넓은 부대시설이 딸린 장소를 구하기에 이르렀다. 그리하여 센터는 이제 북부 독일에서 매우 진정성 있는 티베트 불교센터가 되었다. 1978년 초 게셰는 그동안 간덴 장체Gaden Jangtse 승가대학장에서 물러나 있던 오랜 벗인 게셰 게

된 상포에게 인도를 떠나 타르파 쵤링로 와서 보조 교사로 일해 줄 것을 청하였다.

같은 해 게셰 린뽀체는 몇몇 그의 제자들의 도움으로 이탈리아 밀라노에 센터를 건립하고 센터의 이름을 '나날이 커져가는 덕의 땅The Virtues Increasing Land'을 의미하는 게펠링 Ghe-Pel-Ling으로 정하였다. 이후 센터 이름은 그 설립자의 이름을 따서 랍텐 게펠링 Rabten Ghe-Pel-Ling으로 바뀌었다. 센터는 곧 매우 활동적인, 이탈리아인들을 위한 불교학 연구 센터로 자리매김 되었다. 게셰는 자주 이 센터에서 가르쳤으며, 라마 에셰Lama Yeshe가 포마이아Pomaia에 설립한 불교 센터 '라마 쫑카빠 연구소Istituo Lama Tsongkhapa'에서 가르침을 연 최초의 고승이기도 하였다.

실제로 게셰는 자주 기독교와 불교 등 다양한 이탈리아 기관들로부터 초

람닥 린포체Lamdak Rinpoche(양복 입은 사람)와 함께 한 게셰와 제자들.
오른쪽으로 로텐 툴쿠, 게셰 툽텐 나왕, 게셰 툽텐 트린레Tubten Trinley, 왼쪽 처음이 곤사르 린뽀체,
게셰 땐진Geshe Tenzin 그리고 게셰 뻰바.

대받았었다. 바티칸 교황청은 로마, 파두아Padua 가톨릭 수도원 등 다양한 장소에서 열린 종교간 회합에 게셰를 초대하였다. 게셰는 주교, 추기경 및 다양한 가톨릭 종파의 수도원장들을 만났다.

건립 초기에 게펠링 센터는 장소와 경제적 문제로 어려움에 봉착해 있었다. 하지만 점차 게셰 린뽀체의 지도와 이탈리아 제자들의 헌신적 노력으로 현실적 문제들을 극복하고 순조로롭게 발전해갔다.

1983년 게셰는 쎄라 승원 출신의 연로한 덕 높은 고승인 그의 제자 게셰 땐진 괸포 Tenzia Gönpo를 센터의 상근 교사로 임명하였다. 이 교사의 존재로 인해 다르마 활동이 상당히 늘어나 센터는 진정한 지혜와 불교 수행을 추구하는 수업이 많은 사람들의 염원을 충복시킬 수 있었다. 나중에 게셰 땐진은 쎄라 제와 남인도 미소르Mysore 소재 규메 승가대학Gyüme College을 졸업한 트롬톡 린뽀체Tromthog Rinpoche를 초대하였다. 그는 이탈리아로 와서 게셰 땐진 괸포를 보좌하였으며 두 사람이 합심하여 노력하고 의욕적인 학생

이탈리아 파드와Padwa의 프라글리아 수도원L'Abbé de Praglia 종교간 회합에 참석한 게셰

들도 동참하여 센터는 번창하여 많은 사람들의 염원을 충족시켰다.

1979년 게셰 린뽀체와 스위스 티베트 공동체의 요청으로 달라이 라마 성하가 자신의 두 번째 유럽 방문 기회를 가졌다. 1973년의 방문은 매우 짧은 사적인 방문이었다. 성하는 제네바 공항에서 스위스 주재 성하 대표부와 게셰 린뽀체의 영접을 받고 곧바로 몽펠르랭의 타르파 췰링으로 가서 운집한 천여 명의 대중에게 『수심팔게Eight Verses on the training of Mind』(修心八偈), 『견인도구사념Four Mindfulness of the View』(見引導具四念)에 관해 법문을 설하였다. 이것이 성하가 유럽에서 행한 첫 법문으로 타르파 췰링의 공식 개원 선언이었다. 성하는 센터의 활동과 교수 프로그램을 모두 열정적으로 관찰하고 서구 승려들과 재가불자들이 티베트에서 이루어지는 것과 같은 논쟁과 수업이 포함된 집중적인 불교학 프로그램을 이수하는 것을 보고 매우 즐거워했고, 게셰의 요청으로 성하는 일군의 유럽인들에게 구족계를 수여하였다. 법문이 끝나고 게셰는 협회와 제자들의 이름으로 성하에게 장수 기원 의례

샤카 트리진 성하(게셰 왼쪽 두 번째)와 1978년 리콘에서 열린 성화 의식에 참여한 게셰

를 올렸다. 성하의 방문 이후 깝제 트리장 도르제, 샤카 트리진 린뽀체Shaka Trizin Rinpoche, 깝제 송 린뽀체, 세르콩 린뽀체, 라퇴 린뽀체Ratö Rinpoche, 라티 린뽀체Lati Rinpoche 등 다른 많은 린뽀체들이 타르파 첼링을 방문하여 가르침을 베풀었다. 이와 아울러 유명한 티베트 물리학자들과 예술가들이 타르파 첼링을 방문하여 강의도 하였다.

그리하여 성하는 자신의 타르파 첼링 일정을 극히 상서롭게 소화하고 리콘으로 초대되어 갔다. 리콘의 공립학교에서 성하는 일주일 동안 티베트인들을 대상으로 『입보리행론』(入菩提行論)을 지도하였다. 한 달 이상 걸린 리콘에서의 체류는 성하의 가장 긴 유럽 여정이었다. 이 기간 동안 타르파 첼링은 달라이 라마 성하와 그 일행의 이동뿐 아니라 통역을 성공적으로 수행하였다. 성하의 가르침은 티베트 공동체 이름으로 진행된 장수 기원 의례를 마지막으로 종료되었다. 게셰는 이 기간 동안 성하를 만나 함께 스위스 산악을 여행하기도 하였다.

이 방문 기간 동안 게셰는 리콘 연구소장직 사임의사를 밝힐 기회를 가졌다. 그는 연구소 두 곳을 동시에 관리하는 데 따르는 어려움과 특히 정식 규정에 의거하여 학습에 매진하는 학생들을 위한 수업을 진행하기 위하여 몽펠르랭에 상주해야 하는 필요성을 설명하였다. 몽펠르랭을 방문하여 그곳의 활동을 보기 얼마 전부터 성하는 이미 학생들의 성실함과 열정을 확신하고 있었다. 그리하여 게셰가 더욱 많은 시간을 센터에 할애하는 것이 필요하고 도움이 된다는 사실에 성하도 동의하기에 이른다. 성하는 게셰 게뒨 상포를 리콘 연구소의 게셰 후계자로 지명하였는데 앞서도 언급했다시피 그는 게셰의 초정으로 이미 2년간 스위스에 머물며 타르파 첼링의 보조교사로 일해 온 터였다. 게셰도 이러한 성하의 선택에 동의하여 두 연구소 모두에게 합리적이고 완벽한 해결책이 제공되었다.

그해 연말 게셰는 리콘으로부터 타르파 췰링으로 이사한다. 이때부터 게셰는 행정업무뿐 아니라 교수 활동 전반에 걸쳐 총책임을 맡아 소장직 업무를 매우 집중적으로 강화해갔다.

게셰는 매일 몇 강좌씩 수업을 진행하였다. 그는 변경 수업을 개인적으로 지도하였고, 명상과 기도 수업을 모두 담당하였으며 필요할 때마다 학생들의 질문에 응답하였다. 게셰는 기숙생들에게 새로운 학습 프로그램을 개발하고 가르쳤다. 그러한 프로그램은 매우 포괄적으로 고안된 것이라 5년간의 불교 철학 수업에서 다루는 다섯 가지 중요한 주제들을 아우를 수 있었다. 그 외에도 게셰는 정기 주간 과정 외에 비정규적 세미나를 통해 대중 교육도 실시하였다. 그는 늘 존경심의 발로에서 혹은 다양한 주제들에 관한 질문을 던지거나 개인적 문제로 찾아오는 사람들을 맞이하는 데 시간을 할애하였다. 기자, 초등학생, 기독교 각 전통 종파의 목회자들과 다른 종교의 성직자들 할 것 없이 직업을 막론하고 많은 사람들이 끊임없이 그를 찾아 왔다. 이들 가운데는 각기 다른 종파의 티베트 라마들뿐 아니라 미얀마의 마하시 사야도Mahasi Sayadaw 스님, 한국의 구산(九山) 스님, 수메도Sumdho 스님, 스리 무넨드라지Sri Munendraji 스님과 그 외에도 다른 많은 사람들이 그를 찾았다.

이 모든 일로 게셰는 늘 엄청나게 바빴다. 불교 스승과 정신적 교사 역할로서뿐 아니라 심리학자, 가정 상담사 그리고 그 이외의 역할도 수행하였다. 매우 일상적인 문제와 가정 문제로 찾아온 사람들에게 늘 자비를 베풀고 이해하려 노력하면서 게셰는 좀 더 숙련된 방법으로 그들을 도우려 애썼다. 동시에 그는 티베트 불교나 연구소 활동에 궁금증을 지닌 기자들과 다른 사람들의 호기심을 충복시키고 질문도 만족시켜야 했다. 그 외의 시간에도 게셰는 티베트의 상황을 알리는 대변인 역할도 맡았는데, 이 일이 티베트 불교와 불가분의 관계에 있었으며 사람들이 티베트의 과거와 현재와 관련하여 정확한 정보와 올바른 해답을 가져야 했기 때문이다.

정신적 지도와 관련하여 게셰 린뽀체의 자비와 지혜뿐 아니라 그 숙련성과 중생의 행복을 위한 배려는 매우 깊고 넓은 것이어서 인간뿐 아니라 곤충을 포함한 모든 유정을 진실하게 껴안는 것이었다. 이것은 단순한 이론에 지나지 않은 것도 아니며, 게셰 린뽀체의 이러한 덕성은 아름답고 고결한 어떤 개념이 아니었다. 이것은 하나의 실상이며 게셰 린뽀체는 어떠한 분별심도 없이 누구에게나 이를 실천했던 것이다. 그는 종종 인도의 가난한 이들과 절망 속에 사는 이들을 위한 기구를 창설하려는 염원을 표현하곤 하였다. 그는 '다르마의 구체적인 실천자'들로서 궁핍한 사람들을 직접적으로 지원하는 기독교도들과 세속의 사회봉사 기구들을 높이 평가하였다. 게셰는 늘 센터 학생들에게 센터는 늘 세상 전체에 개방되어 있다고 말했다. 성실하게 다르마에 관한 지식과 정신적 도움을 추구하는 사람들 모두를 환영한다는 말이었다. 문은 누구에게나 열려 있었다.

게셰를 따르는 사람들의 모임은 몇몇 예만 들어도 티베트, 인도, 미국, 유럽과 일본을 포함할 정도로 다양한 국적을 지니고 있었다. 이들은 비구, 비구니, 재가불자들로 센터의 불교학 정규 수업에 참여하고 있었다. 게셰의 자비와 사랑은 이들 모두에게 골고루 펼쳐졌다. 게셰는 결코 그 어느 누구도

차별하거나 편애하는 법이 없었다. 학생들을 돌보려는 그의 관심은 그의 마음 깊은 곳에서 우러나온 것이다. 이러한 행동은 사교 수단에 따른 행동이나 그저 다른 사람을 즐겁게 하는 방법이 아니었다. 게셰는 항상 학생들의 행복에 관여하고 그 책임을 통감하고 있었다. 학생들에게 문제가 발생할 때면 —가끔씩 학생들에게는 가족, 경제, 심리상황과 관련하여 문제가 발생하기 마련인데— 게셰는 늘 그 문제들에 특별한 관심을 기울이곤 하였다. 이러한 문제를 해결하면서 그들을 돕기 위하여 매우 도움이 되는 충고들과 제안을 아끼지 않아 많은 시간과 열정을 쏟아부었다. 게셰의 충고를 완전히 신뢰하고 전적으로 따른 학생들은 무엇을 추구하건 성공적으로 수행해갔다. 반신반의하면서 그의 충고를 부분적으로 따른 학생들은 자신들의 염원을 충족시키는 데 훨씬 더 많은 어려움을 겪었다.

스위스에서 내가 겪은 체험 때문만은 아니지만, 게셰 린뽀체와의 첫 만남 이후 이어진 30년 이상 게셰와 함께한 생활을 통해 나는 완벽하게 확신하게 되었다. 그것은 게셰 린뽀체처럼 충분히 덕 높고 고귀한 스승을 만난다면 제자들의 구루에 대한 헌신이야말로 매우 중요하고 값진 소중한 그 무엇이라는 사실이다. 헌신의 보상은 제자 자신에게 큰 이로움으로 돌아온다. 만인이 그런 것은 아니지만 게셰와 같은 스승의 경우, 구루에 대한 헌신이야말로 바로 일체선의 근원인 것이다.

가끔 학생들을 도우려는 게셰의 노력에도 불구하고, 자신의 무지나 주위의 그릇된 영향 혹은 다른 부정적 환경으로 인해 일부 학생들은 학업을 중단하거나 비구나 비구니로서 지켜야 할 자신의 계율을 간과하기도 한다. 학생들 내부의 동요나 탈선에 게셰는 깊은 우려를 표명했다. 학생이 그의 충고를 따르지 않아서가 아니라 학생들의 태도가 악화되어 초래된 결과가 문제였기 때문이다. 게셰 만큼 자신의 제자들의 행복을 돌본 스승들은 별로 없다. 게셰는 어느 누구도 비난하지 않았으며 어느 누구의 의욕을 꺾거나 누군가에게 모욕을 준 적도 없다. 오히려 항상 그들을 도우려 애쓰면서 인내심과 자비를 저버리지 않으려 노력하였다. 이것이야 말로 학생들에게 무척 도움이 되는 일이었다.

이러한 사실이 어떤 의미에서는 게셰가 유약했음을 의미하는 것은 아니다. 그의 언행은 전적으로 합리적이고 강했으며 중후함을 지니고 있었다. 그의 존재와 그의 삶의 방식은 언제나 깊은 안정감을 표현하고 있었다. 가끔 스승의 주변에 머무는 것은 마치 높은 산을 대하는 것과 같은 느낌을 갖게 했다. 그의 제자 모두가 그를 진정 사랑하였으나 이러한 게셰 개인의 특별한 영향력은 주위에 있는 누구에게나 자연스럽게 깊은 존경심을 자아내게 하였다. 게셰 주위에서의 경거망동이란 전혀 있을 수 없는 일이었다. 이러한 깊은 인상은 그의 승복, 관모, 모자처럼 외적 여건에 의존하는 것이 아니었다. 그가 심어주는 인상은 중후한 안정성, 심오한 자비, 광대하고 명확한 지혜의 조화 속에 자연스럽게 드러나고 있었다. 이 모든 것이 가장 존경스러운 스승으로서 그를 언급될 만한 가치가 있는 대상으로 만들었던 것이다.

경전에 언급된 진정한 정신적 스승의 덕목과 자격요건이 게셰에게 내재되어 있어 그의 모든 가르침과 충고에 신뢰성과 효율성을 부여하였다. 그의 가르침과 충고를 받아들이는 수밖에 다른 방안이 없었다. 게셰의 말은 무엇이건 항상 깊게 남아 잊지 못할 인상을 남겨 이를 마음에서 지워버리기가 꽤나 어려웠다.

게셰의 또 다른 중요한 특성 다시 말해서 그의 유머 감각을 언급하지 않을 수 없다. 앞서 말했듯이 그의 성격은 매우 안정적이며 장엄하고 신중한 편이지만 그렇다고 이러한 성격이 그의 대단한 유머감각과 상충하는 것은 아니었다. 이러한 성격들은 서로 보완 역할을 하였다. 특히 만년에 이르러 게셰는 티베트인이건 유럽인이건 그의 벗들, 교사들, 제자들과의 농담을 즐겼다. 나중에 분석해보면 가끔씩 그가 지어내는 농담들에는 심오한 뜻이 담겨져 있음을 알게 된다. 이 농담들은 그저 시간을 보내기 위해서 지어낸 어리석은 말들이 아니었다. 그의 유머가 의도하는 즉각적인 효과는 상대를 즐겁게 하고 긴장을 풀게 하는 것이지만 그것은 언제나 정확한 목적과 의도를 지닌 것이기도 하였다. 그것은 또 다른 가르침의 길이기도 하였다. 그의 가르침들은 가끔씩 청중의 웃음을 자아내는 농담들이 배어 있고 대중의 불안한 마음 상태를 안정시켜주기도 하였지만 동시에 대중은 이로부터 무엇인가를 배우게 된다. 나로서는 이러한 사실 자체가 수완 높은 스승의 위대한 자질로 다가온다.

게셰를 유명하게 만든 가장 뛰어난 자질은 그 가르침의 명확성과 단순성, 가르치는 방식의 세밀하고 심오한 방식에 있다. 이러한 자질은 라마 고승들에게서도 매우 찾아보기 드물고 예외적인 것이다. 게셰의 가르침에 익숙한 자들은 이러한 진술의 진실성을 신뢰할 수 있다. 단순한 기본 불교 논리 혹은 어느 정도 고급 단계의 복잡하고 미묘한 철학적 관점 혹은 밀교의 복잡하고 오묘한 의미를 가르치건 그의 해설을 들으면 그 모든 것이 단순해지고 바로 이해하게 된다. 따라서 나처럼 무지한 사람도 희망을 갖고 열정적으로 용기를 지니게 되는 것이었다.

게셰의 가르침은 듣는 이의 마음을 깊은 곳에서 흔들어 놓은 특별한 효과를 지니고 있었다. 그가 가르치는 다르마 수행 요소 모두가 직접적으로 사람의 마음에 내재하는 핵심에 영향을 미쳐 변화를 유발하였다. 그의 가르침은 양궁 사수처럼 과녁을 정확히 조준하여 실수 없이 맞추듯 그 목적을 실현시켰다. 그것은 살아있는 가르침이었다. 이론 수준이나 단순한 철학적 혹은 지적 사색 수준에서도 완벽한 것이었다. 게셰 린뽀체가 가르치는 것은 분야를 막론하고 모두 생생하게 깊은 확신을 주었다. 그래서 다르마에 관한 의심이나 오해가 발생해도 게셰의 가르침에 한 번만 귀 기울이면 그 의심과 오해가 근원적으로 해소되는 것이었다. 그리고 그의 가르침에 조금이나마 더욱 친밀해지면 그러한 의혹과 의심 모두로부터 완벽하게 해방될 수 있었다. 내 생각에 그 이유는 그의 가르침이 단순히 문자에 의존한 것이 아니기 때문이다. 물론 게셰의 가르침 모두는 붓다의 가르침과 경전에 의존하고 있으며, 이는 당연한 도리이다.

무엇보다도 다르마는 중생을 구제하기 위해 특별히 이승에 나투신 무상사 석가모니불이 와 가르친 것이다. 그 누구도 석가모니불보다 지혜롭지 못하다. 그러므로 어느 누구도 사실상 더 새로운 것을 발명해낼 수 없으며 이미 석가모니불이 가르친 것과 다른 것을 가르칠 수 없다. 하지만 내가 말하고 싶은 것은 게셰가 그 모든 가르침을 편파적이지 않고 광대원만하게 배웠다는 사실이다. 그 의미를 깨닫고 게셰는 다르마의 요소들 모두를 수행에 적용한 것이다. 이러한 과정을 통해 그는 즉각적인 깨달음에 이르렀다.

예를 들어, 우리는 종종 일체 중생을 위한 깨달음에 이르기 위한 염원으로서 보리심에 관하여 언급하거나 삼라만상에 내재된 본성으로서 공성에 관하여 언급하고 한다. 게셰에게는 단순 이론도 과거부터 전해오는 이야기도 없으며, 자신의 내부에 생생한 어떤 것이 있을 뿐이다. 스스로의 노력을 통해 게셰는 실제로 이러한 요소들에 관한 깨달음에 이르렀다. 다른 사람들을 가르칠 때도 게셰는 단순히 개별 텍스트의 의미에 관한 지적 이해에 근거한 해설을 제공하는 데 머물지 않았다. 오히려 그의 설명은 자신의 경험으로부터 직접 유래한 것이었다.

그것은 마치 파리에서 살아본 사람과 같다. 파리를 직접 보고 파리에서 살아본 사람은 파리와 매우 친밀해져 있다.[52] 파리에 살아본 사람이 파리에 가본 적이 없는 다른 사람에게 파리를 묘사할 때면 자신이 살아본 경험에 힘입어 설명하기에 직접 가보지도 않고 학교나 가이드북 내용에서 배운 것에 의거하여 설명하는 사람과는 달리 매우 생생하게 파리를 설명해줄 것이다. 물론 듣고 읽은 것을 설명하는 식으로 무엇인가를 설명할 수도 있을 것이다. 하지만 파리에 오랫동안 살고 골목골목 길을 잘 알고 어디에서 무엇이 있는지 잘 아는 누군가가 설명할 때와는 분명히 차이를 보일 것이다. 게셰의 다르마 가르침은 이와 유사하다. 그의 가르침은 모두 개인적 해설이었다. 그 결과 그의 설명은 듣는 이에게 전혀 다른 효과를 유발하였다.

게셰는 자신이 깨달음에 이르렀다고 주장한 적이 없다. 그는 언제나 자신이 수행에 매진하는 한 명의 비구에 지나지 않음을 역설하였다. 하지만 그를 잘 알고 있는 사람이면 누구나 게셰 린뽀체가 다르마 수행의 모든 국면에 통달하였음을 명확하게 알 수 있었다.

---

52. 파리 북역Gard du Nord 부근에서 2년간 살았던 역자에게 이 구절은 매우 친근하게 다가온다.

이 모든 이유에서, 지적인 제자이건 무지한 제자이건 게셰 린뽀체의 법문을 듣는 것은 누구에게나 진정 커다란 즐거움이었다. 지겨워하거나 지친 모습을 보이는 사람은 없었다. 그 가르침은 갈증으로 죽어가는 누군가에게 순수하고 맑은 샘물과도 같았다. 게셰 린뽀체만의 또 다른 특유한 자질은 불도에 관하여 제자들을 이끄는 그의 순수한 교수법에 있었다. 그의 의도와 방법은 완벽하게 순수한 것 그 어느 세속적 관심사에 물들지 않은 것이었다. 그것은 오직 이해관계를 떠난 이타심이었다. 자신의 행위로 인한 제자들과 윗사람들로부터 어떠한 형태의 물질적 보상 직위나 업무 혹은 자신에 대한 존경 등의 어떠한 보상이나 신뢰를 기대한 적도 없다. 더구나 명성과 평판을 조금도 신경 쓰지 않았다. 그러한 세간의 목적은 게셰에게 아무런 의미도 없었다. 그의 활동의 유일한 목적은 중생을 이롭게 하고 고통의 상태와 그들의 마음속에 도사리고 있는 고통의 원인들로부터 구제하는 것이었다.

자기 자신의 이해관계를 위해 본인이 직접 가르치거나 일하지 않아도 자신의 종교, 자신의 전통, 자신의 승원이나 직장을 위해 가르치거나 일할 수는 있다. 하지만 게셰가 다르마를 가르치는 목적은 그러한 반(半)정신적인 태도를 넘어서고 있다. 언제나 게셰는 다르마가 항상 중생을 위해 존재하는 것이며 이와 반대가 아님을 매우 명확히 하였다. 그러므로 누군가를 특정 종교나 전통으로 전향시키는 것이 아니라 다르마의 진정한 의미를 이해하는 데 도움을 주어 이들이 스스로 자신에게 도움이 될 수 있도록 돕는 데 목적을 두고 있었다. 누군가가 공식적으로 이것이 되느냐 혹은 저것이 되는가는 그리 중요하지 않았다. 게셰는 결코 특정학파의 형태를 띠고 다르마의 가르침을 전한 적이 없으며, 대신 결점 없이 명확하고 이해 가능한, 누구에게나 적용가능한 방식으로 가르침을 전하였다. 이러한 방법을 통해 개인은 자신의 마음과 자신의 상황을 변화시킬 수 있다. 어느 전통에 속하느냐 하는 문제는 부차적인 것이었다.

누군가가 정확한 분석에 의거한 연기법에 대한 확고한 믿음의 토대도 없이 이 전통 혹은 저 전통에 속한다고 주장하는 것은 완벽한 허튼소리이다. 우선 다르마에 대한 견고한 확신을 가져야 한다. 그리고 이에 기초하여 준비되어 있고, 정통적 전통과 연관된 특별한 가르침과 명상적 기술 및 방법을 구족하였을 때 가르침이 가능한 것이다. 수행이 어느 정도 무르익으면 큰 도움이 될 수 있다. 하지만 많은 사람은 다르마에 대한 기본적 이해와 확신이 부족함에도 이것 혹은 저것을 주장하고, 분별심을 키우고, 정파적인 관점을 유지한다. 이는 다르마 자체를 위해서 뿐 아니라 중생을 위해서도 큰 위험들 가운데 하나이다. 게셰와 함께 한 30년 동안 나는 게셰가 다른 전통이나 그 추종자들에 대해 비판하거나 무례하게 말하는 것을 들어본 적이 결코 없다. 게셰 자신은 완전하고도 변함없이 헌신적인 쫑카빠 추종자였다. 쫑카빠가 게셰에게 물려준 진실로 깨달은 스승들로부터 중단 없이 전달된 오류 없는 무상의 가르침 그리고 이와 동시에 전달된 다른 전통들에 대한 그의 공경은 정말 순수하고 심오한 것들이다.

게셰 린뽀체의 이러한 원대하고 열린 자세로 인해 광신적 믿음이나 분파주의 같은 심각한 오류들은 게셰의 가르침과 센터와는 무관하였다. 특정학파의 누군가를 우선 소개하고 나서 다르마를 소개하는 것은 게셰의 방식이 아니었다. 대신 게셰가 확실히 한 것은 제자가 기본 가르침을 두루 이해하고 깊은 확신을 얻도록 하는 것이었다.

이처럼 모든 전통과 정신적인 방식을 혼합하여 소화불가능한 먹거리를 만들어내는 것은 게셰 린뽀체의 방식이 아니었다. 그렇게 접근하는 경우 혼돈을 겪지 않고 깨달음의 경지에 순조롭게 다가가려는 사람에게 어떠한 가치 있는 결과도 만들어낼 수 없다.

게셰 린뽀체의 정신적 방법에 관한 관심은 불교의 영역 너머로 확장되어 갔다. 그는 다른 체계에 관한 공부를 게을리하지 않았는데 예를 들어 늘 그가 소지한 책들 가운데는 티베트어 성경이 있었다. 그의 제자들이 과학과 서구 철학에 관한 몇몇 논문들을 자신에게 읽어주고 번역해주는 것을 좋아했다. 그는 늘 과학과 불교를 비교하기를 기원하였다. 양자의 체계 사이에 현상에 대한 합리적이고 객관적인 접근방법과 분석적 연구방법 같은 공통점들이 많았기 때문이다. 게셰는 양자들의 원칙에 관한 비교연구에 관심이 많았는데 이러한 연구가 현대 세계에서의 다르마에 관한 이해와 타당성과 가치에 기여할 수 있었다. 어느 순간 게셰는 이 특별한 주제에 관하여 글을 쓰기 시작하였다. 불행하게도 게셰에게는 충분한 시간이 없어 이를 완성하지 못하고 만다.

게셰는 다양한 주제에 관한 많은 저술을 남겼다. 그는 선시의 대가였다. 그의 작품들은 빼어나게 아름다운 의미를 지니고 있었다. 게셰의 작품들은 본질을 담지 못한 채 단순히 장식적인 용어들만 모아 놓은 집합체가 아니다. 반대로 이 작품들은 읽고 듣기에 유려하고 아름다운 작품으로서 가치를 지님과 동시에 가르침들의 명확성과 심오함을 표현하고 있어 우리의 마음 속 깊이 울림을 자아내고 변화시킨다. 게셰는 자신들의 스승을 찬탄하는 송가를 많이 지었는데 특히 그가 존경한 근원 구루 게셰 잠빠 케둡, 깝제 트리장 도르제 창을 기리는 시를 많이 썼다. 이 스승들과 게셰는 서로를 칭송하고, 구루에 대한 존경을 표시하고 서한을 주고받으며 애정 어린 찬탄을 표현하는 충고도 많이 받았다. 가끔씩 게셰는 제자들 모임 혹은 개인을 상대로 시의 형태를 사용하여 충고와 특별한 가르침을 전하곤 하였다. 이들은 사람의 마음을 크게 감동시키고 변화시켰다. 이 시들은 위대한 시인 요기 밀라레빠의 노래들과 유사하여 매우 아름답지만 세계적으로 널리 보급되지는 않았다.

게셰는 또 매우 중요한 몇몇 논서들을 쓰기도 하였다. 예를 들어 규모가 큰 승원에서는 예외 없이 가르치고 있는 주요 철학 분야로서, 붓다의 가르침의 해석적이며 결정적 의미에 관한 쫑카빠 스승이 저술한 대단히 어려운 텍스트가 있다. 게셰는 이 텍스트에 각주를 다는 형식으로 완벽한 주석서를 저술하였다. 이러한 작업은 그가 텍스트 행간에 적절한 해설을 넣어 난해한 구절들을 이해하는 데 장애가 된 고리들을 풀어주었음을 의미한다. 이 저술은 게셰의 대표적 철학 저술로 전통적 티베트 고전 텍스트 형태로 된 대작이다.

또한 게셰는 『정견가Song of the Profound View』(正見歌)[53]라 불리는 자신의 주해를 곁들인, 공성 내에서 겪은 자신의 명상적 체험과 연계된 다르마의 매우 본질적인 요소를 논하는 저술을 내놓기도 하였다. 이 저술은 궁극적 진실에 관한 탐구의 미묘함과 난해함을 보여준다. 이 텍스트는 영어로 번역되었다. 이러한 다르마에 관한 작업은 그 유례를 찾아보기 힘들다.

티베트와 인도에서 게셰는 명성 자자하지만 그릇된 견해를 포함하는 다

53. 독자들이 지금 읽고 있는 책을 출간한 출판사 '에디션 랍텐'에서 출간됨

르마의 다양한 주제들과 관련하여 상당히 의미 있는 다른 여러 저작들을 집필하기도 하였다. 근래 들어 유럽에서 그가 가르친 것들을 토대로 많은 저술이 유럽 각국의 언어로 출간되었으며 다른 많은 가르침들이 테이프에 녹음되기도 하였다. 많은 사람들이 그 혜택을 받을 수 있도록 책으로 출간하기를 소망하고 있다.

1980년 게셰는 스위스에 도착하고 나서 두 번째 인도 여행에 나서 그의 제자들이 학수고대하며 그를 기다리고 있던 쎄라 승원도 방문하였다. 약 한 달간 제자들과 머물면서 남인도 체제 내내 집중적인 가르침을 펼쳤다. 게셰는 신축 쎄라 제 승가대학 강당에 승려들을 위해 건강 의자들을 후원하고 스위로 돌아왔다.

그해 게셰는 달라이 라마 성하의 성년 스승이자 쫑카파 좌의 27대 계승자인 꺕제 링 린뽀체를 몰펠르렝의 타르파 쵤링으로 초청하였다.

꺕제 링 도르제 창은 운집한 대중들에게 야만따카 입문식을 행하고 쫑카빠의 『연기찬the praise of Interdependent Organization of Buddha』(緣起贊)을 해설해 주었다. 그는 게셰의 노력에 힘입은 센터의 성공에 크게 기뻐하였다. 두 사람은 많은 것들에 관하여 허심탄회한 대화를 나누었다. 꺕제 링 도르제 창은 센터 곳곳을 축복하고 성화 의식을 주관하였다.

또한 그해 게셰는 인도의 세사 승원 출신 연로한 제자 게셰 카량Geshe Karyang을 타르파 쵤링으로 데려와 보조 교사 업무를 맡겼다. 그는 센터에 큰 도움이 되었으나 건강이 악화되어 3년 후 세상을 떠나고 말았다.

1982년 초 게셰는 그의 스승들 가운데 특히 연로한 근원 구루 꺕제 트리장 도르제 창을 만나기 위해 돌연 세 번째로 인도를 방문한다. 게셰는 쎄라 승원으로부터 돌아온 게셰 로텐 린뽀체와 함께 쎄라 승원으로 향했다. 로텐 린뽀체는 게셰 린뽀체의 첫 스승인 게셰 잠빠 케두룹의 환생으로서 그를 찾아낸 것은 1970년이었다. 당시 로텐 린뽀체는 쎄라에서 공부하고 있었지만 그의 악화된 건강을 돌보기 위해 스위스로 데려와야 했다. 어느 정도 회복된 그는 공부를 계속하기 위하여 쎄라로 돌아갔으나 1년 후 건강이 다시 악화되어 스위스로 돌아와야만 했다.

이 방문 기간 동안 게셰 트리장 도르제는 게셰에게 자신의 승복 일체와 두발을 전수하였다. 게셰가 그를 만났을 때만 해도 그의 건강은 좋았었다. 하지만 돌이켜 생각해보면 게셰가 인도를 급히 방문한 것 그리고 걉제 트리장 도르제의 행동 양식 모두가 그 해에 게셰가 반열반에 들리라는 사실을 명확히 예시하고 있었다.

1981년 여름 8월 마지막 주 동안 게셰는 대중들을 위한 중요한 학급을 개설하였다. 센터 내부에는 참가자 전원을 수용할 여유 공간이 없어 몽펠르랭 근처의 레자방Les Avants 소재 호텔을 예약했다. 게셰 린뽀체와 몇몇 승려들은 일주일 동안 호텔로 이주해 있었다. 약 백 명의 대중에게 게셰는 일주일간 명상을 지도하였다. 수업은 처음부터 대성공이었는데, 전일 프로그램으로서 매우 집중적인 수업인데다 학습뿐 아니라 그룹명상 및 질의응답 시간으로 이루어져 있었다. 수업에는 구루 푸자[54] 의식도 포함되어 있었다. 일주일간의 명상 코스를 포함하는 전통은 현재까지 유지되고 있다.

여기에서 언급한 게셰 린뽀체의 그 모든 행위들을 통해 우리가 알 수 있

54. Puja, 산스끄리뜨 의미는 경의, 숭배. 예배 의식을 뜻한다.

게셰 린뽀체가 타르파 촐링의 회원들과 보시자들에게 그들의 끊이지 않는 도움에 대한 보은의 표시로 해마다 마련하는 공양에서 감사의 말을 전하고 있다.

는 것은 비록 게셰보다 일찍 서구에 왔었던 몇몇 스승들이 있었다 해도 실제로 서구에 티베트 불교를 전한 선구자는 게셰 린뽀체였다는 사실이다. 그러나 서로 다른 여건 때문에 게셰 이전에는 아무도 서구인들을 위해 그렇게 집중적 활동을 시작한 적이 없다. 그래서 그가 아니었다면 서구에서 그리고 특히 겔룩파 내에서의 티베트 불교 상황은 매우 달라졌을 것이다. 그가 나의 스승이기에 그의 자질을 과장하고 그를 칭송하려고 하는 말이 아니다. 이러한 진술은 훌륭한 이유에 근거하고 있다. 우리가 앞에서 살펴본 대로 게셰는 달라이 라마가 1960년대 서구인들에게 가르침을 전하기 위해 선택한 첫 번째 스승이었다. 그렇게 그 교육활동의 기원은 이미 그 이전으로 거슬러 올라간다.

게셰는 자기 자신의 다르마 교육에 집중적으로 참여한 것 외에도 다른 많은 교사들이 수행하던 같은 업무에 신선한 자극을 주기도 하였다. 그는 많은 우수 교사들을 인도에서 유럽으로 데려와 그들의 체류와 활동을 위해 필요한 모든 조치를 취하였는데 이 같은 노력이 없었다면 이 지역에서 이토록 많은 스승들을 결코 볼 수 없었을 것이다.

몇몇 다른 탁월한 스승들의 활동 역시 게셰와 간접적으로 연결되어 있다. 이 가운데 가장 훌륭한 예는 게셰의 제자들이었던 라마 예셰와 라마 소파의 경우이다. 이들은 교육에만 참여한 것이 아니었는데, 두 사람 모두 게셰 린뽀체와 가까운 사이였기 때문이다. 라마 예셰와 그 두 조카 게셰 툽텐 체링과 게셰 트린레는 티베트의 쎄라 승원에 입문하자마자 곧 게셰의 학생이 되어 약 20년 동안 그의 가르침을 받았던 것이다. 한 때는 게셰가 그들의 집에서 머문 적도 있다. 라마 예셰는 다른 스승들로부터 가르침을 받기도 하였다. 그러나 티베트에서뿐 아니라 특히 벵갈 서부의 북사Buxa에서 함께 살았던 처음 수년간 인도에서도 게셰 린뽀체는 라마 예셰의 가장 친하고 소중한 스승이었다. 라마 예셰는 티베트 다른 지역 출신이었으나 오자마자 바로 게셰의 제자가 되었던 것이다.

북사에서 게셰는 트롬톡 린뽀체, 소파 린뽀체 그리고 이렇게 세 명의 툴쿠를 제자로 두고 있었다. 우리는 함께 놀고 함께 게셰의 가르침을 받았다. 우리의 놀이와 어린애 같은 행동은 스승을 기쁘게 하기도 하고 속을 썩이기도 했는데, 게셰는 당시 우리의 유일한 스승이었다.

시간이 흘러 1965년 무렵 게셰 린뽀체는 성하의 철학 조교직을 수행하기 위해 다람살라로 가야 했는데 이때 라마 소파는 라마 예셰와 학업을 지속하고 있었다. 잠시 후 이들은 러시아 공주인 지나 여사Mrs. Zina를 만나 그녀의 스승이 되었고 비구계를 수여한다. 이후 이들의 서구인과의 유대 및 그들에 대한 가르침이 지속적으로 이어져 좋은 결실을 맺었고 수많은 사람들에게 큰 이로움을 베풀었다. 이 기간 동안 두 라마는 항상 게셰에게 자문을 구했고 다양한 결정에 앞서 그에게 자문을 구했다. 한때 라마 예셰는 게셰만을 위해 특별히 지은 방이 있는, 네팔의 코팬Kopan으로 게셰가 올 것을 주장하기도 하였다. 하지만 게셰는 다람살라에서의 자신의 소임 때문에 성하를 모시기 위해 제자들의 요구를 수용할 수 없었다. 그렇지만 두 제자는 스승과 밀접한 관계와 소통을 유지해갔다. 이후 줄곧 게셰는 제자들의 서구인들을 위한 전법 활동을 전폭 지원하면서 용기를 북돋았다. 비교적 젊은 나이에 라마 예셰는 요절하고 만다. 이전부터 게셰가 주도한 소임을 완수하는 라마 예셰보다 훌륭한 적임자는 없었기에 그 손실은 매우 컸다.

1981년 11월 깝제 도르제 창 성하는 일반 중생의 관점에서 보면 육체로부터의 벗어남이라 할 수 있는 반열반에 들었다. 위대한 스승의 열반은 진정 최근 티베트 현대사에서 가장 큰 손실이었다. 깝제 트리장 도르제 창 달라이 라마 성하의 제2의 다르마 스승이었을 뿐 아니라 성하의 진정한 멘토로서 모든 영역에서 행불행을 떠나 언제나 어느 누구도 넘볼 수 없을 정도로 크게 공헌한 시대의 스승이었다.

달라이 라마 성하에게 『보리도차제광론』, 『승악륜속Chakrasamvara Tantra』(勝樂輪續), 수백 여 종의 입문식과 특별한 가르침을 제공한 것은 깝제 트리장 도르제 창이었다. 그는 어린 시절의 달라이 라마에게 작문을 가르치고 연설문을 작성하는 등 성하를 도왔다. 깝제 트리장 도르제 창은 불교의 가르침과 티베트 문화 전 분야에 걸쳐 가장 뛰어난 스승이었다. 그는 모든 분야에서 지혜의 근원 자체이자 상담의 주체였다. 경전과 딴뜨라에 관한 지존의 깨달음에 이르렀을 뿐 아니라 아무도 능가할 수 없는 전법자이기도 한 그가 스승의 전형이었음은 누구에게나 잘 알려진 사실이다. 딴뜨라 입문식, 딴뜨라 주석, 구술 지도를 정통적으로 계승하는 전수자였다. 꺕제 트리장 도르제 창을 따르는 사람들 모두 그를 구루 금강역사Guru Vajradhara 혹은 완전히 깨달은 존재의 명칭인 슈리 헤루카Shri Heruka[55]로 언급하고 있었다. 결론적으로 그야말로 대자비와 총지의 화신이었다.

그의 가르침, 충고, 자비행은 모든 한계를 초월하여 항상 이를 필요로 하는 사람들에게 스며들었다. 거의 모든 티베트인들이 상황과 행위를 구분하지 않고 그의 지도와 축복을 구하였다. 모든 위대한 스승, 연로하거나 젊은 린뽀체, 게셰, 비구, 비구니, 장관, 사업가, 남녀노소, 부자와 빈자, 지식인 혹은 전문직 종사들 역시 그러했다. 순조로울 때나 어려울 때나 티베트인들은 삶을 내딛는 매 행보마다 그의 도움과 충고를 구했다. 그는 무한한 자비심과 인내심으로 만인을 공평하게 보살폈다. 그의 도움이 없었다면 티베트 불교의 전반적 상황 그리고 세부적으로는 쫑카빠 스승의 전통도 매우 달라졌을 것이다. 달라이 라마 성하로부터 유래하는 우리 시대의 위대한 스승들 대부분이 그의 제자였다. 이들이 이룬 그 모든 것은 직접적이건 간접적이건, 티베트 역사와 티베트 종교사에서 가장 뛰어난 인물들 가운데 하나인 스승의 친절함에 빚지고 있다.

생애 마지막 순간까지도 꺕제 트리장 도르제 창에게는 많은 서구인 제자들이 있었다. 개인적으로 그를 만나보지 못한 사람들이라 할지라도 자신의

55. Vishuddha Heruka(yang dag he ru ka)

스승들로부터 받은 가르침을 통해 간접적으로나마 여전히 그를 따르고 있는 것과 마찬가지이다.

게셰 린포체에게 깝제 트리장 도르제 창은 진정 살아 있는 금강역사였다. 그는 게셰의 근원 구루이자 존경하는 정신적 스승으로서 세상 그 무엇보다 아끼고 존경하는 스승이기도 하였다. 그래서 깝제 트리장 도르제 창의 반열반으로 인해 잠시 이별의 시간이 왔을 때 게셰는 깊은 슬픔을 드러내기도 하였다. 게셰가 진정 슬퍼하는 것을 본 적은 그때가 처음이었다. 당연히 그는 많은 기도를 올리고 우리 모두를 위안하며 스승의 빠른 환생을 기원하는 기도문을 작성하였다. 한편으로는 우리에게 슬퍼하지 말 것을 당부하며 육신을 지닌 모든 존재들의 덧없음뿐 아니라 불멸의 깨달음 상태 및 중생의 요구와 성향에 따라 드러나기도 하고 드러나지 않기도 하는 부처들의 신성한 나투심 현상에 대해서도 설명해주었다. 하지만 이 무렵부터 게셰의 태도에는 가벼운 변화가 일어났다. 예를 들어 대화 도중에도 게셰는 가끔씩 문득 자신의 수명이 몇 년 남지 않았음을 직시하곤 했다. 깝제 트리장 도르제 창의 반열반 이후 곧 달라이 라마 성하의 두 번째 성년 스승이자 티베트의 또 다른 진정한 활불인 깝제 링 도르제 창이 입멸에 들었다. 그리고 깝제 트리장 도르제 창의 입멸 닷새 전 걀롸 까람빠Gyalwa Karampa 성하가 이승을 떠났다. 깝제 트리장 도르제 창과 걀롸 칼마파는 유난히 돈독한 사이였다. 우리끼리는 두 스승이 같은 기질의 연속체라고 말하기도 했다. 얼마 지나지 않아 다른 몇몇 고승들처럼 깝제 송 린뽀체도 열반에 들었다. 게셰 린뽀체의 열반으로 인해 1980년대는 전반적으로 티베트 불교의 정신적 통합을 위해 특별히 말하자면 우리를 위해서도 상서롭지 못한 시기였다.

타르파 촐링에서 살며 거기에서 그리고 다른 장소에서 가서 가르침을 베풀면서 게셰는 중요한 센터를 두 곳에 설립하였다. 한 연구소는 1982년 5월 오스트리아 펠트키르흐Feldkirch에서 멀지 않은 레체호프Letzehof에 설립하였다. 레체호프는 꽤 광활한 지역으로 게셰와 가장 친밀한 서구 제자들인 헬무트 가스너Helmut Gassner 가족의 소유지였다. 그는 쮜리히 소재 '연방 연구소'에서 전자공학을 공부할 때 게셰를 만났다. 헬무트 가스너는 게셰의 정확한 지도를 받으며 대학 공부를 마치고 공학 학위를 수여받았다. 이후 곧바로 게셰의 동의를 얻어 비구계를 받고 이후 스승에게 모든 것을 일임하고 혼신을 다해 스승을 모셨다. 게셰의 가르침에 따라 그의 공부와 소임이 정해졌다. 헬무트의 모친 잉군드 가스너Ingund Gassner 여사도 게셰 린뽀체를 헌신적으로 따랐다. 이들 가족은 그 지역에 상당한 대지를 소유하고 있다. 게셰

1983년 레체호프의 타시 랍텐을 방문한 달라이 라마 성하와 함께한 게셰와 동료들. 왼쪽부터 잉군트 가스너 부인, 게셰 툽텐 트린레, 헬무트 가스너, 게셰 랍텐 린뽀체, 달라이 라마 성하, 곤사르 린뽀체, 게셰 뻬바, 요한나 거쉰트, 뒤 오른쪽부터 프란츠 거쉰트 박사, 삼둡 스님, 오프스키 코발트 부인

와의 상담에 따라 헬무트는 자신의 저택 근처 지분을 분양받아 아름답고 새로운 센터로 전환하였다. 오랫동안 이 낡은 전통 가옥은 농부에게 임대되어 있었다. 누가 보기에도 많은 부분 수리가 필요한 이 가옥을 헬무트 자신이 성공적으로 새롭게 단장하게 된다. 게셰는 이 센터를 '상서롭고 안정된 존재 Auspicous Stable One'라는 뜻의 타시 랍텐Tashi Rabten으로 명명하였다. 이것은 그의 근원 구루인 다람살라의 꺕제 트리장 도르제 린뽀체의 집 이름이기도 한데 그는 이 센터를 처음 방문하여 성화하고 축복을 내린 라마였다.

게셰는 타시 랍텐에서 직접 수업을 진행하고 학기가 끝나고 방학 내내 이곳에서 시간을 보냈다. 평화롭고 차분한 센터 분위기 때문에 게셰가 이곳을 좋아하게 된 것이다.

1983년 게셰는 다람살라 위에 위치한 산중 암자에서 명상 중이던 연로한 두 제자 게셰 펜파와 게셰 툽텐 트린레를 타시 랍텐으로 데려왔는데 이들 역시 대중에게 강의를 할 수 있었다. 1985년부터 게셰 툽텐은 랍텐 쵤링의 교사로 재직하면서 관련 학교에서도 수업을 담당하였다.

1983년 6월 달라이 라마 성하가 타시 랍텐에 초대되어 센터를 정식 개원하게 된다. 성하는 펠드키르흐 시 시장 프라스탄츠와 포랄베르크Forarlberg 주교의 정식 영접을 받기도 하였다. 성하는 센터에 운집한 대중에게 마음 수련에 관해 법문하고 펠트키르흐 '스테이트 홀 State Hall'에서 보편적 책임감에 관해 대중과의 토론 시간도 가졌다. 게셰의 독일 제자들로 구성된 기구를 통해 오펜부르크 시는 폴 식카 성하를 초청하였다. 성하는 시장의 영접을 받고 대중들에게 강연도 실시하였다. 강연 도중 성하는 유럽 센터의 겔룩파 스님들과의 협력을 시작으로 효과적 전법 수단과 방법을 찾고 서로의 관점과 경험을 나누는 기회를 이들에게 제공한다는 취지에서 티베트 법사들과의 간헐적 만남을 주선할 것을 게셰에게 제안하였다. 그리하여 게셰는 유럽의 다양한 센터들의 게셰들을 타르파 췰링으로 불러 '티베트 겔룩 승려 협의회'를 발족한다. 대부분의 승려가 매우 긍정적인 반응을 보였다. 이들은 창립 회의에 참여하여 게셰의 노고에 깊이 감사하고 이 회의가 다르마의 미래를 위해 매우 중요한 행사라는 사실에 인식을 같이 했다. 매년 장소를 바꾸어가며 이 행사를 개최하자는 의견에 모두가 동의하였으며 게셰에게 회장직을 부탁하였다. 1997년 이후 이 회의들은 정기적으로 개최되고 있다.

1983년에도 독일 뮌헨에도 오랜 동안 제자로서 헌신적으로 게셰를 모셔온 거쉰트 프란츠와 하니 거쉰트의 노력에 힘입어 새로운 협회가 설립되었다. 게셰는 수년 동안 프란츠 거쉰트와 하니 거쉰트를 주축으로 하는 뮌헨 제자들의 초대로 정규 초급반에서 강좌를 진행하였다. 그 해에 두 사람은 협회를 설립하였는데 게셰는 이를 푼쪽 랍텐Püntsok Rabten이라고 명명하였다. 그 의미는 '바라밀들의 안정된 화합처Stable Gathering of Perfections'으로 문드곧에 있는 깝제 트리장 도르제 창의 거처 이름이기도 하다. 훗날 1993년

싱캉 부가가 쎄라 승원에서 살며
게셰의 어린 제자들을 돌보고 있다.

이들은 집을 한 채 구입하여 영구적인 다르마 센터로 전환시킨다. 게셰 린뽀체의 축복으로 가장 조화롭게 발전을 거듭하였다. 같은 해 겨울 깝제 트리장 도르제 창 스님과 깝제 링 도르제 창 스님의 성유물에 경의를 표하고자 네 번째 인도를 방문하였다. 게셰는 달라이 라마 성하를 알현하고 제자들도 만났다.

돌아온 지 얼마 안 되어 덕 높은 훌륭한 스님인 동생 게셰 나까르 부가Näkar Buga도 인도에서 조카들을 데리고 왔다. 그 역시 매우 헌신적인 제자이자 높이 인정받는 수행자이자 스승이기도 했다.

그해 게셰는 쎄라 승원으로부터 게셰 까르체Geshe Karche와 게셰 싱캉 부가Shingkhang Buga를 스위스 소재 미조르로 초청한다. 게셰 까르체는 인도 쎄라 승가대학에서 최고령 게셰였다. 그는 게셰가 티베트에서 공부하는 동안 모셨던 사부들 가운데 한 분이다. 게셰 싱캉 부가 역시 게셰 린뽀체에게 매우 헌신적인 성년 제자로서 게셰가 티베트에서 노년을 보낼 때 게셰를 모시기도 하였다. 그들은 서로의 재회를 매우 기뻐하며 시간을 함께 보냈다. 이 역시 게셰 성격이 보여주는 매우 고상한 품성으로 친절한 행위 하나하나를 잊지 않고 정성으로 보답하는 자세를 보여준다.

1983년 여름 달라이 라마 성하는 유럽에서 최초로 깔라짜끄라 입문 의례를 주관하기 위해 스위스 티베트 공동체와 여러 다양한 불자 기구의 초대를 받아 스위스를 방문한다. 이 의례는 정말 대규모 행사였다. 유럽과 미국 전체에서 온 수천 명의 인파가 티베트인들이 텐트를 쳐놓은 리콘이라는 작은 도시에 운집하였다. 성하는 보살의 37조도품 법문을 설하며 깔라짜끄라 입문식을 주관하였다. 리콘에 있는 성하가 도착하기 이전부터 게셰 린뽀체가 이끄는 타르파 췰링 회원들은 이 방문 기간 동안 제네바에서 청중을 맞이하고 있었다. 바쁜 일정에도 불구하고 성하는 두 번째 타르파 췰링 방문 동안 점심을 공양하고 약간의 휴식을 즐겼다. 이외에도 스위스 방문 기간 동안 게셰는 성하와의 사적인 만남을 통해 많은 점에 관해 의견을 나누었다.

같은 해 약간의 시간이 지나 게셰는 평상시처럼 레자방 명상 코스를 진행하였는데 이미 성하로부터 입문 의례를 거친 뒤였기에 이번에는 특별히 깔라짜끄라 수행 시간을 가졌지만 어떻게 수행으로 옮길지 막막한 상황이었다. 가르침을 받고 다른 제자들과 나는 스승님의 건강이 약간 약해졌음을 관찰할 수 있었다. 게셰는 스위스에 돌아오자 받은 정기검진에서 경미한 당뇨증세를 보였지만 대체적으로 만족스러운 상태를 유지하고 있었다. 게셰의 당뇨수치는 늘 매우 낮아 적절한 상태를 유지하고 있었다. 하지만 1985년 11월 중순 무렵 게셰는 확실히 피로한 기색을 보이기 시작하였다. 예를 들어 매일 오랜 시간 포행을 즐기고 생기를 회복하곤 했는데 그때는 그러한 포행에도 쉽게 피곤해 하는 것이었다. 우리는 리콘 근처 투르벤탈Thurbental의 게셰의 전 주치의에게 다른 검진을 받기로 결정하였다. 심각한 간질환이 발견되었다. 종합검진이 뒤따랐고 증세가 매우 심각하다는 진단이 나왔다. 이 상황에 대한 게셰의 반응을 본 나는 매우 놀랄 수밖에 없었다. 게셰에게는 이러한 결과가 전혀 무의미한 것으로 우리가 느끼는 두통보다도 덜 중요한 것이었다.

게셰의 증세를 알고 충격을 받은 우리 모두는 슬픔과 공포에 휩싸였다. 한 번은 그런 상황에 빠진 나를 보고 게셰는 "한 사람을 그토록 걱정하는 것은 완전히 유치하고 불명예스러운 편향된 자세"라고 말한 적이 있다. 다른 수많은 중생들의 운명을 완전히 무시하고 한 사람을 중요하게 자리매김하는 것은 편향된 처사라는 것이다. 일체 중생은 언제나 생로병사의 과정을 거치게 되어 있으며 눈이 내린 후에도 무한히 많은 곤충과 수천의 동물들은 상상을 초월하는 고통을 겪는 법이다. 이와 같이 매일 매일 수많은 동물들이 무참히 죽어가지만 아무도 신경을 쓰는 법 없고 이 문제와 무관한 듯 살아간다. 그 순간만큼은 도저히 참을 수 없던 고통과 커다란 슬픔의 감정도 곧 사라져 자취를 감춘다. 게셰는 열아홉 살 무렵부터 다르마를 철저히 수행해 오며 생애를 지내온 까닭에 자신으로서는 두려워할 것이 전혀 없음을 천명하였다. 더욱이 게셰의 말을 따르면 분명 바즈라 헤루까Vajra Heruka의 화신으로 알려진 게셰 잠빠 케둡 같은 고승은 말년을 중국 감옥에서 보내며 어려운 상황에서 죽음을 맞이하였다. 그래서 당신의 삶에는 건강과 관련하여 그만큼 슬프거나 걱정되는 점은 없다는 것이다. 하지만 게셰의 말이 아무리 의미 있고 진실하다 하더라도 그런 말이 내게 전혀 위안이 되지 않았다. 오히려 나의 근심은 끊임없이 커져만 갔다. 라마와 신탁의 예언과 충고들 모두 게셰를 향한 우리의 기도와 간청을 이끌고 있다는 점에서 일치했다.

기도와 관련하여 게셰 린뽀체에게 물음을 던졌을 때 그가 추천한 것은 인도의 다람살라 승원에 거주하는 승려들 모두에게 실재적이고 만족스러운 큰 보시를 하고, 이들에게 미륵불 기도인 마이트리야 프라니다나Maitreya Pranidhana를 암송해줄 것이며, 대규모 구루 푸자 공양을 올리라는 것이었다. 우리가 할 수 있는 것은 모두 실행에 옮겼다. 하지만 게셰가 추천했던 특별한 기도들을 선별하고 징후와 암시들을 분석하면서부터 나는 게셰의 결정을 추론할 수 있었다. 이것이 나를 매우 불안하게 했다.

우리는 장애물들을 제거하고 장수를 기원하는 추가 기도를 무척이나 많이 올렸다. 다양한 방법을 동원한 치료가 진행되었다. 전체 상황을 고려할 때 놀라운 것은 나까르의 상태가 악화되지 않는다는 사실이었다. 약간의 체중 감량이 있으나 심각한 것은 아니고 최근에 이르기까지 특별한 불편을 느끼지 못할 정도로 건강상태가 좋았다. 그는 언제나 유쾌했다. 가르침을 베푸는 것 이외에도 일상의 수행을 실천하고 방문객과 주위 사람들을 만나 농담도 즐기며 늘 평소처럼 유머러스하게 생활하였다. 결코 불안하다거나 위험하다든가 하는 그러한 느낌은 전혀 없었다. 그는 주위 모든 사람들의 정신을 고양시켰다.

나까르의 건강 상태가 비교적 양호하여 우리는 상황을 낙관적으로 받아들이고 있었다. 저 멀리 미국, 인도 그 외 다른 국가로부터 많은 사람들이 게셰를 방문하였다. 그들은 편안하고 행복한 마음으로 돌아갔다. 하지만 돌연 2월 26일 호흡에 경미한 변화가 발생하였는데 심상치 않은 상황이었다. 게셰는 전혀 개의치 않았다. 게셰가 그날 밤은 몸이 좋지 않아 기도를 읽고 싶은 마음이 없다며 자신의 기도서를 동생 게셰 나까르에게 주었다는 것이다. 그러고는 동생에게 기도를 읽어달라고 부탁하였다. 얼마 후 취침하러 가겠다는 매우 강렬한 의지를 보이고는 방으로 가서 편히 수면을 취했다. 그즈음 몇 달 며칠 동안 수면을 충분히 취하지 못해서 피곤한 것 같다며 그래서 건강에 좋지 않았다는 것이다. 그래서 나도 잠을 자러 가야 했다. 이전부터 나 역시 이따금 몸이 썩 좋지는 않다고 여기고 있었다. 게셰는 자신의 건강보다는 오히려 나의 건강을 더 챙겼다. 하지만 우리 가운데 함께 했던 몇몇 사람들은 매우 불안해했다. 어쨌든 매우 긴 시간 우리는 안절부절 못했고 그 특별한 밤을 안심하고 보낼 근거도 없었다. 그래서 우리는 매우 긴장하고 있었고, 우리 가운데 일부는 기도하고 일부는 게셰 옆에서 머물렀다. 하지만 그는 더 이상 게셰 곁에 머물 이유가 없다고 주장하였다.

게셰는 평소처럼 당연히 오른쪽으로 돌아누워 편히 잠을 잤다. 이것은 게셰가 잠 잘 때의 정상적인 자세이다. 그런데 갑자기 다음 날 아침 눈을 뜨더니 우리 모두를 바라보았다. 방에는 모두 세 명이 있었다. 눈을 뜨고 바라보는 그를 보고 이제 막 잠에서 깨어 우리에게 무엇인가 말하려는 줄 알았다. 미소를 지으며 우리를 바라보고는 다시 눈을 감았는데 돌연 그의 얼굴에 하나의 표정이 드러났다. 말로는 도무지 표현하기 어려운 무엇인가 기쁘고 평화로운 기이한 표정이었다. 마치 행복한 잠에서 깨어나 좀 더 수면을 취하고 싶은데 마침 시간이 남아 다시 잠에 빠져들 때 참으로 행복하듯 말이다. 게셰는 눈을 감고 행복한 잠으로 다시 빠져들었다. 이를 설명할 말은 찾을 수 없을 것 같다. 그리고 긴 호흡이 있었다. 그 이후 더 이상 호흡은 지속되지 않았다. 순간 이것이 마지막이라는 불길한 예감이 찾아들었다. 하지만 게셰의 표정이 이전에 나의 삶을 통해 경험하고 관찰했을 때보다 무척이나 환하고 행복한지라 나는 이러한 사실을 믿기 어려웠다. 그래서 진정 호흡이 끊어졌다고 말할 수 없었다.

무슨 생각을 하고 무엇을 해야 할지를 도통 몰라 우리는 그 자리에 그대로 머물러 있었다. 그저 앉아서 기다리고 또 기다렸다. 하지만 완전한 침묵만 흐를 뿐 어떠한 기척도 어떠한 소리도 전혀 없었다. 그 표정, 평화롭게 즐기는 환희로운 표정이 얼굴 전체에 남아 있었다. 잠시 후 게셰의 호흡이 완전히 멈추었음을 확연히 알 수 있는 징후가 드러났다. 그때 내 마음에는 완전한 깨달음을 얻은 석가모니불이 2500년 전 쿠시나가라 사라쌍수 사이에서 이렇게 열반에 들었을 것이라는 생각만 들었다. 오직 이 생각과 이미지만이 내 마음에 일어났다. 나는 다른 두 도반에게 이 사실을 말했다. 우리는 경전의 붓다 열반에 관한 부분을 독송했다. 우리가 바로 앞에서 목격한 것은 바로 그 붓다의 모습이었다. 그 외에는 다른 생각을 할 수 없었다.

잠시 우리는 정신적 공백상태에 머물러 있었다. 물론 외관상 죽음을 맞이한 그이지만 매우 심오한 명상 단계에서 환하고 밝은 빛의 경지에 머물고 있음이 분명했다. 징후들은 확실했다. 그래서 정신적 충격 상태에서 게셰 주위에 남아 아무 말도 하지 못한 채 이렇게 늘 훌륭한 스승의 지도를 받아 생전의 그의 가르침을 벗어나지 않기를 조용히 기도드렸다. 완전한 각자로서의 게셰에 대한 신뢰와 확신이 다시 한 번 검증되는 순간이었다. 그가 깨달음의 경지에 이르렀다는 사실에 대해 그 어떤 반문이나 의심은 내 마음에 일어나지 않았다.

그때 나는 붓다들의 미묘한 의미들을 이해하게 되었다. 자신의 신체 형상의 덧없음의 현현을 통해, 현상 속에서 영원한 실재를 붙잡으려는 길들일 수 없는 사람들의 마음을 길들이는 것이 부처들이란 사실을 이해하게 되었다. 살아 있는 붓다의 형상을 통해 중생에게 주어질 수 없는 도움이 명시적 죽음을 통해 중생을 도움으로써 완성된 것이다. 그것은 위대한 수업이었으며, 힘든 수업이었다. 그러나 이것은 망상과 사견으로 가득한 일상의 제자들이 마땅히 배워야 할 수업이었다. 어쨌든 우리 제자 모두는 그 순간 이후 사랑하는 어머니를 잃고 남겨진 어린애 같은 처지에 놓였다는 생각에 제대로 서 있을 수도 없었다. 혹은 항상 반려자에 의지하던 맹인이 사막에서 갑자기 반려자를 잃어버린 듯한 기분이었다. 그 고통스러운 감정을 견디기 무척 힘들었다.

우리는 평화롭게 그리고 조용하게 게셰의 침실을 나왔다. 주위는 온통 고요와 정적에 휩싸였다. 그것은 분명 맑고 밝은 게셰의 명상 상태에서 비롯하는 것이었다. 나는 즉흥적으로 종이와 펜을 들어 별 생각 없이 그 날, 그의 침실, 그의 면전에서 '자비 걸이Hook for the Compassion'라는 이름의 기도문을 쓰며 게셰 린뽀체의 빠른 환생을 기원했다. 내 티베트어 작문과 시법 실력은 전반적으로 극히 낮은 수준이었기 때문에 이 기도문을 거의 자동적으로 그것도 즉흥적으로 기술해가는 내 모습에 무척 당황스러웠다. 읽을 만한 기도 게송을 작성할 수 있다는 사실에 나는 놀랐다. 아마도 거의 게셰 린뽀체의 축복으로 가능한 게셰의 빠른 환생의 상서로운 표시로 드러나는 듯한, 놀랄 만큼 빠르고 순조로운 그리고 거의 오류를 범하지 않은 작문이 가능했으리라.

범상치 않게 생기 있고, 평화롭고, 환희로운 말로 할 수 없는 표정이 그날 하루 종일 게셰의 얼굴에 남아 있었다. 게셰의 침실에는 설명 불가능한 특별한 분위기가 흐르고 있었다. 다음 날 아침 살며시 게셰의 방에 들어섰을 때 그가 몸의 형태를 확연히 털어버리고 떠난 징후들이 보였다. 그 특유의 표정이 변했을 뿐 아니라 다른 징후들도 사라져버린 것을 알 수 있었다.

의례와 관련한 계획들이 놀랄 만큼 잘 짜여졌다. 우리는 마지막 공양을 올리기로 하고 진정 성인에게 어울리는 정확하고 적절한 방식으로 예를 올렸다. 오랫동안 맑고 밝은 상태를 유지하기 위해서는 몇몇 현실적인 문제에 봉착하지 않을 수 없었다. 명상을 적절히 마무리하고 다음 날 아침 금강살타 성체 의례the generation of the holy body into Vjarattva, 관욕식 등의 의례에 필수적인 첫 절차들을 시행할 수 있었다.

게셰 린뽀체가 미래에 다시 오리라는 또 다른 확실한 증거로서 상서로운 징조가 내게 나타났다. 그날 노장 라마들이 게셰의 침실에서 이 의례들을 거행하는 동안 나 또한 아래층에서 다른 일을 하고 있었다. 나는 인쇄된 경전 속 환생 기도문을 깨끗한 백지에 옮겨 적었다. 기도문 전문을 깔끔하게 옮겨 적은 후 의례의 중간쯤에 이른 라마에게 전달했다. 잠깐 동안의 휴지가 있었다. 그리고 우리가 의례집을 들여다보니 정확히 라마들이 읽기를 멈춘 그곳에 이미 사용가능한 환생기도문이 있다면 그 자리에서 읽으라고 써 있는 것 아닌가. 내가 그 복사문을 그 시점에 가지고 올라간 것은 진정 우연의 일치였다. 나는 그러한 의례에 참석한 적이 없으며 환생 기도문을 언제 어디서 읽기 시작해야 하는지 전혀 몰랐다. 마치 모든 것이 잘 짜여진 듯이 진행된 것이다. 나는 이것도 게셰 린뽀체의 빠른 환생의 징후라고 여겼다.

공식 통보를 보내지 않았음에도 유럽 전역에서 수많은 그의 제자들이 찾아왔다. 그래서 닷새째 되는 날 우리는 성인에게만 행하게 되어 있는 예법에 명시된 절차에 따라 화장을 거행하였다.

이 기간 동안 게셰의 시신은 살아 있는 사람처럼 여전히 신선하고 유연하였다. 화장하는 날 아침에는 눈이 약간 내렸다. 눈송이 형태가 모두 특이한 것을 보고 우리는 적잖이 놀랐다. 눈송이들은 실제로 꽃잎 여섯 개짜리 꽃 모양을 하고 있었다. 나중에 나는 다양한 결정체 형태에 대해 약간의 연구를 행하였는데 이러한 종류의 형태가 극히 드물다는 것을 알게 되었다. 게다가 여기서는 그러한 눈송이를 몇 개만 본 것도 아니다. 눈송이들 모두가 일사분란하게 이 꽃의 형태를 취하고 있었다.

나아가 어떤 사람들은 화장하기 전 오후 바로 그 위 하늘에서 빛나는 매우 다채롭고 아름다운 특이한 섬광을 관찰하였다. 나는 센터 안에서 일하느라 매우 바빠 그 섬광을 볼 기회를 놓치고 말았다.

화장 의례를 모두 마친 후 시신을 화장한 일종의 사리탑을 열었다. 놀랍게도 링셀Ringsel, 즉 사리가 수없이 많이 나왔다. 모두 크기가 다른 것이 큰 것은 완두콩만 하고 작은 것은 겨자씨만 하고 모두 둥글며 아름답고 스테인리스처럼 백색이었다. 무척 많은 사리가 나온 것이다. 이러한 현상은 위대한 고승들의 유골에서 출토되며, 일반적으로 그 특별한 존재가 깨달은 분임을 나타내는 징후로 받아들여진다. 이 경우도 매우 명백한 사실로 드러났다. 그저 단순한 백색 물질이 아니라 사리로서 인정될 수 있는 것으로, 정교하고 다듬어진 둥글고 흰 구슬이 명백히 존재했던 것이다. 우리는 사진을 찍었고 많은 사람들이 실제로 사리를 친견하였다. 이러한 현상은 매우 드물고 티베트에서는 매우 숭배된다. 일상적으로 신성한 불상과 탑 그리고 그와 유사한 성물들에는 이러한 사리가 봉안되어 있다. 이 가운데 어떤 것들은 일정량 수가 늘어나는 증과의 특성을 지니는데 사리들을 적절히 보존하고 숭상하며 이에 귀의하면 많은 수로 증과하게 된다.

우리는 많은 사리들을 발견하여 보존하고 있다. 훗날 이 사리들을 게셰 린뽀체를 위해 건립하여 봉안한 많은 탑과 불상에 분배하였다. 흙을 혼합한 재로 수천 개의 미세한 미륵불화를 찍어내었다. 나중에 이 불화들은 헬무트 가스너가 타시 랍텐 쵤링에 건립한 대형 불탑과 작은 불탑 그리고 불상들에 옮겨 봉안되었다.

그러므로 그의 전 생애를 통해 그리고 가르침과 활동 그리고 최후에 이르기까지 게셰 린뽀체는 자신의 깨달음의 경지, 즉 완전한 깨달음의 경지를 매우 명확하게 드러내어 증명하였다. 이승에서 그것도 우리 시대처럼 타락의 시대에 그처럼 위대한 스승을 만나 그의 가피, 직접적인 가르침과 인도를 받을 만큼 운 좋은 우리들은 게셰에 대한 믿음과 헌신을 소중히 여기고 신장해야 할 것이고 아울러 깨달음의 경지에 이를 수 있도록 기도하고 늘 그의 가르침에 인도되기를 발원해야 할 것이다. 스승에 대한 믿음과 헌신이 견고하고 불변적인 사람들과는 게셰가 항상 함께 하고 있다. 게셰는 여길 떠나 다른 곳으로 간 것이 아니다. 무지나 몽상을 벗어났어도 게셰의 진정한 본성을 인식할 수 없고, 게셰의 가르침으로부터 얻을 수 있는 최대한의 이로움을 얻을 수 없던 사람들도 어떤 경우에 있어서나 그 마음 안에서 게셰와의 연결점으로 작용하는 매우 중요하고 긍정적인 인상을 받았다. 그렇게 이들은 장차 그의 가르침을 접하고 지도를 받을 가능성을 얻게 된 것이다. 우리는 늘 이렇게 말한다. "부처들 혹은 보살들과의 관계란 그것이 긍정적이건 중립적이건 혹은 부정적인 것이라 해도 점차 불보살에 의해 자유를 얻는 계기가 될 것이다."

당연히 게셰 린뽀체의 이 마지막 발현의 행적은 단지 육체의 발현으로서의 마지막 행적에 지나지 않는다. 부처들의 발현은 무시무종의 존재인 일체 중생들의 해탈을 위해 무량의 다양한 세계에서 다양한 형태 하에 동시적으로 드러나고 있다. 하지만 이승의 제자로서 이 삶에서 게셰의 가르침을 실제로 받은 우리는 우리 마음 속 깊은 곳에서부터 우러나오는 열정으로 이번 생애에 스승과 만나게 되길 염원한다. 우리의 이러한 염원이 어쩌면 매우 이기적일지는 몰라도 우리의 가장 진실하고 심오한 염원인 것은 확실하다. 비록 그의 마지막 발현이 일상적 존재의 시야에서 사라져 일시적으로 도솔천에 있는 미륵불의 마음속에 깃들어 있는 것은 사실이지만 우리는 게셰가 스승의 자태로 다시 이승에 태어나 우리 마음 속 무명을 밝히고 해탈의 길로 더 멀리 나아갈 수 있도록 진실된 마음으로 기도드렸다. 게셰 자신이 직접 보여주고 들려준 것은 여러 다른 정황과 자연스럽게 발생한 징조들로 미루어 게셰 린뽀체가 곧 이승에서 스승의 모습으로 다시 발현할 것이라고 나는 확신한다.

그래서 우리의 가장 중요한 소임은 착오 없이 그 발현을 발견하고 그를 우리의 존경하는 스승의 자리에 다시 모시는 것이며, 위대한 스승으로 성장할 수 있도록 그를 위해 필요한 제반 조건을 준비하는 것이다. 그러면 스승은 일반적으로는 이전보다 붓다의 가르침에, 특히 이전의 쫑카빠 전통에 그리하여 인류와 일체 중생 모두에게 더욱 큰 공헌을 하게 될 것이다. 내가 알고 있는 바대로 이 소임이야말로 진정 이루 말할 수 없이 중요한 소임이리라. 나는 스스로 이 책임을 맡아 완수하리라 굳게 서원하였다. 또한 게셰가 언제나 나를 도우리라 확신하고 있었다.

생사의 고를 벗어나 해탈에 이른 스승들이 다시 속인들의 세상에 돌아오는 것은 그것이 전통이라거나 의무이기 때문은 아니다. 부처들과 보살들이 부정한 이 세상에 재차 반복하여 모습을 드러내게 되는 것은 중생을 고통에서 해방시키고자 함이다. 따라서 위대한 스승의 환생을 발견함에 있어 제자의 신앙과 헌신의 연결고리가 정확히 일치해야 비로소 구루의 결합이 보장된다. 게셰 린뽀체와 그의 제자 대중들이 이 필수적인 조건들을 충족시킨 덕분에 그의 환생을 발견하리라는 나의 염원과 확신은 계속해서 확고해졌다.

그 결과 4년간의 분석과 검증을 거쳐 우리의 가장 큰 소망이 실현되었다. 253명의 후보 가운데 특별한 선별이 이루어졌다. 우리의 개별적 관찰과 게셰 린뽀체의 개인적 수호자의 확실한 예언처럼 자문으로 삼은 정보 그리고 걒제 트리장 도르제 창의 사리탑 앞에 던져진 이름 적힌 공들 그리고 마지막으로 달라이 라마 성하의 전지적 판단에 의거하여 만장일치로 다람살라 출신 깔상 쩨링Kalsang Tsering 후보를 완전무결한 게셰 린뽀체의 환생으로 지목하였다. 달라이 라마 성하에 의해 1990년 11월 22일 환생이 확인되고 확정되었다. 나로서는 애초부터 게셰 자신이 보내는 가장 확실한 징후들을 체감하고 있었다. 이 조사와 관련한 더욱 상세한 사항은 앞으로 출간될 게셰 랍텐의 전기에 기술 될 것이다.

우리는 얼마나 복받은 자들인가! 붓다와 쫑카빠의 가르침을 위해, 일체중생을 위하여 그리고 그 전생의 인물의 값진 행위를 완수하도록 — 게셰께서 만수무강하시길!

현재 곤사르 린뽀체는 타르파 쵤링(나중에 게셰 랍텐을 기념하기 위해 랍텐 쵤링으로 전환됨)뿐 아니라 오스트리아의 타시 랍텐과 델렉 랍텐, 독일 뮌헨의 퓐촉 랍텐 그리고 스위스의 랍텐 재단의 정신적 지도자이다.

곤사르 린뽀체는 다섯 살 때부터 33년 동안 게셰 랍텐 린뽀체와 살았다. 그는 게셰와 가장 가까운 제자이자 정신적 아들로서 게셰가 열반에 들 때까지 영어 통역을 담당했었다.

역자 후기

Translator's note

지혜와 연민의 화신이자 진정한 중생의 스승인 게셰 랍텐의 전기를 번역하게 되어 그 영광을 이루 말할 수 없다. 1920년에 티베트 캄(현재 중국의 쓰촨)에서 태어나 1986년 스위스 몽펠르렝에서 입적할 때까지 그의 삶은 보살도 그 자체라 할 만큼 지혜와 자비로 가득한 것이었다.

1959년 중국의 침공으로 달라이 라마 성하와 함께 인도로 피신한 게셰 랍텐은 1963년 마흔셋의 나이에 티베트 최고의 하람빠 학위를 받았다. 1964년에는 성하의 철학보좌관으로 임명되었고 1969년부터는 티베트 불교를 공부하러 인도에 온 유럽 학생들을 가르쳤다. 그 인간적인 면모와 다르마 교수법에 깊은 감명을 받은 제자들의 요청을 수락한 달라이 라마 성하가 게셰에게 간곡하게 유럽 포교를 부탁하자 게셰는 1974년 스위스 롤로 건너가 법문을 시작하며 유럽 티베트학 연구의 초석을 마련하였다.

1977년부터 1979년까지 게셰 랍텐은 스위스 리콘의 '티베트 연구소Tibetan Institute' 소장과 몽펠르렝의 '티베트 고등연구원Center for Higher Tibetain

Studies' 원장을 겸직하면서 자신의 의무를 충실히 수행하였다. 그는 두 연구소 사이를 왕복하며 졸리콘, 바젤, 베른, 제네바와 그 외의 스위스 지역뿐 아니라 유럽 다른 국가에서도 가르침을 베풀었다. 스위스 불자 안느 앙세르메(지휘자 에르네스트 앙세르메의 딸)의 보시로 건립된 '티베트 고등연구원'은 불교 철학 외에도 티베트 언어, 예술, 의학 같은 다양한 분야를 아우르는 '타르파 쵤링Tharpa Choeling'으로 자리매김하였다.

게셰 랍텐은 여기에 그치지 않고 스위스, 독일, 이탈리아 등에도 여러 교육 기관을 건립하여 불법을 진지하게 배우려는 수많은 사람들이 이곳에 모이게 된다. 티베트 라마들뿐 아니라 미얀마의 마하시 사야도 스님Ven. Mahasi Sayadaw, 수메도 스님Ven. Sumdho, 스리 무넨드라지 스님Ven. Sri Munendraji, 한국의 구산 선사Master Kusan Sunim 외에도 많은 사람들이 그를 찾았다. 게셰 랍텐의 제자였던 스티븐 베츨러Stephen Bachelor는 한국 선불교를 배우고자 구산 선사의 가르침을 받으러 송광사에 출가하여 수행하면서 티베트 불교를 소개하는 『연꽃 속의 보석이여The Jewel in the Lotus: A Guide to the Buddhist Traditions of Tibet』 번역본을 출간하여 게셰 랍텐과 한국을 잇는 가교 역할을 하기도 하였다.

게셰 랍텐 사후 '타르파 쵤링'은 스승의 정신을 기리고자 '랍텐 쵤링Rabten Choeling'으로 개명되었다. 현재 그의 제자 곤사르 린뽀체가 이끄는 '랍텐 쵤링'은 승원이자 연구기관으로서 7년간의 정규 코스를 통해 인도와 티베트의 위대한 스승들의 불경과 논서들을 가르치고 연구하고 있다. 유사한 교과과정이 오스트리아의 '따시 랍텐'과 '델렉 랍텐' 그리고 독일 뮌헨의 '퀸촉 랍텐' 같은 연계 기관에서도 제공되고 있다.

대승과 소승을 아우르는 티베트 불교는 무엇보다 스승의 가르침을 소중히 여긴다. 게셰 랍텐 역시 그의 스승 깝제 트리장 린뽀체의 훌륭한 가르침을 이어받았으며, 자신 또한 훌륭한 스승으로서 제자들에게 스승의 보살도를 대물림하였다. 그의 전기 역시 스승의 보살도를 후대에 전하고자 스승이 들려주는 이야기를 녹취하고 여기에 그의 뛰어난 제자였던 덕망 높은 곤사르 린뽀체가 스승과의 추억을 덧붙여 이 책이 완성된 것이다. 존경받는 스승과 사랑받는 제자 사이의 아름다운 인간관계 속에서 불법의 자비심을 통해 티베트의 전통을 전승해가는 모습이 부러울 따름이다.

저본은 스위스 랍텐 재단이 1980년 출간한 『The Life and Teachings of Geshe Rabten』(New Edition 2000)이며 게셰 랍텐의 제자 앨런 월리스Allan Wallace가 티베트어 원전을 영어로 번역한 것이며, 프랑스어본 『Vie et Enseigments de Geshe Rabten』(게셰 랍텐의 삶과 가르침)을 참조하여 번역하였다. 랍텐 재단은 그 설립자의 깊은 뜻과 이곳 스님들의 진지한 수행과 교학 덕분에 서양 불교 교육 기관 가운데 가장 독보적인 교육기관으로 인정받고 있다.

가문의 토지를 기부하여 따시 랍텐을 건립한 독일인 비구 헬무트 가스너 선원장, 뮌헨의 푄촉 랍텐을 건립한 나의 친구 프란츠 거쉰트와 요한나 거쉰트 그리고 영문판을 다섯 번이나 읽었다는 짤츠부르크 모차르테움 교수 노르베르트 프라서, 한문과 영문 경전 목록을 대조 확인해준 티베트 스님들, 마지막으로 출간을 통해 보살도의 귀감을 보인 친구 김훈태와 그의 동료들에게 두 손 모아 고개 숙여 감사드린다.

– 2019년 옮긴이 圓潭 송태효

용어 해설

Glossary

* skt.은 sanskrit(산스끄리뜨), tib.은 tibeatan(티베트어) 약어

텍스트 전반에 걸쳐 사용된 모음 변화에 주의 바람. 발음은 다음과 같다.

ä발음은 영어 bear의 'ea'와 같다.

ö 발음은 영어 her의 'e'와 같다.

ü발음은 영어 Glück 혹은 프랑스어 vue의 'ue'와 같다.

Amithaba(skt., tib., Wöpagme) **아미타불**

五佛[1]에 속하는 부처. 특히 완벽한 형태를 갖춘 식온(識殯, aggregate of discrimination)의 화현.

Anuttarayogatantra(skt., tib., Lame Kyi Gyü) **아눅다라요가딴뜨라**

네 가지 분류, 作딴뜨라(kriyatantra), 行딴뜨라(Cariyatantra), 瑜伽딴뜨라(Yogatantra), 無上瑜伽딴뜨라(Anuttarayogatantra) 가운데 최고의 경지.

Arya(skt., tib., Phagpa) **아리야**

고결한 존재 공, 혹은 궁극적 존재 양식에, 관념적이 아닌 직접적 깨달음에 이른 사람 혹은 해탈을 얻는 사람.

Aryadeva(skt., tib., Phagpa Lha) **아리야데와**

인도의 위대한 스승. 용수 즉 나가르주나의 가장 중요한 제자들 가운데 한 사람이자 가장 대표적인 대승불교 학파의 인물들 가운데 한 사람.

Atisha(skt., tib., Jowo Je) **아띠샤**

인도의 중요한 스승. 11세기 티베트에 초대되어 순수 다르마 포교에 크게 공헌하였다. 그는 고전 까담 Khdam 전통을 창시했으며 가장 중요한 저술은 『보리도등론Bodhipatapradipam』(菩提道燈論The lamp on the Path to Enlightenment)으로 람림 근본 텍스트 가운데 하나이다.

Avalokiteshvara(skt., tib., Chenresig) **관세음보살**

모든 부처가 지닌 자비의 화신.

Bodhicitta(skt., tib., Jangchub Gyi Sem) **보디찌따**

보리심. 일체 중생을 이롭게 하려는 마음에서 우러나오는 태도로서 깨달음에 이르고자 하는 염원을 담고 있음. 대승불교의 본질로서 보리심을 일으키고 실행하는 두 가지 모습을 담고 있다.

Bodhisattva(skt., tib., Jangchub Sempa) **보디사뜨와**

실제 보리심의 성품을 지닌 사람

Buddha(skt., tib., Sangye, 佛陀) **붓다**(부처)

깨달은 사람(覺者). 몽상과 그 세밀한 흔적이라는 두 장애로부터 해방된 사람으로 지혜와 자비 그리고 깨달음에 이를 수 있는 능력 같은 긍정적 자질을 지닌다.(석가모니불인 경우 붓다로 표기함)

Buddha Maitreya(skt., tib., Jampa) **붓다 마이뜨레야, 미륵불**

모든 부처가 지닌 자비심의 발현. 그 행운의 시대에 천불 가운데 다섯 번째 출현하였고 다음 생에 출현할 부처. 이승에서 다시 법륜을 굴릴 것이다.

Buddhapalita(skt., tib., Sangye Kyang) **붓다빨리따**

인도의 위대한 스승. 나가르주나의 제자로서 프라상기카-대승 학파의 가장 중요한 대표적 학자.

Buddha Shakyamoni(skt., tib., Shaka Thuba) **석가모니불**

깨달은 고타마 붓다. 일반적으로 불교의 창시자로 알려져 있다. BCE 563 년부터 483년까지 살았다. 이 시대의 다르마 가르침의 근원이다.

Chakrasamvara(skt., tib., Khorlo Dechog) **짜끄라삼바라**(뎀촉불 Demchok Budda)
아뇩다라요가딴뜨라의 중요한 모(母) 딴뜨라 명상의 신. 금강승 불교의 부처.

Chandrakirti(skt., tib., Dawa Dragpa) **짠드라끼르띠**(月稱)
인도의 위대한 스승. 나가르주나의 제자이자 귀류논증파의 대표적인 논사, 『근본중관주명어』(根本中觀註明語)와 『입중론』(入中論)을 저술하였다.

Cittamatrin(skt., tib., Sam Tsampa) **찌따마트린**
유식학파. 무착Asangha 그리고 세친Vasubandhu 두 스승에 의해 창시된 대승 철학 유파.

Conventional Truth(skt., Samvirti-satya, tib., Küntsob Denpa) **사뮈르띠사뜨야, 속제**
현상의 외관에 의존하는 법으로 일상적 존재들의 속된 마음에 그릇되게 나타나며 이를 통해서는 내재적 존재로서의 진여를 분석할 수 없다.

Dharma(skt., tib., Chö) **다르마**
집(執). 열 가지 다양한 의미를 지님. 일반적으로 열반의 과정에서 얻는 깨달음들과 이를 가능하게 하는 붓다의 가르침을 지칭한다.

Dharmakirti(skt., tib., Chödrag) **다르마끼르띠**(法稱論師)

인도의 위대한 스승. 불교논리학 관련 중요한 논서를 저술함.

Dignaga(skt., tib., Choglang) **디그나가**(陳那論師)

인도의 위대한 스승, 법칭의 사부. 불교 논리학의 근본 텍스트를 저술함.

Dorje Chang(skt., tib., Vajradhara) **도르제 창**(金剛總持)

執金剛. 스승의 이름에 붙으면 '깨달은 사람'을 의미한다.

Four Truths of Superior Beings(tib., Pakpä Denpa Schi, skt., Tshatvari-aryasatyani) **사성제**

사성제 1. 고제 2. 집제 3. 멸제 4. 도제

Gelug(tib.) **겔룩파**

티베트 네 불교 전통 가운데 하나. 쫑카빠가 창시함.

Geshe(tib., skt., Kalanyamitra) **게셰**

유익한 친구, 정신적 스승. 겔룩 전통의 승려들도 이 호칭을 사용하며, 오론 공부를 완수한 승려를 지칭한다. 1. 논리학 총론(Pramana) 2. 대승불교의 자비 수행 총론(Paramita) 3. 중관학 총론(Madhyamika) 4. 승원 계율에 관한 율장 총론(Vinaya) 5. 아비다르마 총론(Abidharma)[2]

Guhyasamaja(skt., tib., Sagwa Düpa) **구햐사마자(集密)**

아눅다라요가딴뜨라에서 가장 중요한 부(父)딴뜨라 명상 신들 가운데 하나.

Gunaprabha(skt., tib., Yünten Wö) **구나쁘라바**

인도의 위대한 스승. 율장에 관한 기본 경서들을 저술함.

Guru Yoga(skt., tib., Lamä Nälijor) **구루 요가**

영적 지도에 집중하여 헌신, 믿음, 은총 등의 올바른 자세를 개발하는 명상의 한 형태.

Habribadra(skt., tib., Senge Sangpo) **하리바드라**

인도의 위대한 스승, 바라밀에 관한 중요한 근본 주석서를 저술함.

Hayagriva(skt., tib., Tadrin) **하야그리바 마두대사(馬頭大士)·마두명왕(馬頭明王)**

아눅다라요가딴뜨라의 중요한 명상 신. 진노한 관세음보살의 화현

Heruka(skt., tib., Dechog) **바즈라 헤루까**

아눅다라요가딴뜨라의 중요한 모(母)딴뜨라 명상신

Heart Sutra(tib., Sherab Nyingpo, skt., Prajnaparamita Hridaya Sutra) **반야심경**

현상의 공성(空性)을 설명하는 단경.

Hynayana(skt., tib., Themän) **히나야나**

소승. 업과 몽상의 사슬을 끊어 연기와 윤회로부터의 개인적 해탈을 주목적으로 하는 다르마의 길과 수행.

Je Tsongkhapa(tib.) **쫑카빠**(宗喀巴)

가장 뛰어난 티베트 스승 가운데 한 사람으로 겔룩파 혹은 덕행의 전통virtuous tradition으로 알려진 신(新) 까담 전통의 창시자. 티베트 불교 네 전통 가운데 가장 널리 알려져 있다. 쫑카빠는 14세기 인물.

Kadam(tib.) **까담**

티베트 불교의 가장 중요한 전통 가운데 하나. 구(舊) 까담 전통은 아띠샤가 주도했으며 그의 제자 드롬퇸파Dromtönpa가 창립한다. 쫑카빠가 발전시켜 까담 혹은 겔룩 전통으로 알려지게 된다.

Kagyu(tib.) **까규**

감포차 Gampocha가 창시한 티베트 불교의 4대 종파 가운데 하나.

Kalachakra(skt., tib., Dü Khor) **깔라짜끄라**

아눅다라요가딴뜨라의 유명한 모딴뜨라 명상신. 티베트 오지에 존재하는 유토피아 샴발라Shambala 영역과 특별한 관련을 맺고 있다.

Karma(skt., tib., Lä) **까르마**

행위(업). 오염되지 않은 혹은 오염된 행위. 후자는 몸과 말과 마음으로 짓는 유익한 것, 유해한 것 그리고 중도적 행위들로 분류된다. 유익하고 유해한 행위들은 윤회 안에서의 행복과 고통의 원인으로 작용한다.

Lamrim(tib.) **람림**

깨달음에 이르는 길의 단계. 람림이라는 용어는 깨달음에 이르는 길의 세 단계를 통해 점진적으로 개인의 마음을 수련하기 위한 체계이자 지침. 여기에는 구루에게의 헌신으로부터 깨달음의 단계에 이르기까지 다르마 수행의 필수 요소들이 포함되어 있다.

Madhyamika(skt., tib., Umapa) **마드야미까 중관파**

대표적인 중관학의 한 학파. 현상의 내재적이고 독자적인 실재를 받아들이는 영원성과 아울러 독자적으로 실재하는 현상을 전적으로 부정하는 무상성이라는 두 극단으로서의 단상이견을 모두 지양한다.

Mahayana(skt., tib., Tegchen) **마하야나**

대승. 다르마의 길과 수행. 일체 중생을 위한 깨달음의 단계에 이르는 것을 목적으로 한다. 보리심과 보살과 비교할 것.

Manjushri(skt., tib., Ngak) **만주스리**

모든 부처들의 지혜의 화현.

Mantra(skt., tib., Ngak) **만뜨라**

부처의 이름들을 암송하는 명상. 몽상과 일상의 외관으로부터 마음을 보호한다.

Milarepa(skt.) **밀라레빠**

13세기 티베트의 위대한 고행 요기. 까규 전통의 초기 스승들 가운데 한 사람.

Nagarjuna(skt., tib., Ludrup) **나가르주나 용수(龍樹)**

붓다 이후 가장 중요한 인도 스승 가운데 한 사람. 불교 중관학파의 길을 열었음.

Nirvana(skt., tib., Nyangda) **닐바나**

슬픔의 피안, 해탈. 모든 망상과 고통이 사라진 상태. 이 마음의 경지에 이른 사람은 윤회로부터의 완전한 자유를 얻는다.

Nyingma(tib.) **닝마**

티베트 불교의 네 전통 가운데 가장 오래된 전통.

Paramita(skt., tib., Pharchin) **빠라미따**

완성. 보살의 삶의 양식을 특징 짓는 대승 도의 수행들. 보시, 지계, 인욕, 정진, 선정, 지혜.

Pratyeka(skt., tib., Rangyäl) **쁘라띠에까, 파쩨까, 연각(緣覺)**

홀로 깨달은 자. 고독 속에 홀로 명상하여 깨달음에 이른 자. 이를 통해 벽지불의 개인적 깨달음이 이루어진다. 소승의 두 가지 길 가운데 하나.

Samatha(skt., tib., Shine) **사마타, 삼매(三昧)**

정신적 고요 혹은 평온. 마음의 집중 상태. 유연성의 경험을 통해 그 대상 하나에 집중하여 머무는 명상.

Samsara(skt., tib., Khorwa) **삼사라, 윤회**

몽상과 업으로 인한 다양한 고통과 연계되어 생사의 연을 따르는 존재의 순환.

Sautrantika(skt., tib., Do Depa) **사우트란띠까 경량부**

경을 따르는 자. 소승의 관점을 대표하는 인도 4대 학파의 하나. 이들의 관점은 경서가 아닌 소승 경전 자체에 의거하고 있다.

Shantideva(skt., tib., Shiva Lha) **샨띠데와**

대승의 중요한 인도 스승. 『入菩薩行論 Bodhisattvacharyavatara』의 저자

Shravaka(skt., tib., Nyen Thö) **슈라바까, 성문(聲聞)**

듣는 자. 소승의 두 가지 길 가운데 하나를 따르는 자.

Shunyata(skt., tib., Thongpa Ni) **수냐따**

空性. 사람과 현상의 궁극적 존재 방식. 고유하고 독자적인 존재의 부재.

Sutra(skt., tib., Do) **수뜨라**

가르침 모음. 다르마의 보편적 가르침. 석가모니불이 대승과 소승 모두에게 베푼 가르침.

Tantra(skt., tib., Gyü) **딴뜨라**

연속체(Continuum). 붓다가 보살에게 행한 특별한 가르침. 복잡하고 현학적인 명상 방법. 딴뜨라를 통해 존재들의 미묘한 연속체가 붓다의 세 가지 몸으로 변화될 수 있다.

Tara(skt., tib., Drölma) **따라**

부처들의 모든 행위의 여성적 화현.

Three Collections(skt., Tripitaka tib. Denö Sum) **뜨리삐따까, 삼장**

율장, 경장, 논장. 삼장의 기본 주제는 세 가지 수행이다. 율장은 계율 수행, 경장은 집중 수행, 변경 수행은 지혜 수련을 주제로 하고 있다.

Three Poisons(skt., trivisha, tib., Dug Sum) **삼독**

탐욕, 진애, 우치

Three principle Aspects of the Path(tib., Lam Tso Nam Sum) **근본삼도**

하심, 각심, 정견

Three trainings (skt., Trishiksha tib., La Pa Sum) **삼학**

계, 정, 혜

Trilopa(tib.) **트릴로파**(帝洛巴)

인도의 위대한 대성취자, 나로파의 구루.

Tushita(skt., tib., Gaden) **도솔천**

미륵불이 머무는 순수한 영역. 미륵불의 순수 영역과 천불이 이승에 도래하기 이전 머물고 있는 공간.

Twelve Links of Interdependent Organaization(Skt. Dvedashangapratityasam-mutapada, Tib., Ten Drel Yen Lag Chu Nyi) **십이연기**(十二緣起)

무명(無明) 행(行),식(識), 명색(名色), 육처(六處), 촉(觸), 수(受), 애(愛), 취(取), 유(有), 생(生), 노사(老死)

Ultimate truth(skt., Pramarttyasattya, tib., Dondam Denpa) **절대 진리**

현상의 궁극적 존재 방식

Vajrabhairava(skt., tib., Dorje Jigje) **바즈라바이라와**(금강역사)

아눅다라요가딴뜨라의 중요한 부(父)딴뜨라 명상신 가운데 하나. 분노한 문수보살의 화현.

Vajradakini(skt., tib., Dorje Jigie) **바즈라다끼니**(金剛女神)

아눅다라요가딴뜨라의 중요한 모(母)딴뜨라 명상신 가운데 하나.

Vajradhara(skt., tib., Dorje Chang) **바즈라다라**(執金剛神)

석가모니불에서 유래한 딴뜨라 모습. 붓다는 이 모습으로 가르침을 펼쳤다.

Vajrasattva(skt., tib., Dorje Sempa) **바즈라사트와**(金剛薩埵)

모든 부처의 정화력의 화현.

Vajrayogini(skt., tib., Dorje Näljorma) **바즈라요기니**(金剛亥母)

아눅다라요가딴드라의 중요한 여성 모(母)딴뜨라 화현

Vaibashika(skt., tib., Jedrag Mawa) **바이바시까**(說一切有部)

상술하는 자. 소승에 속하는 불교 철학 4대 유파 가운데 하나. 이 학파의 대표자들은 『阿毘達磨大毘婆沙論 Mahavibhasa』 혹은 'Great Treausure of Specific Explanations'라는 제목으로 대논서들을 논한다.

Vasubandhu(skt., tib., Yig Nyen) **바수반두**

위대한 인도 스승, 유식학파의 대표 철학자.

Yamantaka(skt.) **야만따까**(大威德明王)

아녹다라요가딴드라의 중요한 부(父)딴뜨라 명상신 가운데 하나.

Yidam(tib., skt., Ishtadevata) **이담**

명상의 신. 딴뜨라 명상에 수행 중인 부처의 형태들.

---

1. 금강계만다라(金剛界曼茶羅)의 다섯 부처로, 있는 그대로의 본성을 아는 법계체성지(法界體性智)를 나타내는 대일여래(大日如來), 모든 것을 있는 그대로 비추어 내는 크고 맑은 거울처럼 청정한 대원경지(大圓鏡智)를 나타내는 아축여래(阿閦如來), 자타(自他)의 평등을 깨달아 대자비심을 일으키는 평등성지(平等性智)를 나타내는 보생여래(寶生如來), 모든 현상을 잘 관찰하여 자유자재로 가르침을 설하고 중생의 의심을 끊어주는 묘관찰지(妙觀察智)를 나타내는 무량수여래(無量壽如來), 중생을 구제하기 위해 해야 할 것을 모두 성취하는 성소작지(成所作智)를 나타내는 불공성취여래(不空成就如來)를 말함.
2. 티베트 불교의 선지식. 게셰가 되려면 우선 불교 논리학과 인식론 단계에서는 인도의 논사 디그나가(陳那)의 집량론(集量論)과 주석서, 다르마끼르띠(法稱)의 인명칠론(因明七論)과 주석서 등을 공부한다. 다음으로 반야바라밀다와 대승경전 단계에서는 마이트리야(彌勒)의 현관장엄론(現觀莊嚴論)과 미륵학이십론(彌勒學二十論) 이어서 중관사상 단계에서는 나가르주나(龍樹)의 중관이취육론(中觀理聚六論), 아리야데와(提婆), 붓다팔리타(佛護), 바바비베카(清辨) 등 논사들의 저술과 짠드라끼르띠(月稱)의 입중론(入中論), 계율 단계에서는 별해탈경(別解脫經), 사분율(四分律) 등의 율장과 논사 구나프라바(功德光)의 근본경장(根本經藏), 아비달마 단계에서는 논사 바수반두(世親)의 구사론(俱舍論)과 주석서를 공부한다. 이러한 과정을 모두 마치고 나면 다시 여러 시험과 대론(對論) 과정을 거쳐 게셰 칭호를 얻게 되는데, 게셰 학위 단계는 위로부터 하람빠, 촉람빠, 릭람빠, 링세와로 나뉜다. 룬둡소빠 자음, 지산 옮김, 『티베트 불교문화』 참조.

참고 문헌

References

다음 참고 문헌에는 이미 언급된 각 텍스트들의 영어와 티베트어를 병기하였다. 가능한 경우 산스끄리뜨 목록과 북경판 티베트 경전의 일본 사본 목록 번호를 달았다.(티베트 삼장, 도쿄-쿄토, 스즈키 연구재단 1955)

A Compendium of Ethics 毗奈耶經

'dul ba'i mido; guṇaprabha

vinayasūtra(5619)

A Compendium on Ideal Perception 集量論

tshad ma khun brus; dignāga

A Complete Commentary on Ideal Perception 釋量論

tshad ma rnam grel; dharmakirti

pramāṇasamuccayakārikā(5700)

A Distant Call to the Guru 遙呼師長頌

bla ma rgyang 'bod

A treasury of Phenomenology 阿毗達磨俱捨論

chos mngon mdzod; vasbadhu

Abhidharmakośakārikā(5590)

Commentary with the Clear Meaning 現觀莊嚴論光明-八千頌般若経註釋

'grel pa don gsal' haribhadra

āryāṣṭasāhasrikaprajñāpāramitavyākhyākyāna-

abhisamayālaṅkārāloka(5189)

Complete Clarity of Hidden Meanings 隱義普明

sbas don kun gsal; Dsche Tsongkhapa

Entering the Middle Way 入中論

dbu ma la 'jug pa; candrakirti

madhyamakāvātra(5261 und 5262)

Great Commentary on Entering the Middle Way 入中論善現密意疏

dbu ma dgongs pa rab gsal; Dsche Tsongkhapa

Great Exposition of the Stages of the Mantra 秘密道次第論

sngags rim chen mo; Dsche Tsongkhapa

Great Exposition of the Stages of the Path 普提道次第大論

lam lim chen mo; Dsche Tsongkhapa

Heart of Wisdom Sutra 般若心經

'phag pa shes rab kyi pha rol tu phyin pa'i snyng po'i mdo

bhagavatiprajñāpāramitāhṛidayasūtra(160)

Ocean of Power on thr Developping Stage 集密生起次第悉地海

gsang 'dus bsked rim dngos grub rgya mtsho; Khādrub Dsche

Offering to the Guru 供師長法

bla ma mchod pa

Perfection of Wisdom Sutre in 8.000 Stanzas 般若八千頌

sher phyin gryad stong pa

aṣṭasāhasrikāprajñāpāramitā(743)

Sutra of Confession Of Downfalls 墮懺

byang chub sems dpa'ltung ba bshags pa

Synthesis of the Stages of the Path 道次第攝頌

lam lim bsdus don; Dsche Tsongkhapa

The Clear Lamo of the Five Stages on the Completing Stage

རིམ་ལྔ་རབ་ཏུ་གསལ་བའི་སྒྲོན་མེ་

gsang'dus rdzogs rim rim lnga gsal ba'i sgron me

Dsche Tsongkhapa

The Complete Compendium of Refutations 完璧反證概要

be'u'bum kun btus

The Essence of Good Instruction 善說藏

legs bshad snying po; Dsche Tsongkhapa

The Four Combined Commentaries On Guhyasamaja 集密四家合注

'grel pa bzhi bsgrags

The Four Hundred 四百論

bzhi brgya pa; āryadeva

catuḥśatakaśāstrakārikā(5246)

The Fundamental Exposition of the Great Seal

phyag chen gyi rtsa ba

The Jouful Path 坦途

bde lam

The Medium Exposition of the Stages of the Path 道次第中論

lam lim 'bring; Dsche Tsongkhapa

The Ornament of Clear Realization 現観荘厳論

mngong rtogs rgan; maitreya

abhisamayālankāra

The Swift Path 捷徑

myur lam

Venturing into the Bodhisatt Way of Life 入菩薩行論

spyod 'jug; śāntideva

bodhicaryāvatāra(3871)

게셰 랍텐의 저술들

Bibliography

English

Advice from a Spiritual Friend

Wisdom, London 1986

Confession of Downfalls(墮懺)

The Confession Sutra and the Pactice of Vajrasattva.

LTWA, Dharamsala 1980.

Echoes of Voidness

Wisdom, London 198

Essential Nectar

The Meditations on the Buddhist Path

Wisdom, London 1984

Graduated Path to Liberation

Mahayana Publication, New Delhi 1987

Prelimenary Pactices of Tibetan Buddhism

LTWA, Dharamsala 1994

Song of the Profound View(正見歌)

Wisdom, London 1989

The Mind and its Functions

Rabten Choeling, le Mont-Pèlerin 1992

Treasury of Dharma

A Tibetan Buddhist meditaion Course

Edition Rabten, le Mont-Pèlerin 1997

French **Conseils d'un Ami Spirituel**

La transformation de la pensé dans le

Bouddhisme Tibétain. Vajra Yogini, Lavaur 1990

Douze Chainons de Production Conditionnée

Vajra Yogini, Lavaur 1984

Enseignement Oral du Bouddhisme au Tibet

Librairie d'Amérique, Paris 1989

Le Chant de la vue profonde

Edition Rabten, le Mont-Pèlerin 1999

Pratiques Préliminaires du Bouddhisme Tibétain

Dewatshang, Paris 1995

Trésors du Dharma

Un cours de méditation sur le Bouddhisme Tibétain

Edition Rabten, le Mont-Pèlerin 1997

Vie et Enseignement de Gueshé Rabten

Un Lama Tibétain à la Recherche de la Vérité

Rabten Choeling, le Mont-Pèlerin 1980

La Voie Progressive

Librairie d'Amérique, Paris 1979

German **Auf Dem Weg zur geistigen Freude**

Meditation und vorbereitende Üungen

im tibetischen Buddhismus

Dharma Edition, Hamburg 1994

Buddhistische Philosophie und Meditation

Eine Einfürung

Dharma Edition, Hamburg 1994

Das Buch vom heilsamen Leben, vom Tod

und der Wiedergeurt

Herder, Freibourg 1997

Das Große Siegel

Edition Rabten, Feldkirch 1991

Einführung in Dharma

Edition Rabten, Feldkirch 1984

Essenz der Weisheit

Ein Kommentar zum herzsuttra

Dharma Edition, Hamburg 1990

Guru-Yoga mit Deshe Tsongkhapa

Kommentar

Rabten Choeling, le Mont-Pèlerin 1978

Inneren Frieden bewahren

Edition Rabten, le Mont-Pèlerin 1999

Konzentrative und anaylitische Meditation

Edition Rabten, Feldkirch 1991

Schatz des Dharma

Ein tibetische-buddhistischer Meditaitonskurs

Edition Rabten, le Mont-Pèlerin 1997

Stufen des Bewuβtseins

Edition Rabten, le Mont-Pèlerin 2000

Wege zur universellen Verantwortung

Gesche Rabten u. a.; zero Rheinberg 1981

Wichtig zu wissen

Edition Rabten, Feldkirch 1991

Wurzel der Weisheit

Edition Rabten, Feldkirch 1984

Sadhana	**Tschen Ra Sig, Methode zum Verwirklichen des Vierarmigen Avalokiteschvara**
	Tasci Rabten, Feldkirch 1989
	Guru–Yoga mit Dsce Tsongkhapa
	Edition Rabten, le Mont-Pèlerin 2000
Italian	**Pratiche Preliminary**
	Chiar Luce, Pomaia 1993
	Tre Vie per la Realizzaaione della Vacuita
	Ubaldini, Roma 1985

지은이

게셰 랍텐(Gesche Rabten, 1920~1986)

게셰 따드린 랍텐 스님은 우리 시대 가장 뛰어난 티베트 스승들 가운데 한 분이었다. 티베트 불교대학 24년 과정 최고 박사 과정인 라람파 게셰를 수석 졸업하고 달라이 라마 성하의 철학보좌관, 종무비서를 역임했다. 달라이 라마 성하는 그를 유럽과 미국의 티베트 불교 포교승으로 임명했다. 그는 서구사회에서 가장 사랑받고 존경 받는 티베트 승려이기도 하다.
이 책은 티베트 불교 스승의 정통적 삶의 방식을 서술한 흥미로운 책 이상의 가치를 지닌다. 본질적으로 이 전기는 진실한 불법 수행자들에게 매우 귀중한 가르침이자 지침이기도 하다.

옮긴이

송태효

중학교 시절 『어린 왕자』를 읽고 고교에 진학하여 프랑스어를 공부하다 불어불문과에 입학하여 프랑스 낭만주의 시를 주제로 논문을 썼다. 이후 생텍쥐페리와 보들레르, 바타유의 '농무아Non-Moi'(非我)에 근거하여 보고 읽고 쓰고 번역하며 '프랑스의 선재동자' 어린 왕자(Petit Prince)의 낯선 우정의 아름다움을 전하고 있다.

어머니의 경전들과 프랑스어 경전을 읽고 불교원전전문학림에서 수학하며 교학 · 수행 · 명상을 통해 상(想)을 버리고 보리심으로 가는 함께 함으로의 길로서 무아와 공을 형이상학적으로 대중화고자 노력해 왔다. 티베트 불자인 독일 친구 부부의 우정 어린 권유로 『어느 티베트 승려의 삶』을 번역하였다. 어린 왕자 인문학당 http://songtaihyo.com/ 대표로 '재가 불자를 위한 불교 인문학', '어린 왕자 인문학', '프랑스 영화와 공연 예술'을 강의하고 있다.